教育部人文社会科学研究青年基金项目资助

（项目名称：先秦"天体星象纹"研究，项目批准号：18YJC760154）

先秦"天体星象纹"研究

周雪松 ◎ 著

九 州 出 版 社
JIUZHOUPRESS

图书在版编目（CIP）数据

先秦"天体星象纹"研究 / 周雪松著 . -- 北京：
九州出版社，2022.11

ISBN 978-7-5225-1394-2

Ⅰ．①先… Ⅱ．①周… Ⅲ．①器物纹饰（考古）—研究
—中国—先秦时代 Ⅳ．① K879.04

中国版本图书馆 CIP 数据核字（2022）第 216159 号

先秦"天体星象纹"研究

作　　者	周雪松　著
责任编辑	李创娇
出版发行	九州出版社
地　　址	北京市西城区阜外大街甲 35 号（100037）
发行电话	（010）68992190/3/5/6
网　　址	www.jiuzhoupress.com
印　　刷	廊坊市海涛印刷有限公司
开　　本	787 毫米 ×1092 毫米　16 开
印　　张	15.75
字　　数	246 千字
版　　次	2023 年 1 月第 1 版
印　　次	2023 年 1 月第 1 次印刷
书　　号	ISBN 978-7-5225-1394-2
定　　价	68.00 元

目 录
CONTENTS

引 言

第一章　史前岩画中的"天体星象纹"

第二章　史前考古所见的"天体星象纹"

第三章　夏商周时期的"天体星象纹"

尾　声

引 言

　　自新石器时代起，源起于自然崇拜的"天体星象纹"，以"日月崇拜"和"北极星崇拜"两大母题为线，便渗透于中华文明祀神祭祖的历史之中。"以吉礼事邦国之鬼神祇"，古人唯天、唯地、唯人之时，法天维地，建立人间秩序，均借以天体崇拜为根基，以"万物有灵"的原始巫术体悟为传承，千年积淀尽显于人的知礼行礼之中。费尔巴哈认为："自然界的变化，尤其是那些激起人的依赖感的现象中变化，乃是使人觉得自然是一个有人性的、有意志的实体而虔诚地加以崇拜的主要原因。"[1]畏天、敬天，而后知天，初民正是在这一过程中，逐渐摆脱蒙昧，孕育出文明的火种。

[1]　［德］路德维希·费尔巴哈.费尔巴哈哲学著作选集[M].荣震华，王太庆，刘磊，译.北京:
　　　商务印书馆,1984:458–459.

第一节　"天体星象纹"概述 [1]

　　顾名思义，"天体星象纹"是一类具有天文学内涵的纹样，在内容物象上包含了日月星辰及其运行规律，在表征形态上则涵盖了图像、图式以及符号。

　　"天体星象纹"与古代天文学知识息息相关，是先民观照自然、思考自我而萌发的宇宙观的物化，它常现于礼器，是先民祭祀活动中沟通天神的钥匙，它反映着先民天文、科技、工艺发展的水平，亦折射出当时的社会结构、社会分工、社会矛盾及其宗教思想。《春秋繁露·顺命》载："天者万物之祖。"正是先民崇天思想的具现。《春官·大宗伯》载："大宗伯之职，掌建邦之天神、人鬼、地祇之礼，以佐王建保邦国。以吉礼事邦国之鬼神祇，以禋祀祀昊天上帝，以实柴祀日、月、星、辰，以槱祀司中、司命、风师、雨师。"孙诒让《周礼正义》说："此经通例，天神云祀。"可见，《周礼》中所述昊天上帝、日、月、星、辰、司中、司命、风师和雨师等，均属天神祭祀的对象，亦是"以吉礼事邦国之鬼神祇"中最重要的内容。先民造物所纹饰的与天文学相关的纹样，便是对这些文献记载的最好诠释。

　　田自秉等先生著的《中国纹样史》一书，将日纹、月纹、星纹、云雷纹归为"天象纹"，但亦将山纹、水纹、火纹、西湖十景并入其中 [2]，显然将"天象纹"看作表现自然物象的纹样，"天象纹"仍难以阐明这一类纹样的天文学内涵。考古学界多有以"星象纹"命名出土文物的例子，但多偏重研究其人文社会背景

---

[1]　按：本节内容为作者发表在《荆楚学刊》2018年第6期上的论文《楚漆器中的"天体星象纹"探究》节选修订而来，特此说明。

[2]　田自秉，吴淑生，田青. 中国纹样史 [M]. 北京：高等教育出版社,2003:417.

及历史分期与断代，对纹样的流变、传播较少涉及。吴山先生的《中国纹样全集》将太阳纹、蛙纹（月崇拜）及其流变纹样归为几何纹样，但也谈到了这些纹样与自然崇拜间的联系[1]。2012 年，学者李维娜在《漆艺在首饰中的运用与表现》一文中首次提到"天体星象纹"[2]，但未做讨论。2015 年，张庆博士在《楚国纹样研究》一文中提出"天体星象纹样系列"，即为"表现天文学现象的纹样类型"，并采用文献佐证与天文学理论指导的方式，对楚系器物中的"北极星像纹""天极纹""太阳纹"等系列图像进行了论述[3]。

其实，先民造物上的纹样与天文学间的关系，很早就被察觉。明朝王圻父子所著《三才图会》中收录多幅星图以作《天文》四卷，又在《器用》十二卷中说鉴时论及了其背面意蕴四时八方、日月星辰的纹样。1989 年，文物出版社出版了《中国古代天文文物论集》，集合了多位学者对新石器时代至明清各代天文文物的研究成果[4]。此后，陆思贤先生和李迪先生著《天文考古通论》[5]，冯时先生著《中国天文考古学》[6]，系统提出了中国天文考古学体系。然而以天文学、考古学互证的天文考古学研究成果，极少对具有天文学意义的纹样做图像梳理并述其源流，亦无系统的专题研究。西方研究者因上古天文历法中外体系差异较大，且存在母体文化上的隔膜，较少见到对相关纹样的论述，但在商周甲金文字研究领域中有较多论著，还有部分涉及对中国古代宇宙观的研究，其中著名者如美国学者艾兰先生的《龟之谜：商代神话、祭祀、艺术和宇宙观研究》[7]。此外，还有日本学者林巳奈夫先生的《神与兽的纹样学》一书，该书是外国学者研究中国纹样的佳作，书中涉及部分先秦纹样，并分析了兽面纹和人面纹从良渚文化时期到汉代的发展历程及其象征意义[8]。

[1] 吴山.中国纹样全集新石器时代和商·西周·春秋卷[M].济南：山东美术出版社,2009:6-11.
[2] 李维娜.漆艺在首饰中的运用与表现[D].中国地质大学,2012:13.
[3] 张庆.楚国纹样研究[D].苏州大学,2015:46-66.
[4] 中国社会科学院考古研究所.中国古代天文文物论集[M].北京：文物出版社,1989.
[5] 陆思贤,李迪.天文考古通论[M].北京：紫禁城出版社,2000.
[6] 冯时.中国天文考古学[M].北京：社会科学文献出版社,2001.
[7] [美]艾兰.龟之谜：商代神话、祭祀、艺术和宇宙观研究.增订版[M].北京：商务印书馆,2010.
[8] [日]林巳奈夫.神与兽的纹样学：中国古代诸神[M].北京：三联书店,2009.

目前，学界尚缺乏对"天体星象纹"（或具有天文学内涵的一类纹样）的专题研究。基于天文考古学和纹样史研究视域下的系统化"天体星象纹"研究体系暂时还没有建立起来，其原因或在于三方面：一是纹样史更多的是从艺术学、图像学的角度对纹饰特征的研究，而对古代"天体星象纹"的研究需要沿着考古发掘的成果而进行，受到了考古工作进展的制约；二是受艺术学和天文学、考古学间客观存在的现代学科壁垒阻碍的影响；三是受古代统治阶级对天文历算知识的垄断，并将天体星象视为预示人间兴亡之图像密码的传统，再加上中国先民崇天信仰促生的惧天思想的影响。但是，"天体星象纹"作为中华民族宝贵的物质财富和精神财富却不容我们忽视，先秦器物上的"天体星象纹"更是发掘古代中华民族人文科学精神的宝贵资源。

第二节　认知前提：诗性思维与审美直觉

　　开展先秦"天体星象纹"研究，首先要做的是将其从浩如烟海的文物图像中识读出来。"天体星象纹"的表征形态涵盖了图像、图式以及符号，它可能是具象的图形，也可以是抽象的构图形式，又或是象征性的图符。想要准确地认知它们，就要求我们不能只做简单的图像检索，还要预设彼时之思维情境，时时追问几个问题：其取象为何？象征何意？内在的思维逻辑又如何产生？这就涉及我们认知"天体星象纹"的前提：纹样创作者的思维方式。

　　过去常有学者将史前艺术比拟为人类童年或幼年时期的艺术，言必以原始人、原始社会、原始思维相称。或许这只是陈述上的一种习惯，但多少带有对人类先民智能上的俯视。其实，"他们和我们一样，拥有生命意识或宇宙意识，而不能简单地认为他们对世界的认识是低级的，而我们的认识是高级的"[1]。因此，在排除掉当代科技发展所带来的一系列知识干扰后，以彼时人类对天文规律的理解以及思维方式来预设思维情境，是可以帮助我们更好把握和理解先秦"天体星象纹"的。焦万尼·巴蒂斯达·维柯（Giovanni Battista Vico）是最早探索早期人类思维方式的学者。他用了二十年时间苦心孤诣地模拟预设思维情境，并以此体会早期人类的思维方式。他发现早期人类对客观世界的认知，多是以自身为"万物的尺度"来揣度的，即以自己的感受猜测人与物、物与物之间的关系，从而以此认知和把握事物。譬如，"在一切语种里大部分涉及无生命的事物的表达方式都是用人体及其各部分以及用人的感觉和情欲的隐喻来形成的"，这是"人在无知中就把他自己当作权衡世间一切事物的标准"，故而"最

[1]　邓军海.远古器物美学研究 [M].武汉：武汉大学出版社,2019:84.

初的诗人们给事物命名，就必须用最具体的感性意象"[1]。而且，这种思维具有天然的移情性质："人们在认识不到产生事物的自然原因，而且也不能拿同类事物进行类比来说明这些原因时，人们就把自己的本性移加到那些事物上去。"以此"赋予感觉和情欲于本无感觉的事物"[2]。维柯在《新科学》中称这种思维方式为"诗性的智慧"，有学者将其表述为"诗性思维"，以描述这种"凭想象来创造"的想象力极为发达的思维，并认为诗性思维具有情感性、具体性和创造性，也潜藏着向"逻辑化"转化的理性因素，人的审美思维和艺术思维方式来源于早期人类的诗性思维[3]。

早期人类"以己度物"的诗性思维方式，使人与自然万物间的差异和隔阂消失了，人与物被置于同一的情境下审视与思考，人亦借此反观和反思自身。物我同一同情、交融互渗，人与整个天地万物就此被视作一个有机联动的整体，物我本身的自然属性被淡化，而其相互之间的关系得到重视。同理，如果天文现象与农时、季节、物候等自然规律存在可靠的联系，那人自然也会受天文现象的影响，因此人就开始思考如何与"天"沟通以便趋吉禳灾了。据此，我们就不难理解早期人类社会为何会产生"万物有灵"的自然崇拜，以及其后自然神灵的人格化，及至随认识的加深而产生"天人相应""天人合一"的古代哲学思想了。而先秦"天体星象纹"正是这一思维方式的产物。

然而，仅了解纹样创作者的思维方式还不够，纹样的识读与传播必然是在众多其他审美主体的认可下才得以实现的。尤其是一些被反复使用、大面积传播的纹样，我们甚至可以视其为一种文化符号图像。即为一种呈现了某个特定社会或社会群体特有的精神、物质、智力与情感等方面特质的符号类型，是该社会或社会群体的文明历程中所积淀下来的图像化的凝结物，是由其成员群体所公认和共享的、特有的传播图像[4]。而作为传播场域内族群共认共享的传播图

---

[1] ［意］焦万尼·巴蒂斯达·维柯.新科学[M].朱光潜，译.北京：人民文学出版社,1987:180–181.

[2] ［意］焦万尼·巴蒂斯达·维柯.新科学[M].朱光潜，译.北京：人民文学出版社,1987:180–181.

[3] 刘渊,邱紫华.维柯"诗性思维"的美学启示[J].华中师范大学学报（人文社会科学版）,2002（01）:86–92.

[4] 周雪松,费晓萍.传播学视域下学术期刊封面文化符号图像选择及改进策略[J].成都理工大学学报（社会科学版）,2022,30（02）:90–96.

像，它们势必契合受众普遍的审美心理。这种普遍的审美心理或者审美思维，也一定会反馈并影响到纹样创作者。张玉能先生在比较中国传统美学与西方美学时认为，中国美学主要是审美直觉型的，往往"根据作者的感悟、体认、兴致、阐释，把艺术作品和艺术现象当作一个审美整体对象"，继而从精微处归纳原理、总结规律，中国美学思想几乎都离不开形象化的表述，是"形象比兴化的，诗意化的"，区别于西方美学"条分缕析的确切界定"[1]。这种既把握整体性又强调对细节深究的审美心理活动，同样反映在先秦造物制纹思想中。

李砚祖先生认为，中国设计思想的源头在《周易》，"观物取象"即图像设计和创造的过程，"拟诸其形容，象其物宜"即"象"设计时必须遵循的原则：图形符号必须相合于所观之物，又要合于意象之物；其设计的思维方式，主要是一种图式思维方式，它不能简单地类同于今天的"形象思维"，"图式"是形象，但不仅仅是"形象"[2]。《周易·系辞》云："《易》有圣人之道四焉：以言者尚其辞，以动者尚其变，以制器者尚其象，以卜筮者尚其占。"[3]其所述"制器尚象"，被认为是中国古代重要的造物传统，发展于"与天地相似，故不违"的顺天因时准则和"象天法地"思想[4]。《周礼·考工记》则是一部集中体现先秦造物制纹思想的手工艺技术著作，也是对《周易》造物思想和设计思维的实践。《考工记·轮人辀人》云："轸之方也，以象地也；盖之圜也，以象天也；轮辐三十，以象日月也；盖弓二十有八，以象星也。"[5]轸宿是南方七宿第七宿，连线呈方框形，形同古代车厢底部四周的横木，故又被称作"天车"。其论以方形的车身象征大地，以车顶的圆盖象征天空，再以"轮辐"之圆比日月之圆，以辐条三十之数比一月有三十日，以车盖二十八条弓形骨架象征圜天二十八宿，此时车上所载的人便恍然若置身于苍莽天地之间，进入一种与天地深度谐和的超然状态之中。《考工记·轮人辀人》又云："辀注则利准，利准则久，和则安。"

[1] 张玉能.中国传统美学的特征与传统审美心理[J].江汉论坛,2009（03）:95-101.
[2] 李砚祖."开物成务"：《周易》的设计思想初探[J].南京艺术学院学报（美术与设计版），2008（05）:4-7+161.
[3] 佚名.周易[M].郭彧,译注.北京：中华书局,2010:369.
[4] 吴庆洲.象天法地意匠与中国古都规划[J].华中建筑,1996（02）:31-35.
[5] 闻人军.考工记译注[M].上海：上海古籍出版社,2016:37.

郑玄注"注"为"注星","注"通"咮",即《左传》称:"咮为鹑火,柳星也。"[1]古人认为车辕的形状要如柳宿星体相连的弧线,如此方能使车身平稳耐久。此外,《考工记·梓人》一篇还论述了器物纹饰上的自然物象选择、神情姿态,与乐器的承载、发声性能间的关联,体现了古人对器用一致、一丝不苟工匠精神的孜孜以求。尤其是其强调应以"恒无力而轻,其声清阳而远闻"的"羽者"装饰悬磬的笋虡,以"恒有力而不能走,其声大而宏"的"赢者"装饰悬钟的笋虡,更凸显了中国古代"图式思维"下的审美直觉。

[1]　闻人军.考工记译注[M].上海:上海古籍出版社,2016:34.

第三节　先秦"天体星象纹"的主要特征

先秦时期，通常是指秦始皇统一全国（前221年）之前的历史时期。这是一段无比辽阔的时间区段，它涵盖了考古学下的旧石器时代和新石器时代，夏、商、西周三代王朝时期，以及春秋、战国时期。本书概以先秦这一中国的历史分期范畴，限定了我们探讨"天体星象纹"的主要时空。然而，先秦各时期的时间区段与相应出土文物并不呈均匀分布，为便于描述并使分期内相关研究样本数量相近，我们又使用了"史前时期"这一历史概念，将先秦"天体星象纹"的历史大致分为史前时期和夏商周时期两个阶段。其中，由于岩画的科学断代体系尚不成熟，且时间跨度特别大，故将其单列一章。我们认为，先秦"天体星象纹"发生于旧石器时代，兴盛于新石器时代，在夏商周时期的主流器物上呈隐性发展，不若同时期边土区域文化中的"天体星象纹"直观。总体来看，先秦"天体星象纹"呈现出以下主要特征：

其一，多数"天体星象纹"最初取象于太阳。最早的"天体星象纹"就是对太阳的直观表达。《周易·系辞上》云："县（悬）象著明莫大乎日月。"作为全天最明亮最显著的天体，白天的太阳很难不引起初民的好奇与关注。太阳的光明与热量，驱散了夜晚的黑暗、寒冷与危险，这大约是人最初的感受，所以早期的太阳图像除了圆形"光体"，初民还会为其加上各种形态的"光芒"，以表现太阳光线的照拂。这种有芒线的圆形太阳图像，我们至今仍在使用。初民对月亮的关注，或许要晚近一些，一方面夜间的观测环境对彼时的人类来说过于险恶；另一方面史前可确的月亮图像数量很少。而初民对星象的观测则可能更晚一些,从现有的研究来看,古代中国人首先关注的是北极天区和黄道星座,进而逐步建立起中国特色的三垣二十八宿体系(较早形成的二十八宿虽然反映了恒星月的周期,但其最终目的是通过间接参酌月球在天空中的位置进而推定太阳的位置),以概括全天可见星空[1]。故而,"天体星象纹"中的太阳纹,发生发展的历史最为悠久,并得以衍化出了众多的图形、图式和符号。

其二,"天体星象纹"的内涵呈动态发展。当同一"天体星象纹"在不同的历史时期、处于不同的器物位置以及不同的图像组构形式时,其内涵象征并不一致,呈局部稳定、总体动态反复的形式发展。这一点,在太阳纹样中特别典型。这一方面与太阳崇拜在当时社会信仰体系中的地位有关;另一方面也是太阳崇拜自身发展变化的结果。早期的太阳纹多是对太阳这一独立自然物象的描绘,进而在高庙文化和河姆渡——良渚文化中出现了太阳的伴生动物——鸟,并逐步发展出人格化的太阳神灵形象。有学者将这一过程表述为从自然神到抽象神的转变[2],太阳的形象也开始从圆形附有放射状图形发展到十字纹(四方)、八角星纹(八极)、日鸟纹(物候、四时)等。而人格化的太阳神,则为太阳图像带来了人的伦理内涵:祖先崇拜、生殖崇拜,灵魂不灭、重生或复生等,这在马家窑文化彩陶上尤为明显。夏商时期的太阳崇拜与祖先崇拜结合紧密,并建立了规范化的太阳祭礼,如"即祭""既祭""燎祭"等[3],但也出现了天界的至高神上帝。太阳图像象天的内涵开始逐步明确,至周王朝时亦不断地被消释在对上天的崇拜里,或者说周人的上天是以太阳为表征的,如《诗经·小明》云:"明明上天,照临下土。"荆门车桥出土的战国"兵避太岁"戈上,始现神人脚踏日月的图像,则从侧面表明春秋以后的太阳图像开始出现向自然物象内涵的复归,同时也意味着太阳崇拜在彼时信仰体系中已经走向了衰落。

其三,"天体星象纹"的视觉形态往往与器型、器用合一。我们在史前各考古学文化中常见有一种被称作"纺轮"的遗物,其上常刻画有太阳形象,而这些太阳图像的"光体"却往往由纺轮中部的圆孔来替代。因此,纺轮上的太

[1] 冯时. 天文学史话 [M]. 北京: 社会科学文献出版社,2011:16-28.

[2] 宋红梅. 太阳原型意象的历史嬗变 [D]. 山东师范大学,2005:10-15.

[3] 温少峰,袁庭栋. 殷墟卜辞研究——科学技术篇 [M]. 成都: 四川社会科学出版社,1983:3-4.

阳纹是要与器型结合起来识读的，同样的情况也出现在古滇国的无胡圆穿铜戈上。同理，在不少史前彩陶上，有围绕圆形器口层层彩绘的锯齿状、波浪线花纹，我们平视时只认为是几何化的装饰线条。可一旦转换到俯瞰的视角，就会立时发现，原来器口是太阳光体，那层叠的几何花纹则是太阳的光芒与晕圈。而且，通常在祭仪中使用的彩陶会盛水或食物，在更换和清洗的过程中，人们一定会有这种俯视的视觉体验。另外，"天体星象纹"在被使用的过程中还往往与器用合一。如商周青铜器上的圆涡纹，它有太阳的初义，又被视为天的象征，它最初出现在斝的腹部，以及斝和爵的菌状柱顶面。斝和爵都是鸟形仿生造型的青铜酒器，与觚共同组成酒类礼器的基本组合，其中斝为"温煮鬯酒"之用，故腹部饰太阳以助其用，爵为"浇酒敬神"之用，二者都是供神饮酒之器[1]，故菌状柱盖均饰以象天之纹。这种象天之纹在商代还被装饰在器盖纽部顶面，周代以后则普遍出现在礼器图像的中心，器物上其他的物象纹饰均围绕其排布，反映了一种"以天为贵"和"象天法地"的制器思想。

---

[1] 李少龙.青铜爵的功用、造型及其与商文化的关系[J].南开学报,1999（01）:77-83.

第一章 史前岩画中的"天体星象纹"

　　学界通常将夏朝建立之前的中国境内人的发展史称作史前时期，这其中也包括了"三皇五帝"的传说史时期，在考古学领域则涵括旧石器时代和新石器时代。在这暂未见于信史记载的华夏文明的开端，初民便以石壁做画布，以石器、矿物粉末和血液虔诚图绘了他们对天（日月星辰）人间关系的最初思考。

岩画，已知人类最古老、持续时间最长的史前艺术创作形式之一。从旧石器时代早期至今，人类制作岩画的活动从未中断。迄今已有 120 多个国家和地区发现了岩画的遗存。但是，世界重新发现和研究岩画始于 19 世纪中期欧洲的洞穴考古活动，相关学术概念和整体认知则形成于 20 世纪 80 年代，岩画的英文概念（Rock Art）于同期传入中国。在此之前，中国学界其实早有"摩崖"的概念和相关研究。摩崖，特指刻在山崖石壁上的碑文、经文、佛像、诗赋等。但从岩画的英文直译"岩石艺术"来看，摩崖也应归属于岩画。目前，岩画即刻绘在岩石上的图画，这一认知已为学者共识。国际上一般以制作手段将岩画分为凿刻类岩画（Petroglyphs、Rock Carvings）和涂绘类岩画（Pictographs、Rock Paintings）。也有学者提出，将凿刻类岩画称作"岩刻"，将涂绘类岩画称作"崖画"，二者统称为岩画。[1] 本书从之。

中国是世界上最早以文字记录岩画的国家，相关文字散见于《史记》《韩非子》《穆天子传》《水经注》等古代文献。但对岩画的科学考察和研究，则始于 1915 年 8 月岭南大学教授黄仲琴先生实地调研福建华安仙字潭摩崖石刻并撰《汰溪古文》一文。中华人民共和国成立后，20 世纪 50 年代发现广西花山崖画，60 年代发现云南沧源崖画，70 年代发现内蒙古阴山岩刻，以及 80 年代出现的岩画考察与研究的学术热，逐步将中国岩画研究推向了新的高度。目前，一门新的现代学科——岩画学已得以初步构建。中国岩画的数量之巨，分布之广，近年来已渐为世人所了解。而新发现的岩画点仍在不断涌现。《中国岩画全集》将我国岩画大致分为北方（主要分布在内蒙古、新疆、宁夏、甘肃、青海等地）、西南（主要分布在云南、广西、贵州、四川等地）、东南（主要分布在江苏、安徽、福建、广东、台港澳等地）三个系统。[2] 其中，西南岩画系统多崖画，而

[1] 陈兆复.古代岩画[M].北京：文物出版社,2002:2.
[2] 中国美术分类全集编委会.中国岩画全集北部岩画[M].沈阳：辽宁美术出版社,2006:4-5.

北方和东南岩画系统多为岩刻。东南岩画系统中，有一处非常特别的岩画点，它链接着北方和东南岩画系统，并与中原地区的凹穴岩画[1]有所关联。也正是这处岩画点的发现点燃了20世纪80年代的岩画研究热，它就是被誉为"东方天书"的将军崖岩刻。

[1]　凹穴是岩画中一类最古老的岩刻，多作圆坑穴状，详见本章第三节。

第一节 "东方天书"——将军崖岩刻

　　将军崖岩刻位于江苏省连云港市海州区锦屏镇的锦屏山南麓，是最早被列入全国重点文物保护单位的2处岩画点之一[1]。1981年，在国家文物局组织的现场鉴定会上，望着满壁将军崖岩刻拓片，考古学泰斗苏秉琦先生开口就说道："这是一本东方的天书。"[2] 由此，将军崖岩刻"东方天书"之名广为人知，并引起了学界广泛关注。将军崖岩画点由5组不同位置的古人类遗迹构成。其中第1、2、3组，位于将军崖下小山包的西侧、南侧和靠近小山包顶部的东侧；第4组位于小山包的顶部，包含了由4块巨石构成的"社石"遗迹；第5组位于将军崖山顶，据说直到2006年才被发现。在这5组岩刻中，学界目前普遍认可发布者所称小山包南侧的第2组岩刻图案类似"日月星辰"[3]。据宋耀良先生实地勘测，将军崖第2组岩刻，计有图像97个，图案"大多是圆点、符号、线条、同心圆"，图像密集处"形成一条带状，密匝的圆和凹，似构成夜空中的银河"，而最醒目的是其旁的"三个光芒四射的太阳"。[4]

一、将军崖岩刻中的"三个太阳"

　　将军崖第2组岩刻中最引人注目的三个太阳图像，由同心圆和其周身的辐射线条组成（见图1-1-1）。这三个太阳图像挨在一起，若连接圆心可得短边23和24厘米的近似直角三角形。位于直角上的太阳最大，外圆直径12厘米，有23条芒线；其西北侧的太阳第二大，外圆直径11厘米，有20条芒线；最小

[1]　将军崖岩画和花山岩画，于1988年被列入第三批全国重点文物保护单位。
[2]　李洪甫.太平洋岩画：人类最古老的民俗文化遗迹[M].上海：上海文化出版社,1997:113.
[3]　李洪甫.连云港将军崖岩画遗迹调查[J].文物,1981（07）:21-24+101.
[4]　宋耀良.中国岩画考察[M].上海：上海人民出版社,2015:21.

的太阳在东北侧，外圆直径 8.5 厘米，有 14 条芒线。[1] 太阳能量的表现形式主要是光和热，而以圆圈加象征耀目光线的放射状线条表现太阳，即使是在当今社会仍是常见且常用的一种直白式的太阳图像表达形式。尽管曾有学者称其为海胆[2]，但通过与世界上其他岩画点的太阳图像对比，绝大多数学者仍肯定其为太阳图像无疑。那么古人为什么要将三个大小不同的太阳凿刻在一起呢？我们首先从美术学科里的空间透视原理来讨论一下。

1. 将军崖岩刻"三个太阳"；2. 儿童画《蜻蜓与荷》；3. 内蒙古岩画《马车及驭者》
图 1-1 "三个太阳"岩画、《蜻蜓与荷》儿童画、《马车及驭者》岩画
（注：本图岩画图像由祝子金摹绘，《蜻蜓与荷》作者周正之）

照片是今天的人们在生活中常见的一种图片，因其具有接近人类真实视野的视觉感受，所以通常被用于纪实性的图像记录。照片由照相机拍摄而得，而照相机拍照的过程实际上是基于针孔成像的原理，这是一种典型的焦点透视方法。焦点透视，或称定点透视，是在固定的单一视点下记录视场内的物象远近变化、前后关系的方法。在焦点透视规则下，同一画面通常不会产生三个太阳（延时摄影照片除外）。但空间透视规则并不仅限于焦点透视，中国绘画中尤其是长卷形式的画面，常以散点透视法营造大尺度空间，如宋人张择端所绘的《清明上河图》。散点透视，又称动点透视，它通常不受固定视场的限制，艺术家可以根据需要，将不同视点所观察到的物象组织到一个画面中来，形成类似"移步换景""咫尺千里"的带有空间顺序和时间顺序的场景。延时摄影照片也可以说是时序上的散点透视画面。而从某种意义上来说，散点透视所得的物象画面，更接近于我们反复观察某一物象后所获得的心理映像。散点透视可以帮助我们更真实、更全面地展现不同视角、不同时间的观察对象。

[1]　三个太阳的尺寸和芒线数据有多个版本，此处采用较早实地勘测的李洪甫、宋耀良两位先生的数据。
[2]　庞朴. 日·贝·鲎——将军崖岩画漫笔 [J]. 文物,1983（01）:75-76.

这种将同一物象在不同视点、不同时间观察所得形态组接在一个画面的情况，还常常见于儿童绘画、远古岩画和现代西方绘画。如作者七岁的孩子所画的一幅《蜻蜓与荷》（见图1-1-2），画面中蜻蜓的头部、翅膀、腹部明显为俯视所见形态，而弯曲的尾部则为侧面剪影形态；荷花的花苞、杆为侧面形态，荷叶却是俯视态的，再加上叶脉，竖在水面上像两扇车轮。孩子之所以这么画，一方面是他一心想表达出他所能观察到的所有物象细节，所以他画完之后很得意，作者也觉得很满意。另一方面在于，他所使用的视角，恰好就是能最清晰表现出对象姿态或者细节的角度。蜻蜓平展的对翅，俯视角度下的形态最典型；蜻蜓微勾的尾端，这个动作从侧面看才看得到；圆圆的荷叶躺在水面，叶脉从叶面中心放射状分布到叶缘，难道不是俯视才能看清各种细节吗？所以，他画得好有道理。我们再来看看内蒙古岩画中的《马车及驭者》（见图1-1-3）。这幅岩画位于敖伦敖包中部，图像内容为一人、一车、双马。驭者位于画面上部，双手垂立，双腿分开，踩在一架车上，这部分是正面视图；圆形车轮位于驭者足下的一根横杆两端，轮为侧视图；横杆中间接一根竖杆向下延伸，下端有短横，是为马车的衡轭，这部分为俯视图；双马背相抵，四足分别朝向左右，似侧躺在地上，而其实是表现的马匹侧面视图。这幅岩画如果以焦点透视的规则来衡量，完全不知所云，可若以散点透视的规则来看，远古艺术家则很清晰地表达出了人、马、车各自的结构和组合的关系。中国岩画中车辆的类似表达很多，有单辕、双辕之分，还有单马、双马、骖马等，这类岩画中的车辆图形，在学者的眼中更是蕴含了远古时代先民们的交通工具的发展演变信息，以及相应历史时期的游牧文化特征。[1] 而西方现代绘画流派中的立体主义，其代表人物毕加索的多幅立体主义油画作品，都是在东方散点透视绘画和非洲原始艺术启发下产生的。其要旨在于将多角度描绘的物象组合于一幅二维画面中，以此表达物象"最完整"的现实状态。兴于其后的未来主义画派，则进一步关注物象在过去、现在和未来所呈现出的运动状态。立体主义和未来主义的绘画，正是散点透视规则的艺术实践。而将军崖第2组岩刻中的这三个太阳图像，大小不一，芒线多寡不一，是不是同样基于散点透视规则呢？

---

[1] 童永生. 中国岩画中的交通工具演变发展考释 [J]. 历史教学（下半月刊）,2013（01）:43–48.

实际上，同样大小的物体，由于参照物的不同，带给我们视知觉的感受也有所区别。比如，日出和日落时，太阳在地平线附近物体的参照下，其视觉面积在感受上明显比中午时的太阳要大。古人的视知觉体系与今人并无二致，所以《列子·汤问》记载了孔子路遇两小儿辩日的故事：

> 孔子东游，见两小儿辩斗。问其故，一儿曰："我以日始出时去人近，而日中时远也。"一儿以日初出远，而日中时近也。一儿曰："日初出大如车盖，及日中则如盘盂，此不为远者小而近者大乎？"一儿曰："日初出沧沧凉凉，及其日中如探汤，此不为近者热而远者凉乎？"孔子不能决也。两小儿笑曰："孰为汝多知乎？"

故事里孩子口中的"如车盖""如盘盂"，正是由于太阳在天空位置的不同而导致参照体系变化带来的视觉大小变化的错觉。[1]实际上，相对于地日间巨大的天文距离，地球表面曲率所产生的些许距离差实在是微不足道。而人类对太阳大小的测算活动则有着非常古老的传统。先秦典籍《周髀算经》记录了人类最早测算太阳直径的方法，东汉张衡在《灵宪》中记录了他测算的日月角直径："其径当天周七百三十六分之一。"这个值"转换为现行的度制，即 $29' 21''$，这与近代天文测量所得的日和月的平均角直径值 $31' 59''$ 和 $31' 5''$ 相比，误差仅有 $2'$。在当时的科学技术水平及观测条件下，这个数值是相当精确的"[2]。我们若将太阳的平均角直径值加以转换，太阳的视直径大约为 $0.5°$。北京天文馆的王玉民先生认为，"人裸眼目视观测天象时有共同的视错觉现象，形成系统误差，此误差是将天穹视为扁平状造成的"[3]。王先生首先假设了古人目视观天时总把天穹想象成在 13 米远处的"假想天球"，合以太阳的视直径 $0.5°$，并以此测算出太阳在天球上的"直径长度为 11.6 厘米"；故将军崖第 2 组岩刻的"三个太阳图案，两个较大的太阳直径恰好分别是 11、12 厘米，是人们看到的'标准大小'的太阳，另一个太阳直径为 8.5 厘米，相当于 $68°$ 高度的太阳"。[4]而这

---

[1]　两小儿辩日故事的另一种解释：日出和日落时的太阳接近地平线，高度角小；根据大气透镜现象原理，地球上的大气层也呈球形，因为地球的曲率，越接近地平线的视角大气相对厚度越厚，就形成了一个"大气凸透镜"；此时借由凸透镜的放大效应，太阳影像被放大了，视直径也就变大了。由于此解释不影响本文推论结果，故不在正文中展开阐述。

[2]　屈智宁，李可军. 太阳半径测量与研究进展 [J]. 天文学进展,2013,31（03）:253—266.

[3]　王玉民. 古代目视天象记录中的尺度之研究 [J]. 自然科学史研究,2003（01）:42—53.

[4]　王玉民. 将军崖岩画古天象图新探——兼论岳阳君山岩画的星象意义 [J]. 自然科学史研究,2007（01）:30—43.

个 68° 高度的太阳可以是夏至日接近午时的太阳高度，也可以是连云港地区立夏和立秋时节的正午太阳高度[1]。总而言之，由于太阳在地平线、天顶间位置的不同，会给人以不同的视觉大小变化，所以岩刻上的太阳图形会有大小、芒线的变化。而这三个太阳图像，则很可能是古人基于散点透视规则，对一天之中三个时间段的太阳形象，或者不同季节的太阳形象的直观记录。

二、将军崖岩刻中的"众星拱月""银河"和"子午线"

将军崖第 2 组岩刻中的图像（见图 1-2），除了太阳纹，还有一部分图案被学者识作"月亮纹"和"星云纹"。李洪甫先生是最早开始对将军崖岩画点进行测绘和阐释的学者。李先生认为，第 2 组岩刻中"有四处可能与星云有关的图案。其中一处长达 6.23 米，由上而下刻在坡面上，好像一条银河系的星带，有 3 条短线把它分为 4 个部分，似表示太空星云的变化。长条状星云图案中还有一些表示太阳和月亮的图形。B61、B63 的太阳图形与郑州大河村新石器时代遗址出土的彩陶片上的太阳纹饰近似。B3、B8、B12、B37 似乎都是月亮图形，有画☽的，有画☾的，可能是表示月亮位置的变动情形"[2]。李先生所指认的月亮图形，位于星带上和星带南边，多为单圈圆点（凹穴外套圆）和双圈圆点（凹穴外套同心圆）的图像。但连云港市重点文物保护研究所的高伟先生认为，"星云图像是用同心圆和单圈圆组成"，他还提到"在三个太阳的上面，也就是正北方有一个月牙的形状和一个北斗星星象的图案"[3]。高先生所提"月牙"和"北斗"形状，其文中未配图，也未见于李洪甫先生于 1981 年发布的将军崖岩刻 B 组（本书所称第 2 组）墨线图。但在张嘉馨博士对将军崖岩画点开展田野调查后发布的第 2 组岩刻线描图中，我们找到了编号 F2 的月牙图形。[4]

这个月牙符号，月相为蛾眉月，或许因为岩面风化磨蚀严重的关系，图案模糊导致最初没有被记录下来。月牙图像周围还分布有十多个小圆和一个单圈圆点图形，如果这些图形就是高先生所说的北斗星象，那么将北斗七星和月亮

---

[1] 正午太阳高度简易计算式：H=90°-（当地纬度 ± 直射点纬度）。将军崖岩画点纬度约为 34°31′，立夏日、立秋日太阳直射点纬度约为 11°43′，故将军崖岩画点立夏和立秋日太阳高度约为 67°11′。

[2] 李洪甫. 将军崖岩画遗迹的初步探索 [J]. 文物,1981（07）:25-27.

[3] 高伟. 试论将军崖岩画的原始艺术形式 [J]. 艺术百家,2008,24（S2）:203-206.

[4] 张嘉馨. 连云港将军崖岩画田野调查 [J]. 内蒙古大学艺术学院学报,2017,14（04）:36-49.

放在一处，似乎显得不太合理。古籍中却可见有"月犯南斗""太阴犯南斗"的记载，如《宋书·志·卷二十四》记有："永和三年正月壬午，月犯南斗第五星……五月壬申，月犯南斗第四星，因入魁。"南斗是二十八宿之一，有主星六颗，六星所在的人马座是黄道带星座。而且人马座是夏季夜空中的标志性星座之一，银河系中心也位于这个星座，银河在此处是最为明亮显著的。但是，基于数千年前的星空星象与今时存在的细微差别，还有古人凿刻岩画时必然存在的星图比例、位置误差，所以我们无法确认此图记录的就是"月犯南斗"，甚至很难将这组星图确定为夜空中某一具体的星座。不过，这一组星月图像既然被古人珍而重之地凿刻在第2组岩刻的上部中央，至少能被视作一幅生动的"众星拱月"图像写照。

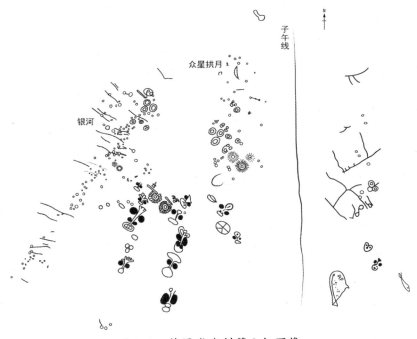

图 1-2　将军崖岩刻第 2 组图像

（注：本图像由祝子金摹绘）

"银河"在将军崖第 2 组岩刻的西区坡面上，是一条长达 6.2 米的被磨得银白发亮的带状区域。"银河"的岩刻图像主要由凹穴、同心圆和刻线组成。这些凹穴、圆圈、同心圆，如同大大小小的星点，密集地分布在这条带状区域上。而且其由右上逶迤至左下，给人的第一印象，确实如同夜空里初升的"银河"。

李洪甫先生和高伟先生称其为"星云",可能是概念上的混淆。星云,是宇宙中一类由稀薄的气体或尘埃构成的天体,或称星际云,是云雾状的天体。王玉民先生也不认同"星云"说,同时也不赞同远古时期的古人们就能认识到银河光带是由无数颗遥远的星星组成的;同时王先生还提出,星带上大小不一的凹穴、圆圈、同心圆,是用来区分"星星亮度的差别"。[1] 确实,现代星图中便以大小不同的圆点来标示星体的亮度等级。而且,我们在裸眼观测星空时,星星的亮度是一项非常重要的指标。古人用以标示一方星空的星座,主要也是记录那些亮度较高的星,如北斗七星中只有天权是 3 等星,其余 6 颗都是 2 等星。[2] 并且由于光渗现象[3]的影响,人眼总会产生亮星比暗星的视面积大一些的错觉。这样看来,这条"银河"星带上大小不一的凹穴、圆圈、同心圆,分别代表着不同亮度等级的星星,是合乎情理的。

如果我们站在坡前,面向正北观看将军崖第 2 组岩刻,会首先看到一条又长又深的岩沟,它正好隔开了"银河"与"众星拱月"。在"众星拱月"图像的正下方是"三个太阳",而它们的右侧还有一条平行的裂沟自上而下贯通整幅岩刻。宋耀良先生在实地考察后,谈到一条"7 至 8 米长的笔直的岩面裂沟",其"宽处有 18 厘米,窄处有 4 至 5 厘米","从岩石纹路看,它应是自然的","但据博物馆工作人员的介绍,这条裂沟的走向与子午线完全相同"。[4] 从其描述的长度和宽度来看,宋先生应该指的是"银河"与"众星拱月"间的天然岩沟。而我们所习称的将军崖"子午线",是位于"众星拱月"和"三个太阳"图像东畔的那条裂沟。这条 5.5 米长的裂沟几乎与子午线[5]完全平行,张嘉馨博士新近的田野调查报告肯定它是"人工磨制的凹槽"。[6] 高伟先生也认为裂沟是人工磨制出的,他还提到江苏省地矿局测绘大队的测绘结果:"其方位角 aN−

---

[1] 王玉民.将军崖岩画古天象图新探——兼论岳阳君山岩画的星象意义 [J].自然科学史研究,2007(01):30–43.

[2] 星等(Magnitude)是衡量天体光度的量。星等值越小,星星就越亮;星等的数值越大,它的光就越暗。

[3] 浅色的形体在暗色背景的衬托下,具有较强的反射光亮,呈扩张性地渗出,这种现象就叫光渗。

[4] 宋耀良.中国岩画考察 [M].上海:上海人民出版社,2015:21–22.

[5] 子午线,也称为"经线",是地球表面连接南、北两极,并且垂直于赤道的弧线。

[6] 张嘉馨.连云港将军崖岩画田野调查 [J].内蒙古大学艺术学院学报,2017,14(04):36–49.

S=176°24'52"，与实际测得子午线误差为3°55'88"。"[1] 我们猜测，这条"子午线"也有可能是在岩面天然沟槽的基础上加工而成。而"子午线"与今时经线仅3°的误差，如果考虑进地轴的"极移"与"进动"，在那个遥远的年代里，这条裂沟很可能就是丝毫不差直指正北。也或许岩面上笔直指向正北的裂沟，正是先民们当年选择在此处凿刻岩画的原因之一。

三、将军崖岩刻祭祀空间的形成

"子午线"东畔，还分布着一些沟槽、凹穴、刻线、符号和人面，但已斑驳难辨。"三个太阳"和"银河"下方，则主要由十来个人面、符号和凹穴组成。这些人面的朝向大多斜向东北，与"子午线"形成约20°至30°的夹角。就在"三个太阳"下方不远处，有一个辨识度较高的符号，由类似"大"字形外套一个圆圈组成（见图1-3-1）。这个符号，不禁让人想起广汉三星堆2号祭祀坑出土的青铜太阳形器（见图1-3-2）。青铜太阳形器出土时残损严重，后经复原得以展出，因其像现代汽车操纵行驶方向的轮状装置，而被群众戏称为"方向盘"。关于其器用，曾有车轮说、盾牌说等，目前学界基本认同它是"古蜀国举行大型祭祀活动时，作为太阳的替代物或象征物，受人顶礼膜拜的"。[2] 我们姑且也把"三个太阳"下方的这个符号，称作"日轮"符号。"日轮"西侧隔着岩沟的地方，一大组人面图像还簇拥着2轮新发现的带有芒线的太阳图像。

此时，若我们的目光沿着将军崖第2组岩刻上的岩沟和"子午线"向上，便会轻易地被引向坡顶倚靠在一起的三块巨石（见图1-3-3）。这里正是将军崖第4组岩刻所在，与这三块巨石间隔3米的东侧，还有一块更为巨大的石头。这最大的一块石头"南北长4.3米，东西长2.2米，最高点距离岩面高度为1.9米，整个石头与岩面成60°角，向西倾斜"[3]。这一大三小的巨石，当地人称作"石祖"，不少学者认为是"社石"，南京师范大学的汤惠生先生则认为是"倒塌下来的石棚建筑（Dolmen）"。[4] 将军崖第4组岩刻便由这4块巨石，以及石

[1] 高伟. 试论将军崖岩画的原始艺术形式 [J]. 艺术百家,2008,24（S2）:203-206.

[2] 邱登成. 三星堆文化太阳神崇拜浅说 [J]. 四川文物,2001（02）:17-21.

[3] 张嘉馨. 连云港将军崖岩画田野调查 [J]. 内蒙古大学艺术学院学报,2017,14（04）:36-49.

[4] 汤惠生,梅亚文. 将军崖史前岩画遗址的断代及相关问题的讨论 [J]. 东南文化,2008,（2）:11-23.

上和石间岩面上的凹穴、方格纹组成。那块巨石的东侧，约莫 5 米远的地方，便是将军崖第 3 组岩刻所在。第 3 组岩刻主要由凹穴、人面和符号组成。但这组岩刻靠近坡顶水平面，紧挨着保护区游览栈道，据说已经磨蚀损耗得十分严重。在整个将军崖岩刻体系中，第 1、2、3、4 组岩刻在位置上最为接近。相较之下，位于将军崖山体顶部大石上的第 5 组岩刻，"与前四组的直线距离为 180 米，垂直高差 24 米"，而且"尚无上山之路加之沿途岩壁陡峭和植被覆盖，少有人到达"。[1] 所以，将军崖的祭祀空间应可分为两个部分，其主体部分由第 1、2、3、4 组岩刻构成。

1. 将军崖岩刻 "日轮"；2. 三星堆青铜太阳形器；3. 将军崖社石；4. 将军崖岩画点远瞰图

图 1-3   "日轮"岩画、青铜太阳形器、将军崖社石及岩画点远瞰图

（注：本图像由祝子金手绘）

[1]   张嘉馨 . 连云港将军崖岩画田野调查 [J]. 内蒙古大学艺术学院学报 ,2017,14(04):36-49.

据张嘉馨博士2018年发布的微腐蚀年代判定数据，将军崖第5组岩刻的年代上限距今约10000年，第2、3、4组岩刻中较早的图像在"时空区间上对应青莲岗文化"，如"三个太阳"图像距今约5699±200年；第2、3、4组岩刻中较晚的图像在"时空区间上对应大汶口文化"；第1组岩刻最为晚近，"在距今3000年左右"。[1]汤慧生先生于2007年发布的将军崖岩刻微腐蚀年代，也体现出第1组岩刻年代最晚，并认同"人面像被苏秉琦和俞伟超先生认为是距今3000年前殷商时期东夷人的遗迹"；汤先生所测第4组巨石岩刻的年代为距今6000年前，并提到"从连云港古环境和海平面变化资料中我们得知，在距今6000—5000年的海侵最大范围时，海水应该深入到将军崖史前岩画的下面，这时的将军崖史前岩画看上去就坐落在海边上"。[2]那么，尽管将军崖第1组岩刻因其10个巨大的圆形人面像广为世人所知。但在距今6000—5000年间的海侵期，它们还没有被先民镌刻到岩面。此时的将军崖祭祀空间应以第2、3、4组岩刻和坡顶的巨大的祭祀石构成。

将军崖祭祀空间成立的首要因素，在于它拥有奇特的地貌。将军崖山体大致呈东西走向，制高点位于东北端，西南端低点即第1、2、3、4组岩刻所在的馒首状半圆裸露岩丘。在稍远稍高的位置来看，这片半圆隆起的岩丘，弧形岩面线条优美，辅以丘顶那块原生的巨石，其形恰如古人所言的"地乳"（见图1-3-4）。特别是周边山体嶙峋，又或覆盖有植被，唯有这片岩丘，袒露光洁的岩面，神形皆备。这并非臆测，《艺文类聚》记有："岐山在昆仑东南，为地乳。"国内亦多有称作"乳山"的地名，其初意多与祈求丰产、生殖崇拜有关。而从当地人称丘顶巨石为"石祖"来看，其生殖崇拜圣地的含义可能更接近原初。时光荏苒，居住在这片圆丘附近的先民，或通过自发的观察，或通过部族间的交流，逐渐掌握了一定的天文观测技能，明白了一些隐藏在星空中的奥秘。而正是这片圆丘奇特的地貌，又让先民们将它与天穹联系在了一起。于是，其中少部分借由星空运转规律而知时的先民，逐步把持了部族的大部分权力，并

---

[1] 张嘉馨.岩画研究中的断代问题——以将军崖岩画的年代研究为例 [J].中央民族大学学报（哲学社会科学版）,2018,45（05）:69-77.

[2] 汤惠生.将军崖史前岩画的微腐蚀年代 [A].中共江苏省委宣传部、江苏省哲学社会科学界联合会.2007年江苏省哲学社会科学界学术大会论文集（下）[C].中共江苏省委宣传部、江苏省哲学社会科学界联合会：江苏省社会科学学术活动组织联络中心,2007:8.

将他们对日月星辰、天地方位的理解记录在这片圣地之上。海侵时期，这片临海的石丘三面滨水，更成为部族举办 "成人礼" 的圣所。适龄的部族青年，在首领的带领下，来到崖边观摩岩刻，聆听长者讲述部族的历史，掌握分时辨位的技巧；在丘顶的 "祖石" 前，接受风俗禁忌、两性生活等教育，并向石灵祈求生殖顺利。月光下的丘顶，接受完教育的青年们环绕着巨石彻夜舞蹈，时而向着星空变换出各种手势。当红艳艳的太阳跃离海面，将第一缕暖意洒向石丘时，人群欢呼着张开双臂拥抱太阳、礼赞太阳，庆贺青年们终于告别 "旧我"，获得族人身份的认同。[1]

将军崖前的史前岩刻，非一人一时之作，它必定经历过一个较大历史跨度的逐步完善。这一点，从汤慧生先生和张嘉馨博士的将军崖岩刻微腐蚀测年数据已可确证。同理，将军崖祭祀空间也会有一个逐步形成的过程。而从将军崖各组岩刻内容来看，第 5 组相对独立，具有祖灵崇拜色彩的第 1 组出现最晚。而通过对第 2、3、4 组岩刻祭祀空间形成过程的复原，我们推测其祭祀内容是由生殖崇拜过渡到天体崇拜，继而演化为复合式的部族祭礼。降至商周之际，第 1 组岩刻的加入，更说明了此地应是一处多用途的祭祀空间。而将军崖岩丘状若 "地乳" 的奇特地貌，为其成为多元祭祀用地提供了可能。

---

[1] 此段关于 "成人礼" 的部分，可参考戴庞海博士的论文《先秦冠礼研究》。

第二节 史前岩画中的太阳图像

在将军崖第2组岩刻上，一共有5个由芒线和同心圆组成的太阳图像。太阳是人类在地球上目视可见的全天最大、最明亮的天体。它是一颗黄矮星，是太阳系的中心天体，是地球能源最主要的提供者。自地球上的文明曙光初现，人类便通过绘画、雕刻、舞蹈、音乐、语言等各种艺术形式，虔诚地、毫不吝啬地称颂和礼赞太阳，并由此留下了无数有关太阳的著名诗篇、神话、图像，历史遗迹和遗址。这种由史前延续至今的崇日文化现象，其发生年代之早、分布范围之广，向来备受中外学者关注。英国宗教史学家、比较宗教学奠基人弗雷德里赫·麦克斯·缪勒（Friedrich Max Muller）甚至认为"一切神话均源于太阳"[1]，诸神归根结底是太阳的隐喻，一切神话都是由太阳神话派生出来的。而我国学者何新推测，华是"曅"字的省文，"曅"与"晃"今音不同，古时或为同源字，日光之华可能就是华夏民族得名的由来。[2]而现有的考古发现及人类学研究成果也确实表明，同世界上大多数古老文明一样，华夏文明发轫时曾有过一段较长历史时期的太阳崇拜，并被先民们珍而重之地刻画在岩壁之上。

这些与史前人类崇日活动相关的岩画，按照图像内容可以大致分为四类：第一类是太阳的自然之象，第二类是人面太阳神像，第三类是太阳象征符号，第四类是太阳崇拜仪式。将军崖第2组岩刻上的"三个太阳"图像便属于第一类，是先民对太阳形象的直观刻画。

---

[1] ［英］弗雷德里赫·麦克斯·缪勒.比较神话学[M].金泽,译.上海：上海文艺出版社,1989:18.
[2] 何新.诸神的起源[M].北京：北京工业大学出版社,2007:40.

一、岩画中的太阳自然之像

类似将军崖"三个太阳"的岩画并不是孤例，放眼中国三大史前岩画体系，这种带有芒线的太阳直观图像比比皆是。而且，它们往往具备共同的图形特征，即以放射状芒线和多重同心圆构成完整的太阳图像。其中典型者，除了将军崖"三个太阳"岩刻，还见于阴山岩画、贺兰山岩画、贺兰山北部的桌子山岩画，甚或年代晚近些的西藏西部的日土岩画。同时，我们还注意到，相似的太阳图像还出现在东亚、北美等环太平洋北部地区的史前岩画上，具有相当广泛的分布空间，属于典型的世界性的史前岩画主题图像（见图 1-4）。而且这类由芒线和同心圆组成的太阳图形，往往在岩面上凿刻得又深又宽，线条多规整而又精美。可以想见，史前时代的先民们是怀着多么虔诚和坚定的信仰，执着地不厌其烦地反复击打、磨制坚硬的岩面，才能够留下这样历经数千年风雨侵蚀仍足称规范完美的岩画图像。

史前岩画中芒线和同心圆组合的太阳自然之像，因其图形直观、意指明确，可视作争议最小的太阳岩画标准体。这一标准图像在传播的过程中还出现了一些变体。变体之一是省略表现太阳光线的芒线，仅以多重同心圆表现太阳光体。同心圆是史前岩画中更为常见、分布更广的一种图形。这种多重同心圆，与太阳岩画标准体中的同心圆在制作手法上十分接近，且多以击磨法使得图像线条深刻而又规范。宁夏贺兰口附近分别有一个五重同心圆和一个八重同心圆，每重圆线宽 1 厘米，圆与圆间隔 2 厘米，制作得极为精湛严谨。台湾万山孤巴察峨岩雕上则有一个十一重的同心圆，线条细密而又规整。西伯利亚斯塔弗洛诺夫墓地上的巨石石面中心处，刻有一个九重的同心圆，周围环绕形形色色的动物和祈祷状的人物。盖山林先生将阴山岩画中处于不同场景的同心圆释作太阳、天体、星辰或云。[1] 宋耀良先生认为，与史前人面岩画伴生的同心圆，其功能意义有三个思考方向：一是简化了的太阳圆体；二是生殖崇拜的符号图；三是宇宙天体的象征性图符。[2] 我们认为，岩画中图形尺寸相对较大、独立，且磨制规整的多重同心圆，应该就是一种简省了芒线的太阳自然之像。

[1]　盖山林. 阴山岩画 [M]. 北京：文物出版社,1986:165-172.
[2]　宋耀良. 中国史前神格人面岩画 [M]. 上海：上海人民出版社,2015:105-109.

太阳图像	岩画信息	太阳图像	岩画信息
	亚洲，中国 江苏连云港，将军崖 新石器时代		亚洲，中国 宁夏银川，贺兰山
	亚洲，中国 内蒙古乌海，桌子山 新石器时代末期		亚洲，中国 内蒙古巴彦淖尔， 阴山 新石器时代
	亚洲，中国 宁夏银川，贺兰山 新石器时代		亚洲，中国 云南文山，清水沟 新石器时代末期
	北美洲，加拿大 西海岸		亚洲，中国 宁夏银川，贺兰山
	亚洲，中国 福建漳州，东山岛		亚洲，中国 内蒙古巴彦淖尔， 阴山 新石器时代

图 1-4 由芒线、同心圆构成的太阳岩画图像

（注：本岩画线描图像由祝子金摹绘）

　　变体之二，太阳以不均匀分布的芒线和圆圈组成，是标准太阳自然之象的进一步简省，年代上应晚近些。阴山山脉狼山段大坝沟有一组岩画，由三个图形组成，中间的图形是一个长了头、手、足的三重同心圆；左边是一圆形，下方有五根长长的芒线；右边图像残缺，仅余小半圆弧和四根半芒线，看起来应该是与左侧图形对称的。宋耀良先生称其为"太阳孕妇图"，他认为"这两边

对称的图形，应该理解为太阳照射着大地，或者照射着大地的太阳"。[1] 盖山林先生在对阴山岩画的图像考证中，也将以圆圈和向下芒线组合的类似图形称作太阳。[2] 将军崖第 1 组岩画的右侧中部，也有一个由圆圈和长短不一的芒线组成的太阳图形。在史前艺术家们的笔下，太阳自然之像最为简省的图形也可以只是一个圆圈。

变体之三，是以芒线和半圆表现得仿若旭日初露的图像。2007 年至 2010 年，福建东山县塔屿先后发现 8 处太阳纹岩画，"均以光芒四射的太阳为题材"。[3] 塔屿岩画最特别的地方在于，其太阳形象是先民巧妙利用了岩石崩阙处的弧形和天然放射状裂纹加工凿刻而成。塔屿又称东门岛，位于东山县铜山古城东面海上，因岛上有一座建于明代嘉靖五年的文峰塔，所以得名塔屿。这 8 处太阳纹岩画基本上都位于文峰塔东南方向，且岩面向南，应是先民刻意选择的地点。青海岩画中也有这种以芒线加半圆构成的太阳图像，其半圆底部有一条长横线似乎表示地平线，"寓意太阳从地平线上升起之意，也是岩画中一幅独特的表现太阳和太阳神的岩画"[4]。

总的来说，不论是由多重同心圆和均匀芒线组成的标准太阳图形，还是其衍化的各种变体，太阳岩画的自然之象都只是表达了太阳的自然形态：圆形的光体和耀眼的光芒。而先民们并不能满足于此，因为太阳自然形态的超验状态是不便回应人间的祈求的。太阳只有如人般具备了喜怒哀乐的情绪，才可以更好地被取悦和回应。当然，我们不能确知最初的动因究竟是什么，万物有灵也好，天人合一也罢，但中国史前岩画中最为独特的景观：太阳与人面的结合体出现了。

二、岩画中的人面太阳神像

中国史前岩画中的人面太阳神像，特征非常明确，概以模块组合的创作形式将太阳的自然形态（圆、芒线）和人面（眼、鼻、口）综合在一起。远古先民们似乎对这一图式投注了极大的热情，其分布的范围从贺兰山贺兰口到整条阴山山脉，从连云港将军崖到台湾高雄万山社，跨越了广阔的地理单元，甚至还延及黑龙江北岸以及韩国、加拿大西部太平洋沿岸地区。这是一种令人惊讶

[1] 宋耀良.中国岩画考察 [M].上海：上海人民出版社,2015:7-8.
[2] 盖山林.阴山岩画 [M].北京：文物出版社,1986:170+172.
[3] 陈立群.东山县塔屿岩画群的发现与初步研究 [J].闽台文化交流,2011（02）:67-72.
[4] 梁振华.桌子山岩画 [M].北京：文物出版社,1998:84.

的文化传播现象，单独的人首图像（现代人像艺术中，头像会连带表述头、颈、肩的结构关系，而人面岩画一般不表现颈、肩部）在蛮荒年代很容易被人们与斩首刑产生联想。但这些史前岩画中的人面太阳神像，却往往制作精美、磨刻繁复，显得格外神圣而庄严。被誉为"中国岩画学之父"的盖山林先生，较早关注到史前岩画中的这种"戴着太阳光冠的太阳神"图像，并总结出 8 条共同特征：

（1）一般磨刻在山口，迎向东方；

（2）大都成群分布，十来个或数十个在一起，构成规模宏大的人面壁，单个存在的较罕见；

（3）这类人面像，较其他人面像图形大，磨刻也最认真；

（4）面部五官有喜怒哀乐的表情，或盛怒，或笑容可掬；

（5）在面像之上或各个图形间，常伴随有星、月等天体形象；

（6）悉作正面形，面向着观众；

（7）头形轮廓外，有向四面八方射出的光芒，有的环头一周，有的仅限于头顶或面部一侧；

（8）面部庄严肃穆，给人以神圣不可侵犯之感。[1]

以上述特征观照中国史前岩画图像，盖山林先生还认为人面太阳神像处于太阳神岩画的第二个发展阶段。其第一阶段就是自然形态的太阳岩画，其后一个阶段则是太阳光冠与人形的结合，以表现人为主。由此来看，人面太阳神像岩画承前启后，是史前太阳神岩画体系和相关图式规则，甚或远古太阳神话文本形成的关键期，因而具备极高的研究价值和历史价值。

同时，我们还注意到，人面太阳神像在发展与传播的过程中，在图形特征上还呈现出阶段性的变化。这种变化显著体现在两方面：一是人面轮廓有类圆形、椭圆形、核形、方形甚至倒三角形的变化；二是人面四周的太阳芒线由均匀分布到不均匀分布，甚至只保留顶部芒线的变化。宋耀良先生认为，人面太阳像的芒线的演变有两个方向：一个是逐步呈现出抽象，最后只在人面上部象征性地留下数根；另一个方向是太阳芒线愈加繁密，拉长并弯曲，后来形成一种特殊的冠饰，衍化为另外一种人面岩画了。[2]我们再结合盖山林先生描述的太阳神岩画的三个发展阶段来看，人面太阳神像中更接近太阳自然形态的图像，年

---

[1]　盖山林.太阳神岩画与太阳神崇拜 [J].天津师大学报（社会科学版）,1988（03）:74–77.

[2]　宋耀良.中国史前神格人面岩画 [M].上海：上海人民出版社,2015:75.

代应该也更为古老。所以，我们将有类圆形人面轮廓，且人面四周的太阳芒线均匀分布的人面太阳神像称作标准体，而其他类型的人面太阳神像均称作变体。

内蒙古乌海市市区东南 15 公里处的召烧沟，有一幅被观者称作"太阳公公"的岩画（见图 1-5-1）。岩画图像为类圆形人面，面廓四周均匀分布有 23 根太阳芒线，双目为圆凹穴，目上各有 3 条半圆弧线，仿若额头上的皱纹，目下有粗壮的八字形凹线，似胡须，须下有椭圆形凹穴，似口，口上还有 2 个小凹穴，似鼻孔。整幅岩画风格古朴，人面表情生动，看起来特别像是一位慈祥和蔼的老爷爷。充分展现了先民对太阳形象的人格化创想，也体现出制作者崇神、媚神的心理。"太阳公公"位于召烧沟岩画点第 1 组，同组尚有数十幅可辨的图像分布在高 15 米，宽 6 米的缓坡上。据学者统计，"太阳公公"所在的召烧沟西口南畔的石灰岩磐石上，分布有 200 余幅图像，90% 以上为形态各异的人面像；这些岩画很可能是羌人先民所为，属新石器时代晚期。[1] 我们认为，召烧沟"太阳公公"图像是典型的人面太阳神像岩画标准体。

史前人面太阳神像岩画中最著名者，大概是贺兰山"太阳神"岩画（见图 1-5-7）。这幅岩画位于贺兰山贺兰口沟内北山壁，长宽约在 50 厘米左右，被高高镌刻于离沟底垂直距离超过 30 米的崖壁上。这位"太阳神"面廓类圆形，以重环同心圆做双目，目上各刻 6 条放射状短芒线，似睫毛又似双眼神光四射，不怒自威，自有一番卓然的王者气质。其头顶外部复刻有一半圆弧线，与面廓间有短线相接，外部再刻有一圈发散的短线，似光芒又似羽饰。面廓两侧各有一外凸的双线垂耷，宽鼻阔嘴，下唇两边还各有一圆形饰物。目前，这幅"太阳神"岩画已被视为贺兰山岩画精品中的精品，其重环双目的造型尤为引人关注。据说，贺兰山贺兰口发现的 700 余幅人面岩画中，出现"太阳神"这样重环双眼的仅有 6 幅，且多位于岩面中心；这种重环双眼的配置，"除了神灵，只有大巫师或者部落酋长等地位很高的人才能有资格具有这种重环双眼"。[2] 学界也多认可，贺兰口"太阳神"岩画与先民对太阳的崇拜和需求有关。贺吉德先生发现贺兰山"太阳神"岩画头顶光环外圈芒线有 24 条，内圈芒线 12 条，眼周芒线各 6 条（其数字对应二十四节气，1 年有 6 大月 6 小月共 12 个月），推测其图像与先民使用的历法有关。[3]

---

[1] 梁振华. 桌子山岩画 [M]. 北京：文物出版社,1998:8+42.

[2] 张唯. 贺兰山下, 罕见小"太阳神"被唤醒 [N]. 宁夏日报,2010-05-10（001）.

[3] 贺吉德. 贺兰山岩画研究 [M]. 银川：宁夏人民出版社,2012:165-166.

1　　　　2　　　　3　　　　4　　　　5

6　　　　7　　　　8　　　　9　　　　10

11　　　　12　　　　13　　　　14　　　　15

16　　　　17　　　　18　　　　19　　　　20

21　　　　22　　　　23　　　　24　　　　25

1.3.4.5.6.10.11.12.16.17.18.19.21.22.23.24. 内蒙古桌子山岩画；

2.7.15. 宁夏贺兰山岩画；8.9.13.14.20.25. 内蒙古阴山岩画；

图 1-5　由芒线、类人面构成的太阳神岩画图像

（注：本图像由祝子金摹绘）

此外，我国现已发现的史前人面太阳神像岩画相对集中于北纬40度左右的贺兰山、阴山山脉，相关岩画点沿山脉成线状分布，其中尤以桌子山最为集中。而其他岩画点包括东北部的西辽河流域，东部的连云港将军崖，中部的随州桐柏山，南部的广东、福建、台湾等地均属零散点状分布。这一方面表明了，远古时期的中国多地先民都有太阳崇拜的活动，且相互间存在文化的交流和互动；另一方面也说明了，地处中原文明、草原文明交界区域的贺兰山、桌子山等地，数千年中相对远离农牧经济发达地区，恰使镌刻其上的宝贵史前艺术资源得以幸存。

三、岩画中的太阳崇拜仪式

太阳崇拜仪式是先民崇日活动发展到一定阶段的产物。学界普遍认为，在人类从渔猎、采集文明逐步迈入农业文明的历史时期，先民对太阳的敬畏和"支配"的渴望尤为迫切。因为彼时农作物的生长和收获，完全受制于自然，即所谓的"望天收"。以农作物生长的6大必要条件论，我们暂不考虑空气、养分和土壤的影响，但说光照、温度、水分，这3项均与太阳有直接的关系。持续的太阳光照会旱，过多的雨水会涝，早期的农业一旦遇到稍微极端的天气，很容易就会颗粒无收。而且就算作物生长过程足够顺利，在收获期如果不能有连续的晴天，让人们将作物种实晾干储存，潮湿导致的霉变一样会带来巨大的损失。先民在长期从事农耕生产的活动中，逐步意识到太阳对于农业的重要性，对其满怀感激；同时也因其并不依循人的意志而周行不殆，又充满了对太阳的恐惧。为了摆脱这种恐惧，先民创造性地发明了各种祭拜的仪轨、控制的巫术，祈求太阳的庇佑和"顺从"，以达到一种被动"支配"自然的心理慰藉。

阴山岩画中有一幅"拜日者"（见图1-6-1），位于内蒙古巴彦淖尔市磴口县格尔敖包沟第二岩画点。这幅岩画高0.42米、宽0.16米，处在沟东半山腰上。盖山林先生解读说，"这是一幅巫或普通牧民顶礼膜拜太阳的场面。拜日者肃穆虔诚地站立在大地上，双臂上举，双手合十过顶，朝拜太阳。拜日者身躯粗壮，腿较短，并向内弯，这是常年骑马牧民常见的腿形。被朝拜的是圆圆的太阳，高悬空际"。[1] 这位拜日者朝拜的是自然物的太阳，呈现了先民面对强大自然力时的卑微和畏惧。相距"拜日者"不远的磴口县榆树沟沟口南岸峭壁上，凿刻有一幅高 0.82 米、宽 0.34 米的岩画（见图 1-6-2）[2]。图像上方是一人面，面廓右边分布有密集的芒线，面容狰厉桀骜。下方刻有一人形，似低头跪坐，高举双手做供奉状。冯军胜先生认为，这位拜日者"拜的是人面化的太阳，这是人的自我力量的投射与对象化，反映了人的自我意识的初步觉醒"[3]。这也许还意味着，对自然神灵的供奉，此时已需要经由通灵的媒介（巫师或者首领）中转才能被认可。其实质，则是权力和资源的不均而导致的阶层分化。

1~2. 阴山"拜日者"岩画；3. 沧源"太阳人"岩画

图 1-6 阴山"拜日者"岩画、沧源"太阳人"岩画

（注：本图像由祝子金摹绘）

位于云南沧源佤族自治县洋德海的沧源岩画 7 号地点，有一面朝向西南长达 25 米的崖壁，壁上岩画里的两组图像似乎向我们透露了更多史前太阳崇拜仪式的信息。这两组图像中的第一组位于崖壁中部最高处，左侧绘有一双臂平伸的人形，一手持弓一手持短兵器，立在一个外部有放射状芒线的圆圈里，右侧另绘有一姿势相同的人形，头顶饰有两根长长的羽毛（见图 1-6-3）。左侧人形外部那带有芒线的圆，明显表现的是太阳。所以，发现并记录沧源岩画的汪宁生先生，称左侧人形为"太阳人"[4]。至于其旁有两根长羽饰的人形，汪先生

[1] 盖山林.阴山岩画 [M].北京：文物出版社,1986:210.

[2] 盖山林.阴山岩画 [M].北京：文物出版社,1986:239-240.

[3] 冯军胜.草原岩画中的自然崇拜 [J].内蒙古大学艺术学院学报,2010,7（01）:75-82.

[4] 汪宁生.云南沧源崖画的发现与研究 [M].北京：文物出版社,1985:59.

经过文献考证，并比较了云南出土的铜锣、铜鼓上的"羽人"图像后，认为"头戴羽毛可能是成年男子日常装束，也可能是战争或舞蹈时的一种装饰"[1]。可是，如果将视野扩展到整幅崖面（见图 1-7-1），我们就能发现，岩面上近百个人形中仅见到头饰双羽者 6 人。且头饰双羽者绘制得会比旁边的无羽饰人形高大得多，明显地位较高[2]。我们以为，此处岩画中的头饰双羽者应为先民中的领袖（或祭师）。值得注意的是，第一组图像在整幅崖面中特别显眼、清晰，不排除是先民在多次崇拜仪式中反复摹绘的结果。第二组图像位于崖壁左侧最高处，上有一人形，头顶同样饰有两根长长的羽毛，四肢已模糊不清，下有五人围着一个圆圈，均做一臂反卷一臂摆动的舞蹈状（见图 1-7-2）。在头饰双羽者的注视下，这围作一圈翩跹起舞的人形，恣意忘形，似乎在庆贺着什么。回顾崖面上处于不同区位的头饰双羽者，我们顿时有些恍然，眼前仿佛看到一部宏大的叙事性史诗正在徐徐上演：先民有一位先祖，曾陪侍于太阳神身旁，他一心敬奉太阳从而获得了太阳神的赐予（其手持的器具与"太阳人"手中的近似）；凭着神的赐予，他率领族人狩猎、耕作，使部族人畜兴旺，又指挥族中的勇士，剪除山林中的恶兽，攻灭敌对的部族，在四方八乡树起太阳般的威仪；但这位杰出的领袖终要归去，族人只好以祭拜太阳的舞蹈，恭送他回到天上，回到太阳神的身边。从此，凭借这位先祖与太阳神的亲密联系，部族得以在神灵和祖灵的照拂下，繁衍生息，愈加强大。为铭记这位先祖并感念太阳的恩泽，后人便将他的事迹图绘于崖壁，并于特定的时节在崖前举行祭拜太阳、庆祝丰收的仪式。

---

[1]　汪宁生.云南沧源崖画的发现与研究 [M]. 北京：文物出版社,1985:69-70.

[2]　在古代绘画中，通常会以对比、夸张的手法，将一群人中地位高者绘制得格外高大。如唐代著名画家阎立本所绘《步辇图》中的唐太宗，坐在步辇中仍要比禄东赞和宫女们高大、雄健。

1.沧源岩画 7 号地点全景图；2.沧源"舞蹈"岩画；3.沧源岩画 6 号地点第 3 区

图 1-7　沧源岩画中的太阳崇拜仪式

（注：本图像由祝子金摹绘）

沧源岩画中的太阳形象和太阳祭舞，也可能与世居当地的佤族的创世史诗《司岗里》的记述有关：在远古时期的灭世洪水中，"只有一个佤族妇女漂泊到司岗里的高峰上活了下来，这个佤族妇女受精于日月，生下了一个男婴和一个女婴……"[1] 可见，佤族在传说中是太阳的后裔。在沧源岩画第 6 地点第 3 区，

[1]　周娟.试论沧源崖画与佤文化的传承 [J].文化产业,2018（21）:25-26.

有一幅场景更为宏大的太阳祭舞图（见图 1-7-3）。图像分布在约 1.1 米见方的崖面上。最上方是 3 名领舞的祭师，其头部、四肢关节处饰放射状短芒线，身披羽衣做振翼状；下方有 4 人拉着一头瘤牛，其后还跟着 4 头小牛，似乎是佤族剽牛献祭的写照；最下方的人物更多，有持弓持盾的，有装饰枝叶在头部的，还有一群鸟首间于其中，似乎是祭舞中模仿狩猎动作的表现；其中最引人注意的有 2 人，头和身子绘成方形，上部也绘有放射状短芒线，双臂平伸，手中似持一球形物。盖山林先生也认为，"刺芒状物，当表示太阳的射线"，"这种以媚神、娱神为目的的舞蹈，有一个明显的特点，即舞者将自身扮作被崇拜的对象"。[1]

何星亮先生将太阳崇拜仪式分为三类：一是巫术仪式，采用模拟等方式，以促使日出天晴或加强太阳的热量，或用巫术控制太阳，使它不要走得太快；二是朝日仪式，即在日出时以作揖、叩头、跪拜或用祭品祭祀等仪式迎接太阳；三是祭祀仪式，即在固定时间或在某种场合举行专门的以祭品祭祀太阳的仪式。[2]阴山岩画中的"拜日者"当属第二类，而沧源岩画中的祭仪和祭舞，其图像叙事性强，表意结构复杂，很可能与第一、第三类太阳崇拜仪式都有一定的关系。

四、岩画中的太阳象征符号

在符号学家的眼中，符号无处不在，我们所处的现实社会，可称是符号的社会。特伦斯·霍克斯甚至认为："任何事物只要独立存在，并和其他事物有联系，而且可以被'解释'，那么它的功能就是符号。"[3]也就是说，符号在形式上独立；符号产生于指代的表述；符号是信息交流的中介，其意义在传受双方"解释"的过程中获得。图像泛指"物质世界的视觉存在方式或指一切视觉艺术作品的呈现方式"[4]，人们很早就开始使用图像交换信息，交流情感，比如史前岩画。因此，图像被视作一种符号，玛蒂娜·若利认为图像是"一种代表性的符号类型，其中既有一定数目的可视性转换的规则，又可以使人们重新认识某些现实中的

---

[1]　盖山林. 太阳神岩画与太阳神崇拜 [J]. 天津师大学报（社会科学版）,1988（03）:74-77.

[2]　何星亮. 太阳神及其崇拜仪式 [J]. 民族研究,1992（03）:21-31.

[3]　［英］特伦斯·霍克斯. 结构主义和符号学 [M]. 霍铁鹏,译. 上海：上海译文出版社,1998:87.

[4]　林钰源. 视觉艺术的图像方式与图像语言 [J]. 华南师范大学学报（社会科学版）,2009（01）:78-83+159.

事物"[1]。这个定义的关键，就在于图像是蕴含着人的思考过程的"转换"，它可以使我们重新认识事物。从这个意义上来看，史前岩画艺术家们在岩石上创作的图像，可以说都是符号。

图像、符号、象征，在符号学里分属不同的范畴指向。皮尔斯在符号的三重分类中，以符号形体与对象之间的抽象程度将符号分为图像符号、指示符号和象征符号。其理论强调依据符号形体与符号对象之间的"像似"关系，从"形象"到"抽象"的三个层次来区分图像符号（Icon）、指示符号（Index）和象征符号（Symbol）。[2] 表面上来看，图像符号与象征符号，似乎处于这一理论关系的两端。但实际上，他们只是皮尔斯对符号能指与所指间"像似"程度的表述，而并非二者水火不容。在符号的实际运用中，图像符号往往需要克服一个悖论，即"图形形象越具体，它展示出的特征也就越多，人们也就越不容易明确它的哪一种特征是最主要的"[3]，从而导致符号的象征意义这一传播要点被受众忽略。所以，图像符号的抽象化，是在保证传播效度这一需求刺激下必经的途径。如果本文所称的太阳自然之像，是"像似"程度很高的图像符号，那么太阳象征符号，就是携带了更多的思考结果（深刻内涵）的低"像似"度图像符号。

"十"字太阳符号，是史前岩画中常见的图像。众所周知，"十"字图形是世界范围内起源很早，且为几乎所有古老文明所尊崇的一种意涵丰厚的图像符号。"十"字符号"蕴含了太阳、天穹及其光芒等神圣含义"[4]，近年来已成学界共识。而在阴山岩画和贺兰山岩画中，由圆圈和"十"字组成的"⊕"符号数量特别多。盖山林先生将阴山岩画中的"⊕"符号称作"穹庐"，他写道：

> 匈奴的住所有两种，一种是穹庐，一种是车辆。散见于狼山地区岩画中的"⊕"形，应即抽象化了的穹庐形象。以"⊙"表示外形，里面的"十"字，表示其内的十字形的木架。在磴口县舒特沟崖畔一处岩画中，竟有十几个表示穹庐的"⊕"形。它的形象颇似天幕，大概是仿自天幕的形象。匈奴及其先人的穹庐形象，虽然狼山岩画

---

[1] 韩丛耀. 图像与语言符号的关系辨析 [J]. 中国出版 ,2010（6）:23–25.

[2] 刘和海. 符号学视角下的"图像语言"研究 [D]. 南京师范大学 ,2017:23.

[3] 李爽. 视觉符号的抽象程度与意义表达 [J]. 北京理工大学学报（社会科学版）,2003（05）:21–23.

[4] 张晓霞. 论中国古代十字形图纹 [J]. 苏州大学学报（工科版）,2006（05）:37–38.

上没有见到，但在贺兰山北部乌海市附近的岩盘上却见到过一例：下面是一条长长的直线，在直线上面有几个看上去颇似馒头状的毡帐。同样的形象，在山东滕县一幅反映汉匈奴战争的汉画像石上也见到过，可见，阴山岩画中的"⊕"形，就是匈奴或原始部落穹庐毡帐的象形符号。[1]

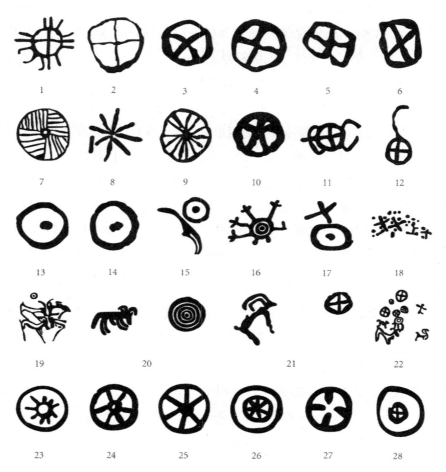

1. 祁连山岩画；2~5.7~9.12.13.15.21.22. 阴山岩画；6.10.11.14.16~20. 贺兰山岩画 ;23~28. 左江花山岩画

图 1-8 太阳象征符号岩画图像

（注：本图像由祝子金摹绘）

盖先生所说的"穹庐"是古代游牧民族所搭建的圆形毡帐，见载于《汉书·匈奴传下》："匈奴父子同穹庐卧。"颜师古注云："穹庐，旃帐也。其形穹隆，

[1] 盖山林. 阴山岩画 [M]. 北京：文物出版社, 1986:350.

故曰穹庐。"但我们认为，阴山岩画中的"⊕"符号，其初义很可能并非穹庐毡帐的象形符号，二者即使存在联系也只能说穹庐是"⊕"符号传播衍化出的歧义。盖先生解读"⊕"符号的出发点在于，阴山所处的地理位置与秦汉时期匈奴人的活跃范围重叠，这些"⊕"符号岩画可能是匈奴人或其先人所作。这个推论本身并没有问题，但盖先生所提乌海桌子山岩画中的毡帐皆作立面图，且一个画面中有 5 个馒头状的毡帐，而阴山岩画中很多处"⊕"符号是独立出现。而如图 1-8-3 这幅岩画，盖先生记述其地理环境为："位于沟东岸一座高峰顶南面，峰顶迎西有一'⊕'形，恐代表穹庐毡帐，我们花了极大的力气才实描下来。"[1] 高峰顶部的南面向西处，可见其地势险峻，凿刻不易，这也从侧面凸显了该符号的神圣性。我们又在《阴山岩画》所收录的一幅岩画顶部，发现了一个光芒四射的"⊕"符号。芒线的出现，似乎表明了"⊕"符号的本原之意。我们又对照了同一地点游客拍摄的岩画高清图像，发现这个"⊕"符号的旁边还刻有一个象形的太阳图形。而且，我们还在阴山和贺兰山岩画中发现了多幅北山羊分别与太阳符号"⊙""◎"和"⊕""＋"共置于一个画面的岩画图像（见图 1-8-19 至 22）。这进一步佐证了"⊕"符号与太阳图像间共意的事实。而最重要的发现，来自一幅网络媒体的新闻稿配图，这幅照片清晰展示了一块巨石上镌刻的数个带有 10 条芒线的"⊕"符号（见图 1-8-1）。

太阳每天东升西落，驱离黑暗和寒冷，万古笃行不怠。而对由地球自转而产生的这一规律性自然现象的观察，给予了初民莫大的启迪。现有的资料表明，初民们对时间和空间的最初认知都与太阳的周日视运动[2]有关。众所周知，日出于东而落于西，以一条直线与东西连线垂直相交便可知南北。而最简便直观的时间观念是昼与夜，一昼夜便是一天，也称一日。而对白昼的时间划分，初民们也可以通过观察太阳在天穹的位置来大致地判定。尽管在今人看来，这种初步建立的时空体系相当粗疏，但于初民而言，这不仅意味着人类对自然规律的初步认知，还开启了人对自身所处宇宙时空位置的体认和哲学思考。故而中国

[1]　盖山林.阴山岩画 [M].北京：文物出版社,1986:167-170.

[2]　周日视运动：由于地球每天自西向东自转一周，造成了日月星辰每天早上从东方升起，晚上又往西方落下的自然现象。因为这种现象是地球自转造成的人的视觉效果，所以天文学上把太阳等天体的这种运动叫作周日视运动。

天文考古学奠基人之一的冯时先生认为，"中国原始文明的诞生是从初民有意识地对空间与时间的规划开始的"。冯先生还认为，"中国传统的时空关系表现为空间决定时间，这不仅意味着辨方正位成为一切用事的基础，从而决定了古人对于子午线的重视以及诸如都邑、茔域等的方正布局，而且对于传统文化中有关时空问题的理解，也都需要首先建立这种时空关系的背景"。[1]

学者多赞同，中国史前"十"字符号、圆及割圆现象与先民的宇宙观有密切的联系。[2] 而史前"十"字符号的出现，与先民通过对太阳的观测得以辨方正位更有着莫大的关联。众所周知，受黄赤交角（地球公转轨道面与赤道面的交角）的影响，纬度高于23°26′的地区所观测到的日出和日落点并不在观测者的正东和正西方。为获得更准确的方位，先民们在长期实践中逐渐发展出一种通过观测日影确定方位的办法，即"立表测影"。这种古老的辨方正位的办法记载于《周礼·考工记·匠人》：

> 匠人建国，水地以县（悬），置槷以县（悬），眡以景，为规，识日出之景与日入之景，昼参诸日中之景，夜考之极星，以正朝夕。

此法在《周髀算经》中记述得更为明晰：

> 以日始出立表而识其晷，日入复识其晷，晷之两端相直者，正东西也。中折之指表者，正南北也。

其具体的做法是，先清理一块平整的土地，于中央立表（约与人身等高的长杆），再以表为圆心画一个圆圈。日出和日落时，在表影与圆圈相交的位置做记号。最后，将记号相连的直线就是正东西的方向，再以直线的中点连接表可得正南北的方向。为了更准确一些，还可以将南北向的直线延长后，夜晚通过在南端观察它是否指向北极星来校正。值得注意的是，"立表测影"这一辨方正位的活动，最终会在地面留下的正是这些图形：圆心（表），圆圈和"十"字形，即"⊙"符号和"⊕"符号。

广西左江花山岩画中，也习见这种"⊙"符号和"⊕"符号，学界将其与

---

[1] 冯时. 观象授时与文明的诞生 [J]. 南方文物, 2016（01）:1-6.

[2] 钱志强. 半坡人面鱼纹盆上的十字符号与中国古代的宇宙观（节选）[J]. 西北美术, 1995（04）:33-35.

岩画中其他类圆形图像统称作圆形图像，现已发现 368 个。关于这些圆形图像的意涵，存在"铜鼓说""日月说""盾牌说""铜锣说"和"车轮说"等不同的观点[1]，但目前多数学者认同花山岩画中的圆形图像大多数是骆越人使用的铜鼓形象。有意思的是，广西考古所见的铜鼓，其"鼓面中心都饰以一轮太阳纹。太阳纹有光体、光芒；从鼓面到鼓身还有环绕着由弦纹构成的层层晕圈"[2]。这也就是说，花山岩画中的铜鼓本身就是摹写太阳之作，而花山岩画中的圆形图像，可视作对太阳图像摹写者的再摹写。

[1] 万辅彬，樊道智，陈凤梅. 左江花山岩画铜鼓考 [J]. 广西民族研究,2020（02）:147-157.
[2] 洪声. 广西古代铜鼓研究 [J]. 考古学报,1974（01）:45-90+188-191.

第三节　史前岩画中的星象和月亮图像

相比史前岩画中太阳图像的繁盛和明晰，岩画中的星象和月亮图像要稀少和隐秘得多。之所以会出现这种现象，我们认为：一方面可能在先民观测天象的最初过程里，太阳是首先被重视的观测对象，对星象和月亮的观测可能是在对太阳的运转规律有深入把握的需求后才被重视起来的；另一方面可能是最初的星区和星象划分并不统一，且与东周末期初步成熟的古代天文学体系有较大的区别，导致我们对岩画内容的解读有较大的阻碍。另外，我们在梳理前人成果时也发现，对岩画中的"⊙"形符号和无芒线的多重同心圆，以及一些半圆图形，研究者的解读往往会依据整体画面的情境，判读其或日或月或星。

一、岩画中的星象图像

岩画中的星象图像，总会和凹穴联系在一起。"凹穴"（Cupules），是凿刻类岩画中的一种以研磨法制作于岩石表面上的坑穴状杯形图案。现有资料表明，凹穴岩画很可能是最古老的岩画。欧洲最早的凹穴岩画可追溯到旧石器时代中期的莫斯特文化（Mousterian）。印度比莫贝特卡会堂洞穴遗址（Auditorium Cave）里，有两个凹穴被发现于阿舍利文化（Acheulian）的地层中。[1] 据"印度岩画协会"（RASI）秘书长库马尔教授称，印度的阿舍利文化通常超出钍—铀测年法的极限，这个极限约为距今 35 万年。[2] 这也意味着会堂洞穴里的凹穴岩画，其制作年代很可能还要更加古老。早期的凹穴岩画有单一形式或与线形沟槽（Linear Grooves）一起出现的，与同心圆、圆圈纹、手印、脚印的组合在年代上要晚一些，而与马蹄形、涡旋纹、缺口同心圆组合的形式要更晚一些。

[1] Robert B.Pleistocene Palaeoart of Asia[J].Arts,2013,2（2）:6-34.

[2] 吉日拉吉·库马尔,张嘉馨,肖波.印度岩画概况及其研究[J].内蒙古大学艺术学院学报,2016,13（02）:14-30.

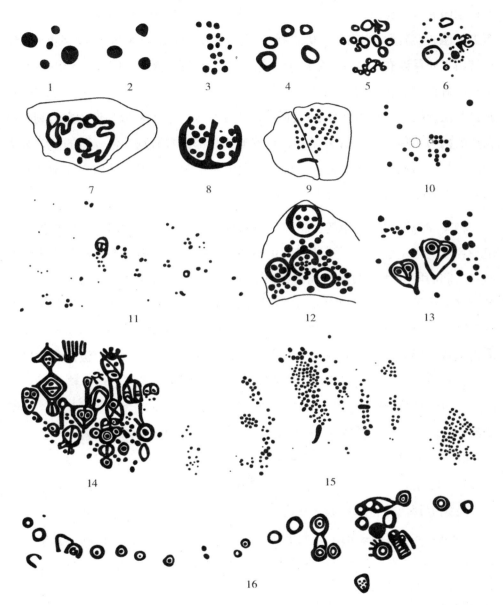

1~2.桌子山岩画；3~6.8.10.16.阴山岩画；7.9.贺兰山岩画

图1-9 星象岩画图像

（注：本图像由祝子金摹绘）

    凹穴是一种世界性的早期人类岩画主题，广泛分布于世界各地，目前除了南极洲，其他大洲都发现有凹穴岩画。其在英国分布尤其密集，且对凹穴岩画的科学研究最早在英国展开。凹穴岩画大概是世界岩画中分布最广,功能最多,历史最悠久,意涵最丰富的一类岩刻了。基于其所处岩画环境和共存图形的差异,对其语义的释读有 "星辰、血滴、精子、计数、性器、粪便、种子、谷物的颗粒、水滴、雨滴、蹄印、眼睛、羊只、祭祀穴,以及一种对生或死的记录、性的征服、对日月活动的记录和预报等上百种解释"[1]。那么,我们应该如何判定岩画图像表达的内容可能与星象有关呢? 著有英国第一部凹穴岩画学术专著的辛普森爵士认为, "与同心圆组合在一起的凹穴是太阳的象征,单个的凹穴或圆环被认为象征着月亮,而与各种沟槽在一起的凹穴则代表银河"[2]。

将军崖第 2 组岩刻中的 "银河" 就有许多凹穴和线形沟槽。盖山林先生所记录释读的阴山岩画中,一簇簇的星座和天文图也多是由一个个或大或小的圆凹穴、同心圆和线形沟槽组成(见图 1-9)。需要注意的是,目前绝大多数学者对将军崖第 2 组岩刻的图像内容释读都指向星象,甚至当地人直称其为 "星象石"。但对岩刻中星象所对应的星区,学者们却难以取得一致的认识。李洪甫先生称 "银河" 由上而下第 1 条横向短刻线下方的几个凹穴 "极像北斗星座而位置略有差异"[3], "因为北斗星虽是恒星,经过长年的斗转星移,5000 年前的北斗星座与今天的相比,还是有明显的变动"[4]。而陆思贤先生认为,将军崖第 2 组岩刻顶部的凹穴是北极星座, "三个太阳" 周围簇拥的凹穴、"⊙" 形、同心圆为黄道带,带状 "银河" 是四分天区的周天星座, "银河" 与 "三个太阳" 之间的则是白道带,可能也包括行星轨迹,将军崖第 3 组岩刻则为天顶图。[5] 王玉民先生则认为将军崖第 2 组岩刻记录的是 "五星聚" 天象,并以天文软件 Starry Night 5.0 回溯锁定了公元前 4435 年发生的一次历时 37 天的 "五星聚" 天象。[6] 总的来说,学者们对将军崖岩刻图像所呈现的天文观测记录性质予以了

[1] 贺吉德.贺兰山岩画研究 [M].银川:宁夏人民出版社,2012:117.

[2] 汤惠生.凹穴岩画的分期与断代——中国史前艺术研究之一 [J].考古与文物,2004,(6):31–44.

[3] 李洪甫.论中国东南地区的岩画 [J].东南文化,1994(04):103–121.

[4] 李洪甫.太平洋岩画 人类最古老的民俗文化遗迹 [M].上海:上海文化出版社,1997:136–137.

[5] 陆思贤.将军崖岩画里的太阳神象和天文图 [J].淮阴师专学报(社会科学版),1983(03):7–12.

[6] 王玉民.将军崖岩画古天象图新探——兼论岳阳君山岩画的星象意义 [J].自然科学史研究,2007(01):30–43.

肯定。但正如前文所言，由于远古星象图像释读所需的参照体系或历史原境的缺失，大家的释读也只能提供有益的思考方向，难以出现压倒性的确论。

众所周知，二十八宿是日月经天观测的主要参照星象，是中国古代天文学中极重要的组成部分。东汉王充在《论衡·谈天》里精辟地阐述了其天文意义："二十八宿为日月舍，犹地有邮亭为长吏廨矣。邮亭著地，亦如星舍著天也。"战国早期的曾侯乙墓出土的一件完整记录了二十八宿名的漆衣箱，以及近年发布的清华简《五纪》中对四维二十八宿的记载，都实证了古代中国社会对二十八宿的普遍使用至迟不晚于战国早期。[1] 而对二十八宿的观测与命名，必然在此前有一段较长历史时期的酝酿和发展期。已有学者在商代甲骨文和金文中考证出18个二十八宿中的星名。[2] 赵永恒、李勇先生使用国际天文学会（IAU）推荐的P03模型和依巴谷星表数据，测算出二十八宿与赤道和黄道相合的宿数，月舍宿数和对偶宿数都处于极大值的年代在公元前5690年至前5570年间，"因此二十八宿体系的形成年代就应该是在这120年里"。[3] 尽管二十八宿的理想观测年代并不完全等于二十八宿体系的形成年代，但我们有理由认为，史前中国岩画中存留有先民观测星象的成果是有极大可能性的。特别是当一些特定的亮星或星座携日出没时，往往昭示着一个新的回归年或农季的开始。如古代埃及人发现天狼星的携日出与尼罗河水泛滥几乎同步，泛滥的河水灌溉了河谷附近大量的农田，开启了新一年的农忙季节。因此，他们便将天狼星从地平线升起的这一天定为岁首。而古代中国亦曾以参星、昴星的偕日升来确定岁首，彝族的星回节则曾是利用望月和太阳的对冲关系来观测昴星、确定岁首。[4]

近年来，学者先后在河南南阳地区多处发现了数以千计的凹穴岩画，其中尤以方城县发现的岩画数量、规模及内容之丰富为甚。值得注意的是，在方城岩画中有一类特别的岩刻组合形式，被学者称作"玉璧状构图的凹穴组合"[5]。

[1]　石小力.清华简《五纪》中的二十八宿初探 [J].文物,2021（09）:82-86.
[2]　钟守华.考古发现中所见二十八宿名 [A].王钱国忠.东西方科学文化之桥:李约瑟研究 [C].北京:科学出版社,2003:155-158.
[3]　赵永恒,李勇.二十八宿的形成与演变 [J].中国科技史杂志,2009,30（01）:110-119.
[4]　王小盾.论火把节的来源——兼及中国民族学的"高文化"问题 [J].清华大学学报（哲学社会科学版）,2012,27（02）:5-16+158.
[5]　汤惠生.河南地区新近发现的岩画、巨石遗迹及其时代 [J].考古与文物,2012（06）:70-78.

其图像特征为:一定数量的凹穴被组合在一个圆圈之中,圆圈有人工凿刻的,也有利用巨石的自然形态加工而成的;圆圈中心处往往有一个较大较深的圆凹穴;图像所在石面通常呈现中部高、外缘低的形态。汤惠生先生认为,这一玉璧状组合岩画是"用以表现'中央高而四边下'这一'盖天'理论"[1]。其言甚是。我们甚至可以将方城玉璧状组合岩画视作将军崖岩刻组合祭祀空间的缩小版。两者都是以摹刻"天盖"的方式,强化天人间的交流通道,以达到"通天"的目的。

二、岩画中的月亮图像

月球是地球唯一的天然卫星。在远古先民认知自然世界的过程中,昼夜交替大概是最易被发现的天象。如果太阳是白昼的代表,那么黑夜的代表则非月亮莫属。而且因为阳光过于耀眼,早期天文学在形成二十八宿体系的过程中,先民除了观测那些偕日升、携日没的星象,还尤为注重观察月亮所处的星区。满月时,地球正好处于月亮与太阳的连线间,故月亮所在星宿与太阳所在星宿在天球上正好相差 180 度;同理,上弦月或下弦月时月亮所在星宿与太阳所在星宿则相差 90 度。当然,其实质仍然是通过观察月宿来判断太阳在天球上的位置,并借此来判断季节。同时,月相的周期性变化大概也是让先民惊讶不解,进而又加以充分利用的一种天象。日、月、年的时间范畴概念形成,与先民对天象的观测,及其对更大的时间周期认识的需求密不可分。

代表月亮的图像,最明确直观的当然是月牙形态。史前岩画中的月牙图像虽然所见不多,但在我国多处岩画点中仍可觅得(见图 1-10)。连云港将军崖岩刻第 2 组有一幅"众星拱月",是呈"C"形的残月蛾眉月;贺兰山岩画也有3 幅"C"形残月,贺吉德先生称之为弧线符号,还有 1 幅反"C"形新月与数个凹穴处在一个岩面;阴山岩画中有日月同辉图像,贺兰山也见有 1 幅;西藏日土县恰克桑山 1 号岩面左上方,以暗红矿物颜料绘有太阳和残月,月相也是"C"形蛾眉月,月弧内还绘有 1 圆点;这种弧线加点的表达方式也见于阴山岩画。而且,恰克桑山崖画中的日月图像(见图 1-10-10),太阳位于残月的左边,

---

[1] 汤惠生.玦、阙、凹穴以及蹄印岩画 [J]. 民族艺术,2011(03):97-102.

似乎还准确表现出了月末时日月间的位置关系。其日月图像右下方绘有一棵大树（或为建木、天梯），旁边有一个旋动感很强的"卍"形符号，其下还有2个光芒四射的太阳，图像还充斥着一种日月更替、斗转星移、四季往返的循环之意。

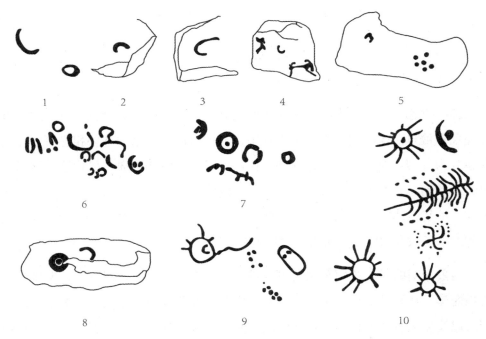

1.6.7.9. 阴山岩画；2~5.8. 贺兰山岩画；10. 日土岩画

图1-10　月亮岩画图像

（注：本图像由祝子金摹绘）

有学者还认为，部分岩画场景中没有配置芒线的"⊙""◎""◎"等图形也可能表现的是满月。盖山林先生就认为月亮岩画的图形为"◎"形，"因为太阳、月亮形象是一样的，只是太阳属阳，故有光芒的射线，而月亮属阴，月色只能让人看到周围环境的大致轮廓，因此，其外形轮廓没有光线"。[1]确实，在先民的眼中太阳和满月都是发光体，在视觉大小的感受上也近乎一致（太阳的直径约是月球的400倍，但离地球的距离也约是月球的400倍远）。若确实如盖先生所言，那么阴山岩画中有1幅岩画似乎正是表现了月相的变化（见图1-10-7，图像由左至右依次为蛾眉月、望月和盈凸月）。

[1]　盖山林.连云港将军崖岩画题材刍议[J].徐州师范学院学报,1983（04）:114-120+91.

本章小结

综上所述，我们在史前中国的岩画中看到了太阳图像的繁盛，也看到了史前先民在被自然支配的生存环境下，星空天体给他们带来的神秘和恐惧。先民在膜拜的过程中赋予自然物以人格，使之可以被取悦和沟通。尽管这可能只是单方面的幻念和臆想，但为了保障天人交流的效度，先民们却有了细致观测天象并总结其运转规律的动力。因为在他们看来，这些自然规律蕴含着天心神意，人间的事务只有顺应天意而为，才有成就的可能。

需要说明的是，我们不能简单地将史前岩画所反映的太阳崇拜，视作先民对当时崇日活动的复制性记录。首先，史前岩画艺术的制作工具、工序，风格形式以及技艺本身就很难保证图像的写实向具现。其次，我们不能忽视岩画的制作过程本身，因为这个过程很可能属于崇拜仪式中的某一个环节。再次，我们对史前岩画的诠释，始终无法避免地保有当代文化的视角，而图像创作者的真实意图早已湮灭在漫长的时光里了。或许正如陈兆复先生所言，"我们永远也不会完全了解岩画形象所包含的全部意义"，"有些岩画可能是当时人类某些活动的组成部分，也有可能岩画制作过程本身比最终完成的作品更加重要"。[1]

学界通常认为"人面像"或"神人面"岩画产生的年代上限为新石器时代，而凹穴岩画的年代上限则为旧石器时代。但是，对岩画制作年代的科学测定，目前仍属于世界性的难题。过去对凿刻类岩画年代的判断，多依赖于与有确切年代测定的岩画点间进行类型学比较的方法，如"会堂"洞穴遗址凹穴岩画的

---

[1] 陈兆复，邢琏. 世界岩画Ⅰ·亚非卷 [M]. 北京：文物出版社，2010:145.

断代。而这种具有确切年代测定的岩画点，往往需要覆盖或伴随有明确沉积层信息的考古学文化遗迹，且多只能推定出其制作完成的年代下限。近些年来，国内学者对岩画的直接断代研究已经获得了极大的进展。在国际岩画断代研究实践里，被判定科学有效的涂绘类岩画的碳14、铀系断代，凿刻类岩画的微腐蚀断代，得以在多个岩画点开展，并初步建立了一定误差范围内的年代序列。这就为勾勒岩画所处历史时空的生态、社会环境，以及对其中代表性图像的释读提供了基础。尽管如此，基于中国岩画的庞大基数以及断代实验对岩画环境和检材的严苛要求，迄今为止获得科学断代的岩画点仍屈指可数。而各岩画点的创作期往往延续了数千甚至数万年。所以能笃定为史前先民创作的岩画并不多，这多少影响了我们对岩画图像的选用和释读。

在流观史前中国岩画的过程中，我们还可以明确感受到先民对圆（球体）的审慎与痴迷。在中国人的文化艺术中，圆无始无终、一中同长，象征着道的完满。在先民的视觉世界里，太阳是圆的，望月是圆的，星点是圆的，天际线是圆的，天穹是球状的，这不免让人体认到圆的神圣与庄严；他们又将视线投注己身，人、动物的眼瞳是圆的，待产孕妇的肚子是圆的，还有圆的乳房、乳头，圆的睾丸。眼睛是人类探索世界认知事物的重要器官，对先民而言眼睛更关乎生死。西辽河流域的人面岩画，特别注重对眼睛的表达，似乎折射出一种史前的眼睛信仰。[1]而生命的繁衍更是史前艺术关注的主题，人体与生殖相关的器官所呈现的圆（球体），被先民自然地和天际的神圣圆联系在了一起。贺吉德先生也认为"⊕"形符号"既表示阴阳交合，又表示太阳，是一个二元结构的复合符号"，"这是因为太阳和人类男女交合一样被认为是孕育生命的象征"。[2]圆的多意象复合性质，使它俨然成为史前岩画中的核心图像。

由此，我们看到岩画中丰富多变的圆形图符的大量存在："○"形、"⊙"形、"◎"形、"◉"形、"⊕"形、"¤"形等等，不胜枚举。贺兰山岩画、台湾万山岩刻里还有一种螺旋线状的圆，呈"◎"形（见图1-11）。贺兰山

---

[1] 孙晓勇.作为一种眼睛信仰的岩画——西辽河流域人面岩画探究[J].南京艺术学院学报（美术与设计版）,2012（06）:123-127.

[2] 贺吉德.贺兰山岩画研究[M].银川：宁夏人民出版社,2012:227-228.

岩画中的螺线圆，有独自凿刻在山岩的，还有许多刻在动物的后腹部，似乎和 "◎" 形、"◎" 形岩画符号可以在动物的后腹部相互置换。秘鲁纳斯卡地画中 "卷尾猴" 的尾巴也是 "◎" 形的，印度尼西亚崖画《守护神及其他》中的女性胯下拖着的也是 "◎" 形，陈兆复先生认为 "可能象征生育"[1]。贺兰山苏峪口那幅巨大的野牛岩画的尾巴也刻为 "◎" 形，宋耀良先生称其为球尾式野牛。[2] "◎" 形符号和脐带、子宫、太阳都存在一定的联系。周大福新出的 "日月星雷云" 金饰中的太阳图形，以 "◎" 形和芒线组成，恰合其意。我们认为，人对圆的认知开启于天体崇拜的过程中，在人对圆的膜拜和仿制中，圆启迪了人对环周运动，以及宇宙往返循环、生生不息的运动规律的认知。岩画中的圆形图符亦体现了先民对神圣圆认知的结果。

1~2. 贺兰山岩画；3. 秘鲁纳斯卡地画；4. 印度尼西亚崖画；5. 贺兰山野牛岩画

图 1-11　岩画中的 "◎" 形图像

（注：本图像由祝子金摹绘）

[1]　陈兆复，邢琏 . 世界岩画 I · 亚非卷 [M]. 北京：文物出版社 ,2010:189.

[2]　宋耀良 . 中国岩画考察 [M]. 上海：上海人民出版社 ,2015:76-77.

第二章　史前考古所见的"天体星象纹"

　　远古时代的中国先民普遍具备观星常识，并能借此指导日常生产生活。以黄河流域整夜可见的北天区恒显圈最明亮的北斗七星为例，先民除了借助它指示方位，还以它绕北天极做周日旋转的状态，粗疏地计算夜晚的时间。又以初昏时斗柄所指的方向来判断季节，《鹖冠子·环流篇》就记载了这种判定季节更替的方法："斗柄东指，天下皆春；斗柄南指，天下皆夏；斗柄西指，天下皆秋；斗柄北指，天下皆冬。"

考古发现的史前遗物与遗迹中，有许多能体现出先民观测日月星辰并进行表达应用的案例。这仅从多地的新石器时代文化墓地里大多数骸骨的特定朝向安葬便可见一斑。墓向是葬俗葬制的重要体现，它与特定文化族群间往往存在对应关系。如海岱地区墓葬自北辛文化到龙山时代早期都以东向、东南向为主向；豫中地区自裴李岗时代到龙山时代晚期均以西向、南向为墓葬主向。[1] 这些特定朝向的墓穴，表明当时先民已经普遍掌握了辨方正位的技能。而已知最古老且易于践行的确定方位的办法，莫过于前章曾述的借助太阳、北极星观测的 "立表测影" 之法。难怪顾炎武在《日知录》里感慨："三代以上，人人皆知天文。'七月流火'，农夫之辞也；'三星在天'，妇人之语也；'月离于毕'，戍卒之作也；'龙尾伏辰'，儿童之谣也。后世文人学士，有问之而茫然不知者矣。" 今天的人们，则是以更加精确、迅捷的工具来确知方位和时间，我们对远古先祖立表测影、辨星正位的那份记忆已渐模糊。

一般来说，史前先民大致依次经历了原始渔猎采集、发达渔猎采集、原始农业和成熟农业（北方粟作、南方稻作）四个经济发展阶段。先民在渔猎采集时期，就对日月升落、昼夜交替、寒暑往来、植物枯荣、动物出没的规律有了一定的认知。而随着原始农牧业的出现，这种对季节时间的粗疏认知已经很难满足先民生产生活方式进步的需求。我国的原始农业大约产生于 1 万年前的旧石器时代末期和新石器时代初期。[2] 距今 12000 年的更新世末期，大地处于间冰期，气候回暖并变得温润，草本植物生长繁茂，为人类从采集作物种子过渡到种植农业作物提供了可能。而原始农业对更精确农时的需求，对史前天文学的发展起到了极大的促进作用。这种作用的结果，是以物候历向以日月五星天象观测来确定农时的星象历的转变为标志性体现的。现有的考古发现表明，通常农业越是发达的史前考古学文化，其与天文观测有关的遗存越是丰厚，其中又尤以太阳图像饰器的现象最为凸显。

[1] 刘鸿丰. 江汉、淮河流域新石器时代墓葬方向研究 [D]. 山东大学,2021:137.
[2] 陈文华. 中国原始农业的起源和发展 [J]. 农业考古,2005（01）:8-15.

第一节 史前考古所见的太阳图像

发现有大量稻作遗存的城背溪文化（距今7800—6700年），出土有1件特殊的"太阳神纹石刻"。说它特殊，因为它是我国目前唯一能科学确知年代下限的岩刻类岩画。它出土于城背溪晚期文化地层，绝对年代距今约7000年。[1]它还被誉为中国最早的"太阳神"，是目前我国考古发现最古老的刻画太阳神形象的实物，是湖北省博物馆的镇馆之宝。[2]本章的史前"天体星象纹"考古发现之旅，便从这件"太阳神纹石刻"开始。

一、"太阳神纹石刻"与旧石器时代太阳图像

1998年，城背溪文化"太阳神纹石刻"（见图2-1-1）于湖北秭归东门头遗址出土。据说，这件已被永久禁止出境展览的国宝级文物，是一位考古队员坐下休息时无意中发现的。这件石刻长105厘米、宽20厘米、厚12厘米，以一整块长条形灰色砂岩石磨制而成。图像镌刻面被处理得十分平整，正上方以击磨法刻有一轮有23条短芒线的太阳。太阳下立有一颀长的男性人形，头部几与太阳等宽，倒三角形身躯，两侧手足相对短小；人形腰部两侧各有2个浅圆穴，有学者认为是星辰[3]，表明此人形所处的位置是天空；其头顶有一竖线指向太阳，似乎昭示了此人与太阳间密切的关联。且不论石刻上的男性究竟是太阳神还是太阳祭师，但其太阳崇拜文化的性质确凿无疑。从岩刻太阳的图像特点来看，将军崖岩刻上的太阳也是23条短芒线，但将太阳光体凿成一个平整的凹圆面并配以芒线，却暂未见于我国三大岩画体系。人形特意夸张拉长的倒三角身躯，

---

[1] 国家文物局.1999年中国重要考古发现[M].北京：文物出版社,2001:14-15.

[2] 邓衍明.中国最早的"太阳神"：太阳神纹石刻[N].中国档案报,2010-06-04（004）.

[3] 陈文武.秭归"太阳人"石刻艺术初探[J].三峡文化研究,2004（00）:129-133.

和长度明显短了的手臂和腿足，也呈现出相当独特的风貌。诚然，这也正是这件国宝的价值所在。

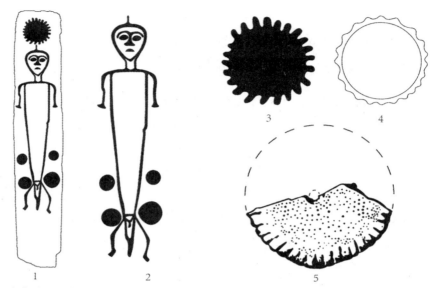

1~3.城背溪文化太阳神纹石刻；4.城背溪文化太阳形红陶盆俯视图；5.小孤山穿孔蚌壳
图2-1　太阳神纹石刻、太阳形红陶盆、穿孔蚌壳
（注：本图像由祝子金摹绘）

比较遗憾的是，秭归东门头遗址未能发现与"太阳神纹石刻"相配的遗存。有学者认为，宜都城背溪遗址出土的1件施红陶衣、花瓣状口沿的陶盆（见图2-1-4），"是一件特意仿做的太阳形红陶盆"，"也应是神职人员的专用品"。[1]这个看法是对的，《礼记·郊特牲》云："器用陶匏，以象天地之性也。"以不事雕琢的质朴陶器作祭，既是合天地自然之性，又取其方圆之态以象天圆地方。迄今所见的史前陶器几乎都是圆的，这不仅在于自然形态多曲线，还和先民对神圣圆的认知不无关系。以城背溪文化有"太阳神纹石刻"这样明确的太阳崇拜遗存来看，红陶盆以圆形盆口拟太阳光体，以花瓣状口沿拟太阳光芒，是合理的解释，也符合盆这种器型多以俯视作为主要观看角度的特点。

需要说明的是，迄今为止，我国考古所见最早的太阳图像，可追溯至距今约40000年前的旧石器时代晚期。这是一件用蚌壳加工成的饰品（见图2-1-5），1983年出土于辽宁海城小孤山遗址，发布者在简报中描述道：

[1]　武仙竹，马江波.三峡地区太阳崇拜文化的源流与传播[J].四川文物,2019（02）:35-41.

　　这件装饰品用蚌壳制成，形状像一枚硬币，只保存一半。估计
其直径约 25mm，厚约 2.0mm。它一面微凸，呈"象牙白"色；另
一面微凹，有红色浸染。两面磨光，边缘尤为光亮。凸面边缘满布
一圈放射状刻沟，沟内残留有红色染料，大概是赤铁矿粉末。标本
的中心由两面对钻穿孔，孔壁光滑，似乎是长期穿绳摩擦所造成。
孔壁内径 2.2mm，外径 4.0mm（两面测数接近）。孔壁残留有红色
染料。

穿孔蚌壳（83：24，L3，G6）出土于遗址中部第 3 水平层（L3）下
28cm 的位置，报告中发布的 L3，C4–C5 灰烬样本热释光测定结果为距今
40000±3500 年。[1] 尽管发布者没有明确提出这件饰品形态上的"拟日"性质，
但其似硬币的圆形轮廓，边缘处的放射状刻沟，以及器身残留的红色染料（赤
铁矿粉末），似乎都表明了它与太阳物象间存有密切的联系。牟永抗先生认为，"新
鲜的蚌壳具有天然的白色光泽，将它磨成边缘尤为光亮的圆形，并在外缘刻上
放射状短线，那样就形成了闪烁状白色光芒。再运用红色粉末的浸染，因而呈
现出白里透红色泽，在当时人们接触的事物中，最相似的形象，只能是太阳"[2]。
其说可从。

　　距今约 30000 年的山顶洞人遗址，也发现有一些用赤铁矿粉染过的装饰品。
据沈从文先生统计，该遗址约有 25 件饰品被涂染成红色，并称其为当时"所知
最早的矿物着色工艺染制品"[3]。在山顶洞人遗址下室墓地，还发现了"在人骨
的周围散布有赤铁矿粉末"以做墓葬标志的现象，贾兰坡先生认为这是一种以
赤铁矿粉末埋葬死者的习俗，欧洲同期遗址里发现更多，并一直延续至新石器
时代，"这种红色物质，可能被认为是血的象征，人死血枯，加上同色的物质，
希望他们到另外的世界永生"[4]。有学者认为，是"太阳的永生观引发了人类生
命的永生观"[5]。太阳每天东升西落，仿若一次生与死的生命历程，而再次东升

[1]　黄慰文,张镇洪,傅仁义,等.海城小孤山的骨制品和装饰品 [J].人类学学报,1986（03）:259–
　　266+309.
[2]　牟永抗.牟永抗考古学文集 [M].北京：科学出版社,2009:413–436.
[3]　沈从文.中国古代服饰研究 [M].上海：上海书店,2002:4.
[4]　贾兰坡.中国大陆上的远古居民 [M].天津：天津人民出版社,1978:121.
[5]　乔晓光.本土精神：非物质文化遗产与民间美术研究文集 [M].南昌：江西美术出版
　　社,2008:87.

的旭日使西方落日的终结和悲凉得以消解，也给予了先民生命意识里对死亡恐惧的超越和期冀。而且，正是先民对永生的追求和对亡者世界的想象，进而帮助他们对现世的得失予以反思，并最终促发了道德观念的萌芽。

赤铁矿粉末所呈现的红色，在色彩心理学中往往象征着光明、太阳、热情、生命、火焰等。山顶洞人在逝者尸骨周围撒上的这一圈赤铁矿粉末，很可能因他们认为这可以帮助逝者抵达永生的彼岸。陆思贤先生甚至认为，"山顶洞人创造的赤铁矿粉末圈，可视为最古老的太阳符号，或称太阳纹，也代表了整个宇宙天穹，是红色光明的"[1]。此外，我们可以明确感受到，生活在旧石器时代晚期的先民已然具有自身对物质世界的复杂体认，生命意识、审美意识以及宇宙观念均清晰呈现，与你我别无二致。

二、史前考古所见太阳图像的类型学分析

当历史迈入新石器时代，考古所见的太阳图像变得丰盛起来。由长江流域、黄河流域和辽河流域的史前考古发现，学界已基本达成对中华文明起源的多元性特征的共识。史前考古所见的太阳图像，同样反映了这种多元特征，但其中一些独特图像的广域传播，也令我们认识到神州大地上散布的史前文化间，存在着超过我们曾预想的深刻交流和密切联系。这些太阳图像，习见于陶器和纺轮这两大新石器时代标志物上，它们见证了史前氏族公社的解体和早期国家的兴起，以及太阳崇拜文化和早期宗教文化的兴衰更替。

为比较史前中国各考古学类型文化间太阳图像的异同，并初步厘清史前中国先民所创造的太阳图像之演变谱系，我们尽可能地收集整理了距今约 4000 年以前各地考古发现的太阳图像样本。经初步归纳分析，我们将这些图像分作三类九型，现分述如下：

1. 甲类，这一类图像是先民对太阳物象的具象态表达，通常可以被观者直接指认和释读，在考古发掘简报中往往被发掘者称作太阳纹。

A 型，圆点及圆点组合，可分作二式（见图 2-2）。

[1] 陆思贤. 周易考古解读 [M]. 北京：中央民族大学出版社,2009:215.

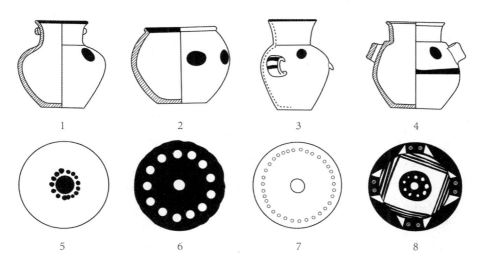

A 型 I 式：1. 大汶口双鼻壶 98：5；2. 深腹罐 98：7；3. 背壶 105：8；4. 罐 9：38

A 型 II 式：5. 高庙文化白陶簋外底；6.7. 河姆渡陶纺轮；8. 柳湾彩陶盆 91：1

图 2-2　A 型圆点及圆点组合太阳图像

（注：本图像由祝子金摹绘）

A 型 I 式　　以大圆点表现太阳。典型图像出土于年代上限距今约 6200 年的大汶口新石器时代遗址。在大汶口遗址第一次发掘公布的考古报告中，双鼻壶标本 98：5、背壶标本 105：8 均口沿涂朱，肩绘三个朱色大圆点；无鼻壶标本 22：3 口沿内外涂朱，肩绘五个朱色大圆点；深腹罐标本 98：7 口沿涂朱，腹绘朱色大圆点一周，标本 17：29，肩绘三个等距朱色大圆点；其他类罐标本 9：38 肩绘四个朱色大圆点，腹绘朱色带纹一周。[1]

A 型 II 式　　以圆点组合表现太阳。典型图像发现于湖南黔阳高庙遗址下层的一片白陶簋外底上，出土编号 05T14-02 ⑳：3，所处文化堆积层的年代上限距今约 7800 年[2]。这片器底中央以深红色彩绘实心大圆点表示太阳光体，周围绘 15 个小圆点以表示光芒，发布者直称其为太阳纹。浙江余姚河姆渡遗址第四层出土的两件陶纺轮 T32 ④：65、T21 ④：17 上[3]，周缘有序刻印、锥刺一圈圆点，

[1]　山东省文物管理处，济南市博物馆. 大汶口新石器时代墓葬发掘报告 [M]. 北京：文物出版社，1974：67-78.

[2]　湖南省文物考古研究所. 湖南洪江市高庙新石器时代遗址 [J]. 考古，2006（07）:9-15+99-100.

[3]　浙江省文物管理委员会，浙江省博物馆. 河姆渡遗址第一期发掘报告 [J]. 考古学报，1978（01）:39-94+140-155.

应是借以纺轮中心圆孔为太阳光体的类似表达。青海乐都柳湾原始社会墓地出土的马厂类型彩陶上，也见有类似的圆点组合。

B 型，圆点、圆圈、同心圆组合，可分为三式（见图2-3）。

B 型 I 式：1. 贾湖文化卷沿罐口沿下；2. 跨湖桥遗址彩陶片；3. 大河村仰韶文化陶片；
　　　　4. 宗日遗址彩陶碗内底；5. 大汶口文化陶罐 M2018：9；6～7. 高庙文化陶片
　　　B 型 II 式：8～9. 大河村仰韶文化彩陶片；14. 大河村仰韶文化彩陶壶 F1：30
B 型 III 式：10. 大汶口文化彩陶罐 18：1；11. 柳湾墓地彩陶瓮 567：10；12. 李寨遗址彩陶罐；
13. 柳湾墓地彩陶壶 645：10；15. 咸头岭遗址陶罐残片；16. 汤家岗遗址陶罐 T2210：25 耳部；
17～18. 大河村仰韶文化彩陶片；19. 大墩子遗址大汶口文化夹砂红陶纺轮 M25：1；
20. 郭家村遗址陶纺轮 T1④：15；21. 柳湾墓地陶纺轮 669：4；22. 阳山墓地陶纺轮 M131：14

图 2-3　B 型圆点、圆圈、同心圆组合太阳图像

（注：本图像由祝子金摹绘）

B 型 I 式　以圆圈表现太阳。这是最简省的太阳表现方式，但用单纯的圆圈表示太阳，通常出现在与其他图形组合成更复杂表意图形的场合下。如大汶口文化晚期流行于海岱地区大口尊上的"⛯"形图像，表达的是一种具有宗教内容的刻符[1]。而圆圈作为单独纹样表现太阳时，则通常会与表现太阳光线的芒线组合。这种方式最早见于绝对上限年代距今约 9000 年的河南舞阳贾湖遗址。贾湖太阳图像刻画于一件编号为 H190：2A Ⅲ 的卷沿罐口沿下[2]，由 1 个圆圈和21 条半插入圈中的短芒线组成，形象表现了一轮光芒四射的太阳。浙江杭州跨湖桥遗址出土的陶片上，也见有类似图像。另外，河南郑州大河村遗址 T11：4A 层出土的仰韶文化彩陶片[3]，青海同德县宗日遗址出土的马家窑文化宗日类型夹砂陶碗 94TZM23：4 内底[4]，均见有此式图像。山东大汶口遗址出土的一件泥质红陶罐 M2018：9[5]，肩部绘有四组以平行波浪纹间隔的太阳。值得一提的是，其太阳图像由菱形和短芒线组成，应是 B 型 I 式图像太阳光体由圆化方的一种图形异变。湖南黔阳高庙遗址出土的陶片 05T11–02 ㉑：20、91T0914 ⑭：17[6] 上的太阳图像，则是圆圈和"＋"形、"⊥"形芒线的结合。

B 型 Ⅱ 式　以圆点、圆圈组合表现太阳。典型图像出自河南郑州大河村房基遗址，这件仰韶文化泥质红陶壶 F1：30 红衣黑彩[7]，肩、腹部以弦纹分作两层，每层各绘 3 个"⊙"形图案。多数时候，B 型 Ⅱ 式图形组合也会搭配以数量不等的辐射状短线，以强化太阳光线璀璨耀目的视觉效果。如河南郑州大河村遗址 T11：3A、4B、T21：3A 层出土的 5 枚仰韶文化白衣红彩陶片，即绘有典型的有芒线的圆点、圆圈组合太阳图像，发布者直称其为太阳纹。[8]

[1] 王吉怀，赵天文，牛瑞红.论大汶口文化大口尊[J].中原文物,2001（02）:45–54.

[2] 河南省文物考古研究所.舞阳贾湖[M].北京：科学出版社,1999:222.

[3] 郑州市博物馆发掘组.谈郑州大河村遗址出土的彩陶上的天文图像[J].中原文物,1978（01）:44–47+57.

[4] 陈洪海，王国顺，梅端智，等.青海同德县宗日遗址发掘简报[J].考古,1998（05）:1–14+35+97–101.

[5] 山东省文物考古研究所.大汶口续集：大汶口遗址第二、三次发掘报告[M].北京：科学出版社,1997:166.

[6] 贺刚.湘西史前遗存与中国古史传说[M].长沙：岳麓书院,2013:235.

[7] 陈立信.郑州大河村仰韶文化的房基遗址[J].考古,1973（06）:330–336+397–399.

[8] 郑州市博物馆发掘组.谈郑州大河村遗址出土的彩陶上的天文图像[J].中原文物,1978(01):44–47+57.

B 型 III 式　　以圆点、同心圆组合表现太阳。典型图像来自山东桓台李寨遗址出土的一件大汶口文化彩陶壶，此器为泥质红陶，黑衣朱绘，颈饰红色圆点，腹饰三重同心圆，圆内绘红色大圆点，发布者认为"该器物充分体现了大汶口文化时期东夷族对太阳神的崇拜"。[1] 大汶口遗址出土的彩陶背壶标本 10：57 颈间绘有三个等距的黑白彩同心圆，彩陶罐标本 18：1 口腹间夹绘两个黑白彩同心圆，其同心圆中心均绘有一圆点。[2] 青海乐都柳湾原始社会墓地出土的彩陶瓮 567：10，其上的四大圆圈纹皆以黑红彩绘四重同心圆，内圆再以红彩绘大圆点。同址所出彩陶瓮 325：1，肩部则以红彩绘三重同心圆一周。[3] B 型 III 式图像也习见于各种不同类型太阳芒线的组合：短点状芒线，标本湖南安乡县汤家岗遗址出土双耳陶罐 T2210：25 耳部 [4]；短线状芒线，标本广东深圳咸头岭遗址出土陶罐上的戳印太阳纹 [5]；三角形芒线，标本河南郑州大河村遗址出土的彩陶片；星形芒线，标本同样来自郑州大河村遗址出土的彩陶片。[6] 值得注意的是，史前中国各地新石器时代文化遗址普遍发现的石质、陶制纺轮，其形制恰如同心圆（外部圆形，中心穿圆孔）。有学者将新石器时代纺轮纹饰归为 4 类："圆圈锥刺纹、辐射线状纹、八角形纹和涡纹"，并认为这些纹饰均与太阳崇拜有关。[7] 其中数量最大的辐射线状纹以及圆圈锥刺纹或均可归入本式。辐射线状纹纺轮，典型器如大汶口遗址早期灰坑出土的陶纺轮 IT218 ④ C：4[8]，江苏邳县大墩子遗址大汶口文化刘林类型墓葬出土的云母片岩纺轮 M8：2 和夹砂红陶纺轮 M25：1[9]，尤其 M25：1 的芒线为 15 个尖角向外的三角形，颇为精致。辽宁大连郭家村遗址下层出土了 142 件夹砂红陶、夹砂红褐陶纺轮，有刻画纹

[1] 张越. 彩陶壶 [J]. 管子学刊,2007（02）:131.

[2] 山东省文物管理处, 济南市博物馆. 大汶口新石器时代墓葬发掘报告 [M]. 北京：文物出版社,1974:56.

[3] 青海省文物管理处考古队. 青海柳湾乐都柳湾原始社会墓地（上）[M]. 北京：文物出版社,1984:122.

[4] 贺刚. 湘西史前遗存与中国古史传说 [M]. 长沙：岳麓书院,2013:139.

[5] 贺刚. 湘西史前遗存与中国古史传说 [M]. 长沙：岳麓书院,2013:153.

[6] 郑州市博物馆. 郑州大河村遗址发掘报告 [J]. 考古学报,1979（03）:301-375+403-416.

[7] 赵李娜. 新石器时代纺轮纹饰与太阳崇拜 [J]. 民族艺术,2014（03）:146-150.

[8] 山东省文物考古研究所. 大汶口续集：大汶口遗址第二、三次发掘报告 [M]. 北京：科学出版社,1997:100-102.

[9] 尹焕章, 张正祥, 纪仲庆. 江苏邳县四户镇大墩子遗址探掘报告 [J]. 考古学报,1964（02）:9-56+205-222.

和压印纹的 35 件，可归属至本型图像的有 6 件。其太阳芒线有直线型的，如 Ⅱ T5 ⑤：13、Ⅱ T5 ⑤：15；有旋动型的，如 Ⅰ T1 ④：15、下采：38；有轮辐型的，如 Ⅱ T5 ⑤：14；该遗址上层出土的 1 件夹砂红褐陶纺轮 Ⅰ T7 ②：2，则在靠近外缘处环列一周平行短斜线以做芒线。[1]青海乐都柳湾原始社会墓地也出土了数百件陶制纺轮，其中马家窑文化半山类型陶纺轮 588：3 正面施 9 道点状辐射芒线，背面在圆孔外刻 1 圆圈并饰 8 道辐射芒线；陶纺轮 452：1 以指甲纹饰 8 道辐射芒线；马家窑文化马场类型陶纺轮 254：12 以戳印纹饰点状星形芒线；陶纺轮 88：33 则以彩绘 6 道轮辐形芒线。[2]还有青海民和县阳山墓地出土的马家窑文化半山类型陶纺轮 M131：14，正面以戳印纹饰 8 组叶脉状辐射线条，应属太阳芒线的复杂化设计，亦别具特色。[3]

C 型，圆形器口（或器盖）与芒线组合，可分作二式（见图 2-4）。

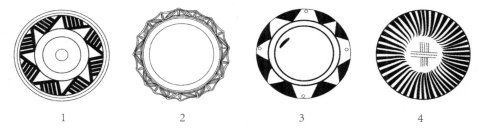

C 型 Ⅰ 式：1. 皂市下层文化陶器盖 T9H13 上：8 俯视；2. 河姆渡遗址陶敛口釜 T26 ④：34 俯视

C 型 Ⅱ 式：3. 柳湾墓地马场类型陶盆 888：4 俯视；4. 宗日遗址陶碗 95TZM158：1 俯视

图 2-4　C 型圆形器口（或器盖）与芒线组合太阳图像

（注：本图像由祝子金摹绘）

C 型 Ⅰ 式　芒线外绘，结合圆形器口（或器盖）以表现太阳。典型图像来自湖南岳阳钱粮湖坟山堡出土的皂市下层文化陶器盖 T9H13 上：8，盖上图像以透雕法制成，盖壁上的八角星形芒线与圆形捉手、盖缘共同组成一轮太阳图像。[4]浙江余姚河姆渡遗址出土的陶敛口釜 T26 ④：34，从其顶部俯视可见釜口外缘

[1]　许玉林，苏小幸. 大连市郭家村新石器时代遗址 [J]. 考古学报,1984（03）:287-329+402-409.

[2]　青海省文物管理处考古队. 青海柳湾乐都柳湾原始社会墓地（上）[M]. 北京：文物出版社,1984:29+31+95+96.

[3]　青海省文物考古研究所. 民和阳山 [M]. 北京：文物出版社,1990:112.

[4]　何钦法，罗仁林. 钱粮湖坟山堡新石器时代遗址试掘报告 [J]. 湖南考古辑刊,1994（00）:17-33+4-5.

为十八角星形，并以树叶状线条间饰，整体宛如一轮光艳照人的大日。同址所出的一件盂形器 T36 ④：31，折敛口，口径小而口沿很宽，微弧，沿上刻画细密的同心圆和向外发散的短线，并间以均匀分布的圆点。发布者称其性质特殊、用途不明，从顶部俯视仍合于太阳物象。[1]

C 型 II 式　芒线内绘，结合圆形器口（或器盖）以表现太阳。典型图像来自青海乐都柳湾原始社会墓地出土的马家窑文化马场类型陶盆 888：4[2]，器内绘同心圆，圆外绘八角星芒，同样为俯视可见一轮太阳图像。同址所出陶盆，器内多绘有类似的太阳图像或符号。青海同德县宗日遗址出土的马家窑文化宗日类型陶器，也习见此式图像，其中典型者如夹砂陶碗标本 95TZM158：1，夹砂陶无耳壶标本 94TZM5：4，特色在于其芒线为长三角折尖纹（实为鸟头纹）。[3]同样的表达方式，在仰韶文化、大汶口文化等史前文化遗址出土的遗物中均十分常见。

2. 乙类，这一类图像是先民对太阳物象的符号化表达，蕴含着较多先民们通过长期观测逐渐认识和积淀的天体运转规律，其图像意义的获取需要观者的主动释读。同时，这一类图像往往呈现出程式化的制图规律，体现了史前文化内部成员间存在着约定俗成的图符文化共识。

D 型，"＋"形（包括其 45°旋转式"×"形）与圆形组合，可分为三式（见图 2-5）。

D 型 I 式　　"＋"形在圆内。此式目前可见较早的一例，来自湖南辰溪县松溪口贝丘遗址出土的高庙下层文化早期夹砂褐陶盆 T213：24 足外底。此盆弧壁，圜底，矮圈足，外底戳印"＋"形纹。[4]浙江余姚河姆渡遗址一期一层出土的一件陶鼎足 T35 ①：1009，上部刻画有一类圆形，内刻"＋"形纹。[5]青海

[1]　浙江省文物管理委员会，浙江省博物馆.河姆渡遗址第一期发掘报告 [J].考古学报,1978（1）:39-94,140-155.
[2]　青海省文物管理处考古队.青海柳湾乐都柳湾原始社会墓地（上）[M].北京：文物出版社,1984:99.
[3]　陈洪海，王国顺，梅端智，索南.青海同德县宗日遗址发掘简报 [J].考古,1998（05）:1-14+35+97-101.
[4]　吴顺东，贺刚.湖南辰溪县松溪口贝丘遗址发掘简报 [J].文物,2001（06）:4-16+1.
[5]　浙江省文物管理委员会，浙江省博物馆.河姆渡遗址第一期发掘报告 [J].考古学报,1978（1）:39-94,140-155.

乐都柳湾原始社会墓地，一件马家窑文化半山类型陶纺轮 527：1，一件马家窑文化马场类型陶纺轮 1387：34，均彩绘有宽条"＋"形纹。[1]值得注意的是，青海乐都柳湾原始社会墓地 845 座马厂类型墓葬出土了 7500 余件彩陶，据发布者排比、分析统计，这批陶器计有 505 种单独纹样，其中圆圈纹就有 414 种，占比 82%。[2]而圆圈纹中绘有"＋"形或"＋"形构图者，近乎半数左右。

D 型 I 式：1. 松溪口贝丘遗址陶盆 T213：24 足外底；2. 河姆渡遗址陶鼎足 T35 ①：1009；
3~4. 柳湾墓地陶纺轮 527：1、1387：34

D 型 II 式：5~6. 高庙遗址陶罐残片 T1115 ⑩：77、骨牌饰 T1013：4；7. 柳湾墓地陶纺轮
M661：3

D 型 III 式：8. 大塘遗址陶釜残片 86CNDT4G1：8；9. 柳湾墓地陶纺轮 452：1；
10~12. 柳湾墓地马厂类型彩陶圆圈纹

图 2-5　D 型"＋"（"×"）形与圆形组合太阳图像

（注：本图像由祝子金摹绘）

[1]　青海省文物管理处考古队. 青海柳湾乐都柳湾原始社会墓地（上）[M]. 北京：文物出版
社,1984:29+95.

[2]　青海省文物管理处考古队. 青海柳湾乐都柳湾原始社会墓地（上）[M]. 北京：文物出版
社,1984:137~158.

　　D 型 Ⅱ 式　　 "＋" 形在圆外，兼表太阳光芒。典型图像最早见于年代上限距今约 7800 年的湖南黔阳高庙遗址下层，编号为 T1115 ⑩：77 的一只褐红陶罐残片上。此罐肩颈部以戳印篦点纹饰一只昂首展翅的神鸟（凤凰），嵌在鸟翼正中的太阳图像便由同心圆、圆点和宽体 "×" 形光芒组成。D 型 Ⅱ 式图像在高庙文化遗物中较常见，其 "×" 形太阳光芒，还演变出四角芒星的形态，如骨牌饰 T1013：4 上刻画于矩形中的图像。[1] 青海乐都柳湾原始社会墓地出土的一件陶纺轮 M661：3 上，中孔外以 5 个 "＋" 形环绕，并在外缘刻画短芒线一周。[2]

　　D 型 Ⅲ 式　　 "米" 字形，为 "＋" 形及其旋转 45° 所得 "×" 形的结合式。典型图像最早见于湖南长沙南托大塘遗址出土的一件高庙下层文化陶釜残片 86CNDT4G1：8 上。[3] 这件陶釜残片上的图形整体构图严谨，布局巧妙，以上部同心圆、"米" 字形及外部锯齿形光芒组成太阳图像最是醒目。图像中的 "米" 字形由 "×" 形和稍粗的 "＋" 形结合而成，充分表明了其衍化渊源。青海乐都柳湾原始社会墓地出土的马家窑文化半山类型陶纺轮 452：1，正面以指甲纹有序排列成 "米" 字形。[4] 柳湾墓地马厂类型墓葬所出彩陶中，亦多有内饰 "米" 字形及其变体 "※" 形的圆圈纹。

　　E 型，八角星纹与圆形组合（见图 2-6）。

　　八角星纹，中央绘一圆（或方）形，并向外延伸出八个三角形，故又称为八角星形。已知最早的八角星纹，见于距今约 7800 年的高庙文化遗存。在高庙文化汤家岗类型遗存中，已十分流行，图像多见于制作精美的白陶盘外底。典型图像采自湖南安乡县汤家岗遗址出土的一件白陶盘 M1：1 外底上，发掘者认为该图像 "极其规整对称，应由整模印出"。[5] 上海青浦县崧泽遗址中层出土的一件崧泽文化陶壶 M33：4 外底上，也压划有八角星纹，其内部的菱形和外部

[1]　贺刚，向开旺. 湖南黔阳高庙遗址发掘简报 [J]. 文物,2000（04）:4-23.
[2]　青海省文物管理处考古队. 青海柳湾 乐都柳湾原始社会墓地（上）[M]. 北京：文物出版社,1984:31.
[3]　贺刚. 湘西史前遗存与中国古史传说 [M]. 长沙：岳麓书院,2013:132.
[4]　青海省文物管理处考古队. 青海柳湾 乐都柳湾原始社会墓地（上）[M]. 北京：文物出版社,1984:31.
[5]　何介钧，周世荣. 湖南安乡县汤家岗新石器时代遗址 [J]. 考古,1982（04）:341-354+451-452.

的三角形长边做微弧状。[1]江苏邳县大墩子遗址上层出土的泥质灰陶纺轮 T3：1，正面刻画的八角星纹外部三角形也是弧边。[2]

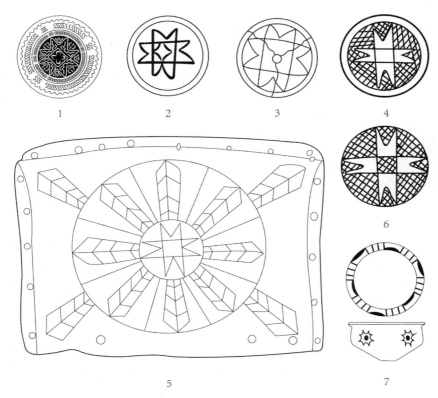

1.汤家岗遗址白陶盘 M1：1 外底；2.崧泽遗址陶壶 M33：4 外底；3.大墩子遗址陶纺轮 T3：1；
4.6.柳湾墓地彩陶圆圈纹；5.凌家滩墓地玉版 M4：30；7.大汶口遗址彩陶盆 M1018：32

图 2-6　E 型八角星纹与圆形组合太阳图像

（注：本图像由祝子金摹绘）

海岱地区的大汶口文化彩陶遗存中也多见八角星纹，其图形不同之处在于八角星形只勾勒外部轮廓，内部留圆形或方形，故发布者又称其为圆心或方心八角纹。典型器采自大汶口遗址出土的彩绘陶豆 M1013：1 和 M2005：49，豆腹均以白彩在深红色陶衣上绘五个方心八角星纹。同址所出陶盆 M1018：32 腹部则在红衣上以白彩绘四个等距的圆心八角星纹。[3]而最著名的八角星纹图像，

[1]　黄宣佩，张明华.崧泽新石器时代遗址发掘报告 [M]. 北京：文物出版社,1987:70-71.

[2]　尹焕章,张正祥,纪仲庆.江苏邳县四户镇大墩子遗址探掘报告 [J].考古学报,1964（02）:9-56+205-222.

[3]　山东省文物考古研究所.大汶口续集：大汶口遗址第二、三次发掘报告 [M].北京：科学出版社,1997:142-167.

当属安徽含山凌家滩新石器时代墓地出土的玉版 M4：30 上所镌刻的。这片呈长方形的玉版，被夹藏在玉龟龟甲 M4：35、腹甲 M4：29 之间，八角星纹镌刻于玉版中央，外有一大一小两重同心圆，两圆间以辐射状直线均分出八份，并刻八只圭形箭头，大圆外又向玉版四角分刻四只圭形箭头。[1] 此型图像传播的时空范围较广，多地的新石器时代遗存中均有发现。

F 型，"卐" 形或 "卍" 形与圆形组合（见图 2-7）。

1. 彭头山遗址 T2②b 层陶片；2. 柳湾墓地彩陶盆 333：10 俯视；3. 陶纺轮 M905：5 正面；
4. 大南沟墓地直筒罐 M52：1；5. 石峡文化墓葬盆鼎 M107：16 俯视；6~8. 柳湾彩陶圆圈纹

图 2-7　F 型 "卐"（"卍"）形与圆形组合太阳图像

（注：本图像由祝子金摹绘）

"卐" 形、"卍" 形图像，传统吉祥纹样之一，民间俗称万字纹，据说在崇佛的武则天时期，定右旋的 "卍" 形为万，意喻 "吉祥万德之所集"。有学者认为国内最早的 "卐" 形图像见于湖南澧县彭头山遗址[2]，通过反复查阅该遗址的发掘报告，一件出自 T2②b 层的陶片拓本（见图 2-7-1）[3] 引起了我们的

[1]　张敬国. 安徽含山凌家滩新石器时代墓地发掘简报 [J]. 文物 ,1989（04）:1-9+30+97-98.
[2]　管静. 中国传统万字纹的符号学解析与现代运用 [J]. 南京艺术学院学报（美术与设计）,2015,（06）:126-128.
[3]　裴安平 , 曹传松 . 湖南澧县彭头山新石器时代早期遗址发掘简报 [J]. 文物 ,1990（08）:17-29+102.

注意。陶片上的刻画纹可能即其所称最早的"卐"形图像，但由于图像有效面积不大，也不能排除其是双线网纹的一部分或是"巫"形（巫，甲骨文）图像的可能。可以确定的是，"卐"形图像在马家窑文化彩陶中已十分普遍，不仅有左旋的"卐"形和右旋的"卍"形，而且通常位于圆圈形内部，圆圈外也多见芒线图形的配置。据此，我们认为"卐"形（或"卍"形）与圆形组合的图像具有太阳和太阳循环运动的表意功能。典型器为青海乐都柳湾原始社会墓地出土的一件马场类型彩绘陶盆333：10，盆内中央绘右旋"卍"形，外绘一圆圈，圈外绘三线五角星形芒线。同址所出的一件陶纺轮M905：5上，则中孔两边各刻画一个"卐"形和"卍"形，呈对称分布。[1]另外，在该墓地的发掘报告中，发布者所统计的圆圈纹图谱里计有29种圆内绘"卐"形（或"卍"形）图像的（见图2-7-6至8）。青海民和县阳山墓地出土的一件陶盆M124：5，盆内中央也绘右旋"卍"形。[2]此外，后被确定为后红山文化的辽宁昭乌达盟大南沟墓地出土的一件直筒罐M52：1上，刻画有3个不同形式的右旋"卍"形，发布者称其为"图像文字"。[3]广东曲江石峡文化墓葬第3期出土的1件盆鼎M107：16内也有"卐"形纹饰。[4]

G型，"+"形、"卐"形、八角星纹与圆形组合的复合型图符（见图2-8）。

1. 皂松溪口贝丘遗址白陶盘T1 ⑦：6外底；2. 汤家岗遗址红陶盘M103：9外底；
3. 河姆渡遗址陶纺轮T235 ④：102；4. 高庙遗址圈足碗05T12-01：22
图2-8　G型"+"形、"卐"形、八角星纹与圆形组合太阳图像
（注：本图像由祝子金摹绘）

[1] 青海省文物管理处考古队.青海柳湾 乐都柳湾原始社会墓地（上）[M].北京：文物出版社,1984:96+99.

[2] 青海省文物考古研究所.民和阳山[M].北京：文物出版社,1990:71.

[3] 李恭笃.昭乌达盟石棚山考古新发现[J].文物,1982（03）:31-36+98.

[4] 广东省博物馆,曲江县文化局石峡发掘小组.广东曲江石峡墓葬发掘简报[J].文物,1978（07）:1-15+98.

G 型复合型图符在高庙文化遗存中见有多例，典型图像来自湖南辰溪县松溪口贝丘遗址出土的一件白陶盘 T1 ⑦：6 外底。T1 ⑦：6 为夹细砂白陶，呈色微泛砖红，圆唇，鼓腹，圜底，圈足外撇。腹饰凤翼神徽，外底中心饰十字星纹，其外环绕着圆圈和连弧纹，这 8 条连弧又构作八角星纹。[1]湖南安乡县汤家岗遗址出土的一件红陶盘 M103：9 外底上，刻画、篦点戳印有"＋"形、同心圆、十六角星芒。[2]浙江余姚河姆渡遗址二期四层出土的一件陶纺轮 T235 ④：102 上，中孔外阴刻的"两对对称的变形的三爪纹"亦即略变形的"＋"形，其外刻十五角芒星和同心圆圈。[3]青海乐都柳湾原始社会墓地出土彩陶上的圆圈纹中，亦多有"＋"形与"卐"形、"＋"形与八角星纹结合的图像。值得一提的是，湖南黔阳高庙遗址 2005 年出土的一件圈足碗 05T12–01 ㉔：22 上 [4]，同时出现了"◎"形、"⊗"形、"🌀"形，以及"丼"字形外套圆圈并散发齿状光焰的图像（见图 2–8–4），亦可纳入本型。

3. 丙类，这一类图像是先民对太阳及其关联物象的依意同构或依形同构图形表达。史前遗存中一般常见有太阳和鸟、和人形的同构。

H 型，太阳和鸟的同构图式。依据两者间的位置关系，大致可分为三式（见图 2–9）。

H 型 I 式，太阳和鸟翼叠形同构。此式图像多见于高庙文化早期后段陶器，如矮圈足盘 04T1116 ⑬：10 腹部，鸟翼上嵌由同心圆和"米"字形芒线组成的太阳图像；内折沿罐 91T1015 ⑨：2 颈部，鸟翼中央嵌圆圈和圆点组合成的太阳图像；白陶罐 91T0914 ⑭：43 颈肩部，鸟翼中央嵌圆圈和八角星芒组成的太阳图像。[5]

[1] 吴顺东，贺刚．湖南辰溪县松溪口贝丘遗址发掘简报 [J]．文物,2001（06）:4–16+1.
[2] 尹检顺．汤家岗文化初论 [J]．南方文物,2007（02）:61–69.
[3] 河姆渡遗址考古队．浙江河姆渡遗址第二期发掘的主要收获 [J]．文物,1980（05）:1–15+98–99.
[4] 贺刚．湘西史前遗存与中国古史传说 [M]．长沙：岳麓书院,2013:124.
[5] 贺刚．湘西史前遗存与中国古史传说 [M]．长沙：岳麓书院,2013:282–283.

H型Ⅰ式：1~3.高庙遗址陶盘 04T1116 ⑬：10、陶罐 91T1015 ⑨：2、白陶罐 91T0914 ⑭：43

H型Ⅱ式：4.凌家滩墓地玉鹰 M29：6；5.崧泽遗址陶壶 M30：3 外底；

7.河姆渡遗址象牙匕 T21 ④：28 柄部；8.河姆渡遗址象牙雕蝶形器 T226 ③：79

H型Ⅲ式：6.泉护村遗址彩陶盆 H165：402 残片、H22：04 残片

图 2-9　H型太阳和鸟同构图像

（注：本图像由祝子金摹绘）

　　H型Ⅱ式，太阳和鸟身共形同构。湖南洪江高庙遗址出有一件编号为 05T14-01 ⑲：34 的陶罐，器残，但其肩部戳印有一只鸟首向右、身后拖着三条长尾的大鸟，此鸟首尾间有半圆状的同心圆图像，既是鸟身又似太阳。[1] 安徽含山凌家滩新石器时代墓地出土有一件玉鹰 M29：6，为灰白色透闪石，整器鸟形呈仰头展翅飞翔状，翼端琢刻似猪首形，腹部阴刻规整的圆圈，内刻八角

---

[1]　贺刚.湘西史前遗存与中国古史传说[M].长沙：岳麓书院,2013:282.

星纹，纹内又刻一圆，圆内有一孔。[1] 上海青浦县崧泽遗址出土的一件黑衣灰陶壶 M30：3，外底有一鸟形凸纹，勾喙圆睛，脑后拖两根冠羽，鸟身浑圆，腹中有一类圆形，圆内图形与前述 A 型Ⅱ式太阳图像相似。[2] 浙江余姚河姆渡遗址一期四层出土的象牙匕 T21 ④：28 柄部上，刻画有两组"双头凤纹"。[5] 所谓双头凤，实为两只鸟首相背，在鸟身相交处刻有一组外放光焰的同心圆，并于圆心处钻一圆凹。相似的表现手法还见于同址二期三层出土的象牙雕蝶形器 T226 ③：79 上，差别在于其鸟首为相对并上仰。[4] 良渚文化中鼎鼎大名的"神人兽面纹"神徽，其图像左右常配置的鸟纹，多以同心圆（又称重圈纹）饰鸟身。如浙江余杭反山墓地出土的玉璜 M23：67、三叉形冠饰 M11：135[5]，余杭瑶山祭坛遗址出土的玉冠状饰 M2: 1[6]，神徽两侧上方的鸟纹腹部均为巨大的重圈纹。此外，仰韶文化庙底沟类型彩陶上常见的"⚓"形三足鸟纹，以及大汶口文化大口尊上的"⚓"形图像的上部，亦可视作太阳和鸟首的共形同构。

H 型Ⅲ式，太阳和鸟的并置同构。陕西华县泉护村遗址一期Ⅰ段出土的彩陶盆 H165：402 残片上，绘有侧视鸟纹，鸟背上方还绘有一个大圆点，"似表现了鸟在晴空万里的太阳之下高空飞翔的意境"[7]，又似"日载于鸟"神话传说的图像化呈现。同址一期Ⅲ段出土的另一彩陶盆 H22：04 残片上，大圆点则处于侧视鸟纹的前方，其完整纹样可能为鸟纹与大圆点相间连续排列并绕器一周。[8]

I 型，太阳和人的同构图式。可分为二式（见图 2-10）。

I 型Ⅰ式，太阳和人并置同构。前文曾述，湖北秭归东门头遗址出土的城背溪文化太阳神纹石刻，太阳位于人物头顶，人物头部还刻一条指向太阳的短线。

[1] 张敬国.安徽含山县凌家滩遗址第三次发掘简报 [J].考古,1999（11）:1–12+97–99+102–103.

[2] 黄宣佩,张明华主编.崧泽 新石器时代遗址发掘报告 [M].北京：文物出版社,1987:73–74.

[3] 浙江省文物管理委员会,浙江省博物馆.河姆渡遗址第一期发掘报告 [J].考古学报,1978（1）:39–94,140–155.

[4] 河姆渡遗址考古队.浙江河姆渡遗址第二期发掘的主要收获 [J].文物,1980（05）:1–15+98–99.

[5] 王明达.浙江余杭反山良渚墓地发掘简报 [J].文物,1988（01）:1–31+97–101.

[6] 芮国耀.余杭瑶山良渚文化祭坛遗址发掘简报 [J].文物,1988（01）:32–51+102–104.

[7] 朱乃诚.仰韶文化庙底沟类型彩陶鸟纹研究 [J].南方文物,2016（04）:57–76.

[8] 北京大学考古学系,中国社会科学院考古研究所.华县泉护村：1997 年考古发掘报告 [M].北京：科学出版社,2003:35+64.

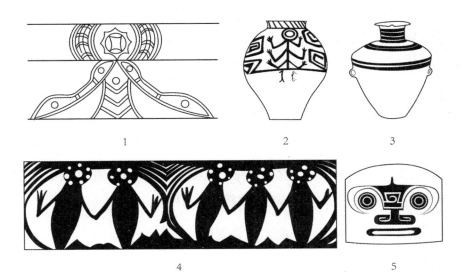

Ⅰ型Ⅱ式: 1. 高庙遗址陶罐 05T11-02 ㉔: 13; 2. 柳湾墓地马场类型彩陶瓮 214: 19;

3~4. 连城舞蹈纹彩陶壶; 5. 反山墓地良渚文化玉冠饰 M12: 85

图 2-10 Ⅰ型太阳和人同构图像

（注：本图像由祝子金摹绘）

  Ⅰ型Ⅱ式，太阳和人共形同构。此式在史前岩画中最为多见，在史前陶器上亦可见。如湖南黔阳高庙遗址下层出土的一件陶罐 05T11-02 ㉔: 13 上[1]，以三道弦纹将陶罐颈肩部分为上下两层；上层图形以弧边矩形外套一圆及八角星芒，两边又饰以同心圆线段表现光环；下层以双线表现出一张开双臂的半身人形；上下图像俨然组成一位头部散发耀眼光芒、身材伟岸威严的太阳神祇。青海乐都柳湾原始社会墓地出土的马厂类型彩陶瓮 214: 19，肩腹部以黑红彩绘蛙人纹间"卐"形纹，其蛙人头部为红彩同心圆。[2]永登连城舞蹈纹彩陶壶（王新村私人藏品），上腹部分绘二人和三人两组舞蹈纹，"人形纹头部为黑色圆形纹，头中间为一白色圆点纹，周围为六个小圆纹"[3]，这一图形与 A 型Ⅱ式太阳图形类同。此外，史前遗存中常见的神人、兽面、人面图像中，对眼睛的表现均与太阳图形极似。眼睛具有太阳的意象，意喻光明，洞彻黑暗、破除邪妄，当是无疑。

[1] 贺刚.湘西史前遗存与中国古史传说 [M].长沙：岳麓书院,2013:140.

[2] 青海省文物管理处考古队.青海柳湾 乐都柳湾原始社会墓地（上）[M].北京：文物出版社,1984:122.

[3] 张朋川.马家窑类型舞蹈纹彩陶纹饰另解 [J].南京艺术学院学报（美术与设计）,2018,(02):4-8+209.

三、史前考古所见太阳图像的意象释读

透过上述三类九型太阳图像，我们似乎隐约可以把握些许那遥远史前世界的脉搏。那是一个在今人看来或许物质极度贫乏的时代，可先民们却以恣意畅快的想象力构筑着人对物理世界最初的并力求能完整自洽的整体认知。太阳，是那个时代的主宰、主题，是天的象征、生命之母。这些史前遗物上刻绘的太阳图像，或直观或隐晦，或简练或繁复，但一定都充满了先民们对太阳的虔诚礼赞和对美好生活的向往。下文中，我们想就这三类九型太阳图像中部分可能存在争议的图形展开讨论，亦可视作对其意象的释读。

（一）A 型红色大圆点及圆点组合图像

A 型图像最早的考古实物来自湖南洪江高庙遗址下层，现有的研究成果显示，这幅隶属高庙文化早期的太阳图像及其白陶载体，是高庙文化的典型物化表征。华南各地出土的史前白陶器均有祭器的性质，且其源头或正是以沅水中上游地区为中心的高庙文化。[1] 年代上限距今约 6200 年的大汶口文化，则有以朱色大圆点绘饰泥质灰陶器的现象。尽管发布者并未指认这些朱色大圆点为太阳纹，但有很多学者认同大汶口先民是"用朱色大圆点表现、刻画太阳"[2]，并认为其"宗教意义极明显，这既是对太阳的形象摹绘，也是太阳崇拜的表现"[3]。究其缘由，大致有三：一是所谓朱色大圆点，其直径大小实际上已可视为朱红色圆盘状，而这种颜色和形状，很难让观者不将其与清晨或傍晚的太阳联想在一起；二是基于学界对大汶口文化族属与古史传说中的东夷少昊部族、太昊部族存在关联的认识[4]，东夷地近东海，古时被视为日出之乡，古籍多载其人有崇鸟敬日之俗；三是这些朱色大圆点并不是孤立存在的，一些大汶口陶器上相似的位置绘制有黑白二色同心圆（典型太阳符号）图像，如彩陶背壶标本 10：57 颈间绘有三个等距的黑白彩同心圆，彩陶罐标本 18：1 口腹间夹绘两个黑白彩

[1] 贺刚，陈利文.高庙文化及其对外传播与影响 [J].南方文物,2007（02）:51-60+92.

[2] 刘武军，张光明.文物考古与齐文化研究 [M].济南：山东大学出版社,1996:72.

[3] 周立升，蔡德贵.齐鲁文化通论上 [M].济南：山东人民出版社,2015:59.

[4] 栾丰实.太昊和少昊传说的考古学研究 [J].中国史研究,2000（02）:3-18.

同心圆；[1] 更重要的是泥质灰陶背壶标本 75：1 腹部所饰的朱色图像"⚘"（见图 2-11-1），也是以一个朱色大圆点为图像主体的。这幅朱色图像在发布后，不少学者对其进行了解读。唐兰先生认为此图像系古文字，似花朵形，可隶定为"棥"（音忽）字。[2] 陈伍云、刘民钢先生则认为"⚘"图像"上半部即是一放射光芒的太阳，下为火焰或云气"，实为大汶口文化符"☺"的"实体书写形式"，即后代的"昊"字，亦即"暤"字。[3] 王守功先生则赞同"有人说中间红色大圆点为太阳"，图像"上部五道斜线分别表示头、足和翅"，并认为"这是日鸟结合的图案"[4]。大汶口人崇鸟敬日，其陶文、刻符多有鸟日同构图像，此处暂且不论"⚘"是字是图，但其中心处的大圆点当是太阳之像无疑。总之，本型图像多以红色颜料在陶器上涂绘圆点再现具象太阳，形色兼备，反映了先民朴素的唯物主义艺术观。

（二）B 型圆点、圆圈、同心圆组合图像

"⊙"形符号，圆圈中加一圆点。甲骨文中，"日"字即写作"⊙"形。现代天文学中，代表太阳的符号即"⊙"形；古代的炼金术士用"⊙"表示黄金；欧洲人还用"⊙"代表星期日；植物学家用"⊙"表示一年生的植物。[5] 美国作家丹·布朗（Dan Brown）在他的畅销书《失落的秘符》中称其为 Circumpunct，中文译作环点符。他在书中借符号学家罗伯特·兰登之口写道："环点符的含义可谓无穷无尽。在古埃及，它代表太阳神 Ra，当代天文学仍然用它表示太阳。在东方哲学里，它代表第三只眼的灵视、神圣玫瑰和光明的启迪。犹太教卡巴密教派用这个符号象征皇冠——生命最高层的源质和'隐秘之事中最隐秘之事'。早期的神秘主义者称其为'上帝之眼'，也就是国玺中'全视眼'的起源。毕达哥拉斯派还用环点符指代'单子'——神圣真理、本始智慧，

---

[1]　山东省文物管理处，济南市博物馆.大汶口新石器时代墓葬发掘报告 [M].北京：文物出版社,1974:56.

[2]　唐兰.再论大汶口文化的社会性质和大汶口陶器文字 [A].大汶口文化讨论文集 [C].济南：齐鲁书社，1981:79.

[3]　陈五云，刘民钢.释"昊"[J].华夏考古,2003（02）:88-93.

[4]　王守功.考古所见中国古代的太阳崇拜 [J].中原文物,2001（06）:39-44.

[5]　［俄］雅科夫·伊西达洛维奇·别莱利曼.趣味天文学 [M].项丽，译.北京：中国妇女出版社,2015:111-113.

思智和心灵的合一。"[1] 可见，西方历史中的"☉"形符号，含义十分复杂，但多是由其太阳之本义引申而来。而且，史前遗物上的"☉"形符号还多见外圈添加辐射状芒线的图像，当是表现太阳无疑。

"◎"形符号，其图形是在"☉"形外增加多重同心圆（重圈纹）而成。李寨遗址所出大汶口文化彩陶壶上的"◎"形为朱绘，同心圆内为朱色大圆点。前文曾述，大汶口本就有在灰陶上以朱色大圆点表现太阳的习惯。据此，我们认为"◎"形符号的本义仍可从"☉"形，代表太阳，而其外的多重同心圆，是太阳光辉（光环）的一种表现形式。大汶口文化彩陶还见有省去中心圆点的多重同心圆图像，其在陶器上绘制的位置与朱色大圆点雷同，可见也是表现太阳的图像。柳湾墓地所出马厂类型彩陶上，"◎"形和多重同心圆图像同样共存于圆圈纹中。其中，不光有中心留白较大的多重同心圆图像，还见有以"⊖"形为内圆的多重同心圆图像。值得注意的是，柳湾彩陶上的圆圈纹，尽管数量大、变化多，但其图形的构造始终是在"☉"形、"◎"形与"十""井""卐"、八角星纹等符号元素的组合变化范畴内。故有学者认为，"太阳崇拜在柳湾原始氏族部落中是极为普遍的现象"。[2] 另外，柳湾彩陶上的圆圈纹中，也偶见有"◉"形图像（见图2-11-2），但其外部弧线仍又修正为同心圆状。我们认为，其图像含义可视同"◎"形符号，同时也存有附加生殖意象的可能。

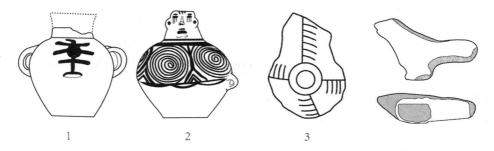

1. 大汶口遗址泥质灰陶背壶75:1；2. 柳湾墓地马场类型人面彩陶壶216:1；
3. 赵窑遗址仰韶文化陶片T9③:24；4. 灵井"许昌人"遗址微型鸟雕
图2-11　大汶口、柳湾、赵窑遗址彩陶图像和灵井鸟雕
（注：本图像由祝子金摹绘）

[1]　［美］丹·布朗. 失落的秘符插图珍藏版 [M]. 朱振武，文敏，于是，译. 上海：上海文艺出版社，2015:257.
[2]　柳春诚. 浅谈青海古代"太阳"崇拜 [J]. 青海民族研究，2006（02）:154-158.

此外，各地新石器时代文化遗址普遍发现的石质、陶制纺轮，其形制外部为圆形，中心穿圆孔，器型轮廓正好是一大一小两个圆组成的"◎"形。先民们依形而制纹，借助纺轮中部的圆孔，充分发挥想象力，配以各种形式的芒线表现太阳图像，其数量之巨、构思之妙，不失为一道蔚为壮观的史前集体艺术浪潮。纺轮是最早的纺纱工具，完整的纺轮工具由结构对称的纺轮转体和捻杆两种构件组成，时至近代仍有部分地区及部分少数民族妇女使用纺轮纺纱。除了陶、石两种材质外，目前考古发掘中已发现的纺轮材质还有木、玉、骨、蚌、铅、铁、铜、沥青、磁等共计 11 种。[1] 也有学者认为纺轮是玉璧 [2]、妇女头饰 [3]、秦代圜钱的原型 [4]，其中尤以玉璧说给予了我们较大的启发。玉璧亦呈"◎"形，并具有礼天之器用，《周礼·大宗伯》载："以苍璧礼天，以黄琮礼地。"至于"璧"字，《说文解字》载："璧，瑞玉，圜也。"清人段玉裁注："璧，圆，象天。"圜字古音读旋，日月星辰每日东升西落，不正似一个巨大的旋转体吗？而纺轮在纺纱过程中也是需要往复旋转的，纺轮的"◎"形以及其上围绕中孔制作的太阳图像，是不是正昭示了其"象天"的本义呢？同时，这似乎也表明了一种可能：史前中国习见的"◎"形图像，是"日正中天"图景的一种概念化（经过一定的抽象化处理）表现，并以此"◎"形图式象天之形。

（三）E 型八角星纹与圆形组合图像

学界对八角星纹的广泛关注与释读，源自 1987 年和 1998 年先后出土于安徽含山凌家滩墓地 M4 和 M29 的玉版和玉鹰。其中，尤以 M4 出土的夹藏在玉龟背甲与腹甲间的玉版（见图 2-6-5），因其与汉代谶纬书所载的"大龟负图""元龟负书出"（《尚书中候》）似有关联，更曾轰动一时。围绕凌家滩 M4 玉龟和玉版，学者们各抒己见，其中代表性的有：陈久金、张敬国认为，"玉片中心与内圆相接的方心八角形……它是太阳的象征"，"八角是太阳辐射出的光芒"，"玉版的八方图形与中心象征太阳的图形相配，符合我国古代的原始八卦理论，

---

[1]　饶崛.纺轮的诞生、演进及其与纺纱技术发展的关系研究 [D].东华大学 ,2019.

[2]　饶崛 , 程隆棣 . 中国古代纺轮材质和纹饰的探析 [J]. 服饰导刊 ,2018,7（05）:4-10.

[3]　蔡运章 . 屈家岭文化的天体崇拜——兼谈纺轮向玉璧的演变 [J]. 中原文物 ,1996（02）:47-49.

[4]　梁白泉 . 陶纺轮·八角纹·滕花和花胜 [J]. 江苏地方志 ,2005（02）:35-37.

玉版四周四、五、九、五之数（指玉版四边的圆形钻孔数量），与洛书'太一下行八卦之宫，每四乃还中央'相合"，"故推测凌家滩所出的玉龟和玉版，有可能是远古洛书和八卦"；[1] 俞伟超认为，玉版上的图案与《淮南子·坠形训》所述"天地之间，九州八极"的"把大地分为八方之极的观念"有关，并推断器用为一种最早期的龟卜方法；[2] 饶宗颐也认为，"这一幅图纹，圈圈之内分成八支箭头来代表八方，在它的四角另绘四支箭头来表示四维，空间观念似乎比时间观念更为显著"；[3] 钱伯泉认为，玉龟和玉片所组成的上古文物"是比较原始的式盘"，"是测天文、定历日的最古老、最简便的仪器"；[4] 李学勤认为，"玉版是方形的，上画圆形，用矢形标出八方，是天圆地方这种古老的宇宙观念的体现"，并称"玉版的图纹和所谓'规矩纹'是一脉相承的"，而八角星形"是由两个梭形物的图像直角重叠而成，实际上它所标志的，只是东西南北四方"，其构形方式与商周文字"巫"（巫，像二"工"以直角重叠）相同，若如此则"凌家滩玉版中心出现'巫'字实含有很深刻的意义"；[5] 李斌认为，"玉片大圆与小圆之间呈辐射状的8个箭头连同夹在其间的辐射状直线，将整个圆周分成16个区间，这正与我国古代将一昼夜分成十六个时区的分段记时制度一致，就像后世日晷上有十二时辰或百刻分度一样"，故"该玉片很可能是一种原始日晷"。[6]此后，陆思贤和李迪称凌家滩玉版为"观象授时玉片"，将八角星纹释为方位天文学的典型符号，并认为其"寓意包罗了天文、地理及宇宙万物……岁时循环，万物生长不息"等；[7] 李修松补叙"玉版象征天的圆内有小圆及方形八角的太阳符号，符合《大戴礼记》'圆曰明'的记载"；[8] 方向明则认为凌家滩玉版"在

[1] 陈久金，张敬国.含山出土玉片图形试考 [J].文物,1989（04）:14-17.

[2] 俞伟超.含山凌家滩玉器和考古学中研究精神领域的问题 [A].安徽省文物考古研究所.《文物研究》第 5 辑 [M].合肥：黄山书社,1989:57-63.

[3] 饶宗颐.未有文字以前表示"方位"与"数理关系"的玉版——含山出土玉版小论 [A].安徽省文物考古研究所.《文物研究》第 6 辑 [M].合肥：黄山书社,1990:48-52.

[4] 钱伯泉.凌家滩新石器时代遗址出土的玉制式盘 [A].安徽省文物考古研究所.《文物研究》第 7 辑 [M].合肥：黄山书社,1991:152-156.

[5] 李学勤.论含山凌家滩玉龟、玉版 [J].中国文化,1992（01）:144-149.

[6] 李斌.史前日晷初探——试释含山出土玉片图形的天文学意义 [J].东南文化,1993（01）:237-243.

[7] 陆思贤，李迪.天文考古通论 [M].北京：紫禁城出版社,2000.

[8] 李修松.试论凌家滩玉龙、玉鹰、玉龟、玉版的文化内涵 [J].安徽大学学报,2001（06）:40-45.

造型上，可以视作一个特别的'面'，类似于'面具''冠冕'之类，与良渚文化玉器中的'冠状器'性质上非常接近"，故其是新石器时代最早的玉"神面"。[1]

综上所述，学界对凌家滩玉龟、玉版的探究，主要从其组合形式（元龟负书）、器用（龟卜、式盘、日晷、神面）、图像内涵（八卦、八方、宇宙图式）等方面切入论述。而对于八角星纹图形本身，学界则主要有太阳图像说，四鱼相聚族徽说[2]，"巫"字、"贞"字[3]、四维八方、织机部件说[4]，天圆地方及九宫[5]等说法。对此，我们则更倾向于肖湾所说的"没有一种观点可以全面概括八角星纹在各考古学文化的独特性"[6]，以及冯时所认为的"八角星纹的方向指示性来源于利用太阳进行的辨方正位的活动"[7]。也就是说，尽管当代学者对八角星纹的释读很难完美切中其历史原义，但基本可以确信的是，这种见于至少7000年前的高庙文化遗存上的规整图形，体现的正是先民利用太阳测定方位的古老智慧，是中国先民早期追索天、人关系的图化写照。

（四）F 型 "卐" 形或 "卍" 形与圆形组合图像

典型的"卐"形、"卍"形图像，始见于青海柳湾新石器时代墓地。从其出土的马厂类型彩陶圆圈纹中的部分"卐"形、"卍"形图像来看，这些图形呈现出几点共性：一是该型图像通常位于圆形的内部；二是图形左旋（卐）或者右旋（卍）较为随性，并无特定使用规则；三是与"十"形图符关联密切，其中部分图像的悬臂是由三条短弧线组成的，有可能是在"⊕"形图符基础上擦除部分圆弧形成的。河北武安赵窑遗址曾出土 1 枚仰韶下层文化的陶片 T9③：24，上有一"◎"形外附四支"⊨"形的纹样（见图 2-11-3），发布者称其为梳纹。[8] 王克林认为 T9③：24 上的图纹是"卐"形图符的早期形态，

[1]　方向明.新石器时代最早的玉"神面"——凌家滩玉版 [J].东南文化,2013（02）:84-89.

[2]　张明华,王惠菊.太湖地区新石器时代的陶文 [J].考古,1990（10）:903-907.

[3]　李立新.甲骨文贞字新释 [A].考古与文物·2005 年古文字论集三 [C].西安：《考古与文物》编辑部,2006.

[4]　王矛.八角星纹与史前织机 [J].中国文化,1990（01）:84-94.

[5]　冯时.中国天文考古学 [M].北京：中国社会科学出版社.2010:504-520.

[6]　肖湾.中国史前八角星纹的图像分析与阐释 [D].吉林大学,2017.

[7]　冯时.中国天文考古学 [M].北京：中国社会科学出版社.2010:506.

[8]　陈惠,江达煌.武安赵窑遗址发掘报告 [J].考古学报,1992（03）:329-364+397-402.

并在分析了黄河流域出土的"卐"形陶符、柳湾马厂类型彩陶上"卐"形彩绘、夏商周青铜器上的"卐"形图像后认为，"卐符号的图形，其基本特征，皆以十字为主题"。[1]"卐"或"卍"形图像，还见于两河流域的萨玛拉文化陶器，曾被纳瓦霍印第安人、东罗马人、中世纪条顿骑士、古印度的印度教和耆那教使用，而在巴尔蒂斯坦的古代建筑、北安贝兰爱尔兰和盎格鲁——撒克逊的原始艺术中亦不鲜见。"卐"形图像，"也是藏族本教的密语之一，它象征'永生''永恒''长存'"，"太阳神是藏族本教最大的神灵之一，'卐'符号是代表太阳的符号。'卐'符号的变形符号藏语称'雍仲嘎奇'（喜旋雍仲），有坚固不变之意"[2]。

"卐"或"卍"形图像，因其在世界范围内曾被广泛且长期地使用，学界对其论述颇多。目前，国内学者对史前"卐"或"卍"形图像含义的释读，广被接受者主要集中在如下三说：一是太阳崇拜说，"卍"符是由"十"字符演变形成的，而"十"字符既象征着太阳光芒四射，又象征着由太阳而测知的东南西北四方，"卍"符在此基础上进一步强化了太阳循环和四季更替的永恒意象。有学者还据此认为，"卐字纹正是八角星纹的简化变形"[3]。二是生殖崇拜说，此说来源于对同样是柳湾墓地马厂类型彩陶上的蛙肢纹的认识。蛙是女性生殖器官的象征，而"青海马家窑文化中的'卍''卐'纹样，起初是蛙肢纹变形为'雷纹'，蛙爪尤清晰地摹画出来；进一步的演化是蛙爪消失，变成单纯的'雷纹'；尔后，有'雷纹'开始朝四个不同的方向勾画，开始形成'卍'纹样"[4]，故"'卍'符号最初是女性生殖器象征物的抽象符号"[5]。美国学者魏勒（O.A.Wall）认为，"卍"图形的"根据是特定的亚洲风格，即在西藏所盛行的一妻多夫制，一个女人有几个丈夫。它在图形上表现为四个男性器官侍奉着一个女性器官"[6]。三是北斗崇拜说，先民夜观星象，发现了日月星辰皆绕北极星旋转的规律，其

[1] 王克林."卐"图像符号源流考 [J].文博,1995（03）:3-27.
[2] 凌立.藏族"卍"（卐）符号的象征及其审美特征 [J].康定民族师范高等专科学校学报,2006,（01）:8-12.
[3] 蔡英杰.太阳循环与八角星纹和卐字符号 [J].民族艺术研究,2005（05）:14-18.
[4] 赵国华.生殖崇拜文化论 [M].北京：中国社会科学出版社,1990:200-201.
[5] 杨甫旺."卍"符号与生殖崇拜初探 [J].四川文物,1998（01）:31-33.
[6] ［美］O.A.魏勒.性崇拜 [M].史频，译.中国文联出版公司,1988:294.

中尤以夜晚北斗七星环绕极星做逆时针旋转的现象最易察觉；同时，先民又通过在一年中不同季节的昏时（日落后，天刚黑）的观测，发现了一年中北斗七星环绕极星做顺时针旋转的现象。故《史记·天官书》载："斗为帝车，运于中央，临制四乡。分阴阳，建四时，均五行，移节度，定诸纪，皆系于斗。"基于此，有学者认为，"卍"形符号的原型应是"北斗绕北极周天旋转的图像"。[1] 还有学者认为"两种万字符，都是四季北斗合成符，只是旋转方向相反，分别标示天球、地球的旋转方向：卍标示天球的顺时针旋转，卐标示地球的逆时针旋转"[2]。本书以为，与"十"形或"⊕"形图像相比，"卐"形和"卍"形更强调图像绕中心交点旋转的动势。结合该图像与"十"字符号间密切的承续关联，其太阳循环和四季往复的时空意象可能更接近于初义，而其生殖意象和北斗斡旋之像，则很可能是附会或者是其后来逐渐发展衍化而产生的。

（五）H 型太阳和鸟的同构图像

中国有历史悠久的龙凤文化，我们自称是龙的传人，其实我们也是凤的子民。《孔子家语·执辔》载："羽虫三百有六十，而凤为之长。"凤是传说中的神鸟，鸟中的王者，其实质是鸟类动物的集合体，是一种美好的意象，是先民主观情感集体参与的结果。[3] 凤的原型取自自然界的鸟类，其崇信的源头则可追溯至史前鸟信仰。鸟信仰，是将鸟奉为信仰物并顶礼膜拜。已知中国最早的鸟题材艺术品，是被美国考古学会主办的《考古》（*Archaeology*）杂志评为 2020 年度世界十大考古发现的，距今已有 13500 年历史的，河南灵井"许昌人"遗址出土的微型鸟雕像（见图 2-11-4）。[4] 这件长 2.1 厘米、高 1.2 厘米、厚 0.6 厘米的微型灵井鸟雕，由烧烤过的鹿角精雕而成，足部有平整的底座，在平整的界面上，能"平稳站立且能让其转动"[5]。灵井鸟雕精细的雕功、可供摆放的底座，似乎

[1]　余健.卍及禹步考 [J].东南大学学报（哲学社会科学版）,2002（01）:78-83+91.

[2]　张远山.华夏万字符是四季北斗合成符——万字符传播史（上）[J].社会科学论坛,2016（11）:4-26.

[3]　费晓萍,周雪松,吴中玉.楚凤纹与天体星象纹的共生现象 [J].山西档案,2018（04）:186-188.

[4]　央视新闻.河南灵井鸟雕入选"2020 年度世界十大考古新发现"[EB/OL].https://baijiahao.baidu.com/s?id=1685504611743615074&wfr=spider&for=pc,2020-12-08.

[5]　李占扬.许昌灵井遗址发现中国最早的立体雕刻鸟化石 [J].寻根,2009（04）:62-63.

都暗示了其作为供奉对象的可能。先民为何要崇信鸟？鸟和太阳又是如何被联系起来的呢？

　　首先，鸟日同构是一个世界性的史前艺术现象，在史前中国各考古学文化中亦分布得十分广泛。贾湖遗址虽暂未见鸟日同构图像，却因出土较多以丹顶鹤尺骨制成的骨笛，而名闻天下。结合骨笛所反映的密切人鹤关系以及贾湖人遗物上的太阳图符，有学者认为，"人类在早期生产活动中发现了太阳运动与鸟兽活动之间存在的相关性联系与规律，认为通过观察近身之鸟兽便可获得对太阳运动规律的体察与认知，这就是贾湖先民用鹤尺骨制成骨笛吹奏'测气'的深层动因，蕴含着早期人类对天体及自然探求的朴素知识成果"。[1]贾湖骨笛标志着中国人在9000年前便已开启音乐文化，虽然其用是否确为"测气"[2]有待商榷，但鹤为凤的原型动物之一，又是重要的物候鸟，贾湖文化又有初步发展的稻作农业，这些都表明了贾湖人可能已经掌握了一定通过观测太阳、候鸟预知寒暑并指导农事的知识与技能。这也就是说，太阳和鸟的同构图像，是以农事需求或者说农业发展为物质基础的，太阳和鸟是被人类农事联系起来的。

　　众所周知，农业生产离不开太阳，光照、温度、气候都受到太阳循环运动的影响和支配。而鸟儿，看起来似乎是与农业生产活动风马牛不相及的一类动物。但现有的研究表明，原始稻作农业和鸟有着很深的渊源。有学者在民俗调查中发现，浙江嘉兴、宁波、金华、温州等地的农村，至今仍流传着"麻雀是送谷神"的传说，当地老农甚至认为"稻谷是麻雀带来的，麻雀自己找自己的东西吃，无咎"。直至20世纪50年代，浙江奉化民间还有农历二月十九祭麻雀的习俗。陈勤建认为，"民间传说里记录着当地先民久远神秘的集体记忆，一种古老的文化密码：稻谷与麻雀一类的鸟关系十分密切，两者相依为生，人们正是从麻雀一类的鸟食中发现了稻谷的秘密"[3]。也就是说，渔猎采集时期的南方先民，

[1]　赵李娜.新石器时代"太阳—鸟"艺术母题与节气观念发轫之关联[J].民族艺术,2018
　　（6）:133–142+150.
[2]　按：此处"测气"，即史载所谓"吹灰候气法"，《后汉书·律历志》："候气之法，
　　为室三重，户闭，涂衅必周，密布缇缦。室中以木为案，每律各一，内庳外高，从其方位，
　　加律其上，以葭莩灰抑其内端，按历而候之。气至者灰动，其为气所动者其灰散，人及
　　风所动者其灰聚。殿中候，用玉律十二。唯二至乃候灵台。用竹律六十，候日如其历。"
[3]　陈勤建.中国鸟信仰的形成、发展与衍化[J].华东师范大学学报（哲学社会科学版）,2003
　　（05）:19–27+121.

之所以选食野生稻谷，很可能是受到鸟类食用野生稻种子的启迪。

先民只有在采集、食用野生稻种子后，原始稻作农业才有生发的可能。然而，鸟类不仅帮助先民认识、选食了野生稻种，古籍中还记述了一种"象耕鸟耘"的神迹。《越绝书·越绝外传记地传第十》载："昔者，越之先君无余，乃禹之世……畴粪桑麻，播种五谷，必以手足。大越海滨之民，独以鸟田，小大有差，进退有行，莫将自使，其故何也？曰：禹始也，忧民救水，到大越……尚以为居之者乐，为之者苦，无以报民功，教民鸟田，一盛一衰。当禹之时，舜死苍梧，象为民田也……"这也便是王充在《论衡·书虚》中所称的"传言：舜葬于苍梧，象为之耕；禹葬会稽，鸟为之田"。身为会稽上虞人的王充，自是十分了解当地的生态自然环境，所以他认为"实者，苍梧多象之地，会稽众鸟所居。禹贡曰：'彭蠡既潴，阳鸟攸居。'天地之情，鸟兽之行也。象自蹈土，鸟自食苹。土蹶草尽，若耕田状，壤靡泥易，人随种之，世俗则谓舜、禹田"。如此看，所谓"象耕鸟耘"，哪里是"天使鸟兽报佑之也"。象耕不过是野泽被象群踩踏，泥泞似耕耙过的水田，无意中造成利于水稻生长的水土环境；鸟田也不过是候鸟恰好在应季的时间出现，在水田啄食害虫、野草根，也可能是鸟粪中带有未消化的野生稻种子，凡此种种便都给予了先民水稻耕作方法的启迪。通过先民有意识模仿和改进，最终促发了稻谷栽培初始形态的形成。先民通过观察鸟的食性，发现了野生稻种；又通过观察鸟兽的习性，模仿和改进了耕作方法。如此，在他们的认知思维中，关乎水稻的一切便似乎都是鸟带来的。因此，在探究史前鸟信仰形成的过程里，鸟与稻作农业的密切关系很可能是相当重要的一环。

当然，我们也不能忽视鸟类本身的一些生物特性，在史前鸟信仰形成过程中所产生的重要作用。而且，这些生物特性，对鸟日同构图像的产生，亦是相当重要的物质基础。鸟纹是高庙文化陶器上的标识性主题，初期多以鸟首形象或单纯的鸟羽形象来表现鸟。约在高庙文化早期后段，出现了呈正面展翅飞翔状的鸟纹，鸟首多用侧视图形，双翅往往"分别托载有太阳、八角星或者龙（獠牙兽面）的图案"。[1]高庙文化中的鸟形象，属于史前艺术图像中较早关注鸟的

---

[1]　贺刚.湘西史前遗存与中国古史传说[M].长沙：岳麓书院,2013:281.

翅膀的。翅膀是鸟类飞行的器官，飞翔是鸟类最重要的生物特性。鸟类身体呈流线型，骨骼中空充气，胸肌发达，体表被覆羽毛，前肢演化为翼，这些都是为了利于飞行而产生的进化。而鸟类的飞行能力，也为先民追索日月经天运行的原理，提供了现成的样本。再加上部分鸟类啼鸣报晓，大部分鸟类晨飞昏栖的生物特性，以及季节性候鸟与太阳循环运动的对应关系，鸟与太阳最终被先民们视作具有极紧密关系的伙伴，在传说和图像文本中则表现为一体两面。由此，高庙文化、河姆渡文化中，出现太阳和鸟身共形同构的图像便不足为奇了。

第二节　史前考古所见的星象图像

时间是一个抽象概念，时间单位是人类体认世界的七种基本单位之一。我们现今所使用的时、日、月、年、世纪等时间计量单位，则都属于天文学中的历法范畴。中国是传统农业大国，自战国始便有视农业为本的经国思想，中国传统历法亦称农历。换言之，中国历法自诞生之初，便与农业生产结下了不解之缘，其要点就是农时。有学者将中国古代农时系统的形成分作四个阶段，即物候指时、星躔指时、农时的理性认识和农时系统观形成。[1] 其中物候指时、星躔指时阶段，可分别对应物候历（又称自然历）和星象历（或称天文历法）。我们通常认为，物候历更为古老，而星象历是先民为了建立更规律、更精确的较大时间周期循环体系而出现的。

《夏小正》是中国最早的一部星象物候历，也是流传至今的最早的一部完整的天文学文献。《夏小正》中记述星象 17 条，其中大多数星象约在夏代时出现于二十四节气之各个月初，此后这些星象沿二十四节气向后移动，在周代时出现于二十四节气之各个月中。因此，可以确信该历曾被用于周代，其起源最早可以推至夏代。[2] 如果《夏小正》源自夏代，那其中所记述的那些星象与农时的对应关系，又需要经过多长周期的观测与记录才得以成形呢？众所周知，任何新知识的出现都是需要时间积淀的。在夏之前的史前时代，先民中一定会有观星者，我们能否从考古出土资料中觅得些许他们的成果呢？

[1]　赵敏．中国古代农时观初探 [J]．中国农史，1993（02）:73–78.
[2]　胡铁珠．《夏小正》星象年代研究 [J]．自然科学史研究，2000（03）:234–250.

一、史前陶器上的星象图像

如果我们问身边的朋友：天上的星星有多少颗？我们最常听到的回答，往往都是"无数颗"！是啊，今天的人们都已经形成了模式化的认知，宇宙中的天体数量是难以穷尽的天文数字。仅太阳系所在的银河星系，便拥有各类恒星超过1000亿颗。而与银河系相邻的仙女星系，聚集恒星约1万亿颗。天文学家认为，在人类可观测宇宙范围内，星系的数量也超过了1000亿。[1] 只是这些星体中的绝大多数不能被我们直接观测到，全天肉眼可见的星星约在7000颗左右，且受观测点条件的影响（如光污染，或在北半球观测不到南极天区），这个数量还要大幅削减。迄今人类最古老的星图，为英国人奥雷尔·斯坦因1907年发现自中国敦煌的"敦煌星图"。敦煌星图绘制于7世纪（唐代初期）前后，该图记录了在北纬34度所能观察到的星空图像，计有1339颗星，分为257个星官。更为我们所关注的是，敦煌星图中的"星星用涂色圆点表现，大多数加黑色圆圈表示。所有圆点大小相似。点与点之间的黑色连线表示星官图形"[2]。（见图2-12-1）

用圆点、圆圈表示星体，用连线表示星座（星官）图形，是古人认识、记录星空地图的最大"秘密"。夜空中散布着的星点，正是借助着那些并不存在的线条，在先民的眼中组合成各式各样的图形。由此，三五成群的星星便组成了星座，星座是几乎所有人类文明中确定天空方位的手段。而为了便于记忆，人们往往将其想象成日常生活中常见的一些事物。例如，北极天区最著名的北斗七星，先民将其联想为舀酒水的斗勺。汉代纬书《春秋运斗枢》完整记载了北斗七星的星名："第一天枢，第二旋，第三玑，第四权，第五衡，第六开阳，第七摇光。第一至第四为魁，第五至第七为标，合而为斗。"在身处北半球的人眼中，每夜满天星宿都会围绕北天极缓缓旋转，所以古人认为北天极是全天最尊之位。又因北斗是北极天区最为醒目的星座，斗魁似车座，斗柄似车辕，北斗便又被称作帝车。山东嘉祥武氏祠后室第4石第4层，北斗便被绘作车状（见

[1] 徐井才.宇宙百科[M].北京：北京教育出版社,2012:6-8.
[2] [法]让-马克·博奈-比多,弗朗索瓦丝·普热得瑞,魏泓,黄丽平,邓文宽.敦煌中国星空：综合研究迄今发现最古老的星图（上）[J].敦煌研究,2010(02):43-50.

图2-12-2）。同时，我们也看到这件制作于2世纪（东汉桓帝建和元年前后）的艺术精品，同样是以圆点、连线来表现星座图形的。依此，我们便也确认了一些史前遗物中可能存在的星象图像。

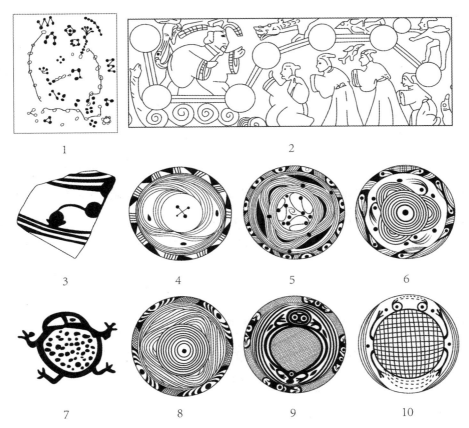

1. 敦煌星图（局部，隐去星名）；2. 山东嘉祥武氏祠北斗星君图；
3. 大河村遗址仰韶文化陶片（T22、二层）；4~5.9. 马家窑文化彩陶盆；
6.10. 甘肃马家窑文化彩陶；7. 临潼姜寨蛙纹；8. 民和核桃庄墓葬彩陶盆 m.h.m1：2；
图2-12　敦煌星图（局部）、武氏祠画像石、大河村彩陶片、彩陶上的蛙纹
（注：本图像由祝子金摹绘）

（一）大河村仰韶文化彩陶残片上的星座

郑州大河村遗址自20世纪70年代发掘以来，便以其出土彩陶上丰富的天象类纹样而著称。据其1979年发布的发掘报告显示，计有太阳纹、月亮纹、星座纹、日饵纹等与天象有关的花纹。报告中的星座纹，仅见得1件样品，出自

第四期遗存,该期具有仰韶文化末期向龙山文化转变的过渡性质。[1] 发掘者曾另文专门介绍了大河村彩陶上的天文图像,饰有星座纹的彩陶片确实仅有一片。陶片出自遗址第四期 T22 地点二层,为泥质红陶,器表抹光,无衣施棕彩;陶片来自一种 "小口、高领、宽肩、腹部微鼓、小平底的壶";星座图案是由 3 个或 3 个以上的圆点和直线、曲线连接组成的(见图 2-12-3),发布者还认为图案 "有可能是北斗星尾部的形象写照"。[2]

彩陶片上的图像,上下各有 3 道弦纹,2 个大小相似的圆点位于其间的空白处,1 个稍大些的圆点与上方 2 道弦纹相叠,且仅余一半。2 个完整的圆点间以 1 条弧线相连,中间的圆点和那半个圆点间隐约可见以 1 条直线相连。与下方弦纹相接的那个圆点上,还有 1 条与弦纹平行的短线从中穿过,两侧稍微探出。这种以圆点、连线表现星座的方式,的确与东汉画像石上的北斗星座、敦煌星图非常相似。3 个或 3 个星点以上的组合在星图中很常见,但其不完整的图像无法提供足够准确的星座信息。而在相同文化时期其他遗址出土的彩陶中,也尚未能找到类似的图像。样本仅此 1 件,这大概便是最大的遗憾了。若其确为星座图像,则说明这种 "星际间用实线相连以表现星座的空间概念及技术方法",中国人 "早在距今 5000 年前的大河村时期就已掌握"[3]。

(二)马家窑文化彩陶上的蝌蚪纹和蛙纹

马家窑文化彩陶中,有一种圆点拖线、圆点连线的图形,被称作蝌蚪纹(见图 2-12-4)。典型的蝌蚪纹,以圆点为身,波折线为尾,点缀在弧形波浪纹的空白处,怡然自得,活灵活现。郎树德认为, "蝌蚪纹的出现频率不高,但与蛙纹的关系最为紧密"[4]。这不仅是因为蝌蚪是蛙和蟾蜍的幼体,而且确有一件马家窑文化彩陶盆上绘有蛙纹和 4 只蝌蚪纹(见图 2-12-9)。马家窑类型的彩陶盆上,还有一种以弧线连接圆点的纹样,如现藏临夏回族自治州博物馆的 1 件马家窑文化圆点弧线纹平底彩陶盆(见图 2-12-5)。郎树德称其为变体蝌蚪纹,

[1] 郑州市博物馆.郑州大河村遗址发掘报告 [J].考古学报,1979(03):301-375+403-416.
[2] 郑州市博物馆发掘组.谈郑州大河村遗址出土的彩陶上的天文图像 [J].中原文物,1978(01):44-47+57.
[3] 彭曦.大河村天文图像彩陶试析 [J].中原文物,1984(04):49-51.
[4] 郎树德.甘肃彩陶研究与鉴赏 [M].兰州:甘肃人民美术出版社,2012:152.

"是图案化的蝌蚪纹"[1]。从图形上来看，图 2-12-4、9 两件陶盆上的蝌蚪纹较为写实，而临夏彩陶盆上的圆点弧线纹，与蝌蚪形象差距很大。

1978 年，青海民和核桃庄马家窑类型第一号墓葬出土 3 件彩陶盆，其中 2 件编号为 m.h.m1：2（见图 2-12-8）、m.h.m1：31 的彩陶盆与临夏藏彩陶盆在构图上非常接近。其发掘简报中，发布者将器底所绘圆点纹视作变形蛙纹，简报原文为："器底绘同心圆圈、波纹和圆点纹（变形蛙纹）图案。"[2]简报特意在文中"波纹和圆点纹"后加括号进行备注说明，可见变形蛙纹这一认识并非笔误。究其原因，我们认为，可能和严文明先生 1978 年发表于《文物》期刊上的《甘肃彩陶的源流》一文有关。[3]严先生在这篇文中梳理了彩陶上自陕西临潼姜寨半坡期发端的蛙纹之演变过程（姜寨蛙纹，见图 2-12-7），并称马厂类型彩陶上的蛙肢纹为拟蛙纹，点明了其与马家窑期蛙纹间的承续关系。同时，在阐述马家窑期蛙纹时，严先生列举了兰州雁儿湾出土的 1 件彩陶（见图 2-12-10），以及引自 B.Sommarstrom，1956（博·索马斯特勒姆整理的《内蒙古额济纳河流域考古报告》）中的 1 件彩陶（见图 2-12-6）。这两件彩陶上的蛙纹，一只具象一只则较抽象，但蛙肢以及蛙肢旁的圆点，还有其整体意象却十分相似。蛙类在繁殖期会在水中排出大量的卵，也有学者从生殖崇拜的角度，认为蛙纹周围的圆点"象征蛙卵，充分表达'多多产子'的愿望"[4]。

然而，对于临夏彩陶盆（见图 2-12-5）上所绘的图像，还有学者提出了不一样的见解。陆思贤、李迪认为，"这是一幅盖天星图的示意图"，"中心的'曲线圆点'用两根相互旋套的弧线表示，这是旋转的中心，它带动着整个星空在旋转……相当于北天极"，"外围五个同心圆，应表示天盖，先民们认为天穹是圆形的，而五个同心圆上分布着四时八节，内一圈是夏至圆，次二圈是立夏、立秋圈，次三圈是春分、秋分圈，次四圈是立冬、立秋圈，外五圈是冬至圈。圆面外是弧线三角纹，表示水纹，水波环绕着整个天穹，合于盖天说宇宙论认

[1]　郎树德.甘肃彩陶研究与鉴赏 [M].兰州：甘肃人民美术出版社,2012:153.
[2]　格桑本.青海民和核桃庄马家窑类型第一号墓葬 [J].文物,1979（09）:29-32.
[3]　严文明.甘肃彩陶的源流 [J].文物,1978（10）:62-76.
[4]　王巾.马家窑彩陶艺术中生殖崇拜观念的表现 [J].美与时代（下半月）,2008（11）:103-105.

为天地的外面都有水包围着。最外口沿上分布 12 个圆点纹，表示星空绕天一周为 12 个月"。[1] 从图像上来看，盖天星图说似乎更贴近于临夏彩陶盆的整体意象。盆内的圆点、弧线连接的圆点都是星空的意象化表达，五重同心圆象征八个节气时太阳循环位置的变化，口沿上的圆点则代表了一个太阳循环年中的 12 次满月。需要补充的是，肇始自仰韶文化的彩陶盆，最初是用于夭折儿童的"瓮棺葬"的葬具，一般是作为盖子翻过来扣在瓮棺上的，有的还凿有小孔，以供弱小灵魂出入。[2] 也就是说，它最初设计的观看角度可能是翻过来仰观的（灵魂的视角），而非平置后俯视的。依此仰观视角，临夏彩陶盆中的图景，很可能便与先民想象中的天穹模型相吻合了。此时，我们再看图 2-12-4 那件彩陶盆，3 只蝌蚪的游向一致，表现的是夜间星辰绕北天极做逆时针旋转的运动轨迹；盆心 4 个圆点由细黑线两两相连，组成一个"十"字，既表方位又强调了"天心"（正天极）所在，亦符合《周髀算经》所记载的"北极璇玑四游"现象（北极星通常只是最接近北天极的一颗亮星，故其每夜仍会绕北天极旋转）。而核桃庄彩陶盆 m.h.m1：2，盆心绘九重同心圆，恰合先秦"九重天"的民间传说。屈原《天问》云："圜则九重，孰营度之？"东汉王逸注："言天圜而九重，谁营度而知之乎。"圜的本义是围绕，亦通圆，天圜而九重，其二维图像便是九重同心圆。

（三）庙底沟遗址彩陶上的"大火星"

河南三门峡市庙底沟遗址出土的仰韶文化彩陶上，见有一种由 4 个或 5 个弯月形簇拥着 1 颗圆点组成的纹样，状似火焰环抱着一颗星体。其典型图像见于 1959 年发布的 A10f 式深腹盆样本 H59：29 上（见图 2-13-1）；另一件 A4a 式深腹碗样本 T112：20 上的纹样（见图 2-13-2），圆点偏下并与弯月图形相接，且圆点右侧多绘 1 个弯月形。[3] 此外，新近发布的庙底沟遗址庙底沟文化灰坑 H408 发掘简报，公布了一件 Ab 型彩陶钵标本 H408：36（见图 2-13-4），该器"黄褐陶，通体饰红衣。方唇，平底。腹部饰两组纹饰，一组为双连弧线、圆点组成的复合图案，另一组由五组凸弧纹组成的火焰纹，两组纹饰之间为一

[1] 陆思贤，李迪 . 天文考古通论 [M]. 北京：紫禁城出版社 ,2000:105.
[2] 朱广宇 . 中国古代陶瓷所体现的造物艺术思想 [M]. 南京：东南大学出版社 ,2018:112-116.
[3] 中国社会科学院考古研究所 . 庙底沟与三里桥：汉英对照 [M]. 北京：文物出版社 ,2011：图版 11+24.

组由斜线、圆点组成的复合图案"[1]。H408：36 上的图像，与 H59：29 上的火焰纹形态感觉十分接近，火柱数量则与 T112：20 相同，但火焰中没有圆点。此种图像目前暂只见于庙底沟遗址。

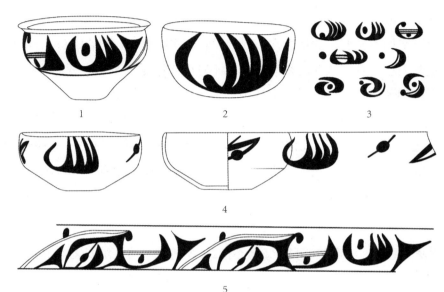

1. 细泥红陶盆 H59：29；2. 细泥红陶碗 T112：20；3. 庙底沟彩陶上的类似纹样；
4. 红衣彩陶钵 H408：36；5. 红陶盆 H59：29 腹绘图像展开图

图 2-13　庙底沟遗址仰韶文化彩陶纹样

（注：本图像由祝子金摹绘）

张朋川认为，这是一种变体鸟纹，并称其作"展翅飞鸟纹"，是从具象侧面鸟纹简化而来，"以后鸟头与翅羽解体而分开，鸟头简化而成为圆点，翅羽简化成为钩曲形纹，又以不同形式组合，最终形成庙底沟类型晚期彩陶具有特征的钩羽圆点纹"[2]（见图 2-13-3）。从图形相似性来看，展翅飞鸟纹与钩羽圆点纹似乎有一定的关联，但这一推断的前提在于一个先入为主的认识，即它们都是鸟纹。王仁湘注意到了这个问题，并以近年庙底沟、泉护村遗址新出土的众多具象鸟纹彩陶为例，指出庙底沟类型彩陶上的具象鸟纹与抽象鸟纹多期共存，未见两者存在什么联系，且秦安大地湾发现的"西阴纹"（张朋川认为"西

[1]　樊温泉，宋海超，苏明辰. 河南三门峡庙底沟遗址庙底沟文化 H408 发掘简报 [J]. 华夏考古,2021（04）:27-38+129.

[2]　张朋川. 中国彩陶图谱 [M]. 北京：文物出版社,1990:157-161.

阴纹"亦由侧面鸟纹抽象而来）尚属半坡文化末期，所以其来源未必是鸟纹。[1]

我们检索到一张庙底沟深腹盆 H59：29 的腹部展开图像（见图 2-13-5），意外发现图中存有 2 组完整的二方连续单元图形，其上的 "火焰纹" 似乎是独立于这个二方连续系统外的，这大概便是原报告中所提的陶工补绘或故意插入新单元以增加图元变化的情况[2]。结合深腹碗 T112：20 和钵 H408：36 上的图像位置及大小，我们认为此种图像应该不是陶工随手的创造。还有一些学者也关注到这种图像，主要的观点都认为环抱圆点的月牙形是火焰。其中代表性的如王震中，他说 "圆点表示的是星辰，星辰放置在火中，表示的是大火星，所以我称之为 '星火' 彩陶纹样"[3]。陆思贤、李迪也认为，这是 "一种火焰纹图案，外观似一个火团、火球或火珠，有 4 个或 5 个火柱相抱组成，烟焰呈上腾熊熊燃烧之状，里面包裹着一颗星辰，很形象地表示这颗星辰应名 '火' 或 '大火'"[4]。

大火，星名，天蝎座 α 星，又名心宿二，属东方苍龙七宿的心宿，亦即龙星。它是一颗红超巨星，光呈红色，一等星，是全天第十五亮的星，古人称其为大火。甲骨文中，天或为大的异体字，大火亦可释作天火，与人间的凡火相对应。大火所在的心宿，也是东宫苍龙的龙心所在，传统中医理论认为心属火，或与此星有一定的关系。据庞朴先生的研究，在以日月运行规律授时的阴阳合历之前，中国先民曾有一段较长的历史时期是以观测大火星的见、南中、伏为纪时根据的。"在原始农事时代，大火对于生产的指示作用，却较太阳更见直接。因为大火黄昏见于东方的时候，曾是春分前后，万物复苏，农事开始之际；而大火西没，又曾是秋分左右，收获完毕，准备冬眠的时节。"[5]《尸子》载："遂（燧）人察辰心而出火。" 辰心即指大火星；《礼记·郊特牲》云："季春出火，为焚也。" 出火便是春耕前焚野烧荒，所谓 "刀耕火耨" 也。而 "七月流火" 便是指，

[1]　王仁湘.庙底沟文化彩陶之鸟纹主题 [J]. 收藏与投资,2017（Z1）:164–173.

[2]　中国社会科学院考古研究所.庙底沟与三里桥：汉英对照 [M]. 北京：文物出版社,2011:17.

[3]　王震中.炎帝族对于 "大火历" 的贡献 [A]."炎帝与民族复兴" 国际学术研讨会论文集 [C].西安：陕西人民出版社,2006:90–93.

[4]　陆思贤,李迪.天文考古通论 [M]. 北京：紫禁城出版社,2000:151.

[5]　庞朴.火历钩沉——一个遗失已久的古历之发现 [J]. 中国文化,1989（01）:3–23.

在七月后，黄昏时见的大火星已离开南天正中渐渐偏西下沉。流火之后，心宿便日渐靠近太阳，晨、昏都不再可见，此谓“火伏而后蛰者毕”，意味着一年农事的终结。此时，与出火对应的还有纳火，《周礼·司爟》云：“季春出火，民咸从之；季秋内火，民亦如之。”内火即纳火，“火星昏伏，司爟乃以礼而内之”，出火和纳火时，还需举行相应的祈年、庆丰的仪式。庞先生将“这种以火纪时、周而复始的粗疏历法”，“名之曰火历”。

然而，受岁差现象的影响，春分时昏见大火星于东方的天象并不是恒定不变的，分至点在黄道上约每 71.6 年西移 1°。天文学家认为，这一天象与春分点最为契合的年代约在 BC2400 前后。[1] 而据冯时先生测算，BC3400 大火于春分初昏始见，BC3700 大火于春分前五日昏见东方。[2] 之所以出现这种计算结果上的差异，可能主要在于“昏见”这一时间坐标的确立有异。现代天文学引入了西学“晨昏蒙影”[3] 的概念，而我国从春秋战国至东汉时期，昏见时刻经历了一个由模糊到精确的过程，此后才确定为日落后二刻半。[4] 需知若以星空 24 小时绕地一周计，星象约每 4 分钟西移 1°，大火星从初现到离开地平线 10° 历时 40 分钟，如果再考虑观象地形环境的制约（如山峦、树木遮挡），“昏见”时刻会显得相当疏阔。此处，我们保守地选取 BC2400 为春分时昏见大火星于东方之年，依据冯先生数据所呈现的每 300 年天象提前 5 日计算，可知 BC3300 大火星于春分前 15 日昏见东方，春分日昏时离开地平线也不过 15° 左右，仍属昏见大火星于东方地平线上的天象观测范畴。目前考古界对仰韶文化庙底沟期的年代认定，为距今约 5800—5300 年 [5]，即 BC3800 ~ BC3300 间。而 H408 简报也发布了出土粟的测年，“其绝对年代为 4450±40（半衰期为 5730），树轮校正后数据为 BC3325 ~ BC3232（46.27%，±1σ）、BC3180 ~ BC3157（9.9%，

[1]　中国天文学史整理研究小组. 中国天文学史 [M]. 北京：科学出版社,1981:9-10.

[2]　冯时. 河南濮阳西水坡 45 号墓的天文学研究 [J]. 文物,1990（03）:52-60+69.

[3]　日出前和日没后的一段时间内天空呈现出微弱的光亮，这种现象和这段时间都叫作“晨昏蒙影”。太阳中心在地平下 18° 时称为天文晨光始或天文昏影终，这时天空背景上开始显示或不再显示日光影响，即将脱离或呈现黑夜的景象。

[4]　曹一. 古代昏旦问题初探 [C]// 全球视野中的中国科学史国际学术研讨会. 青年科学技术史学术研讨会暨上海交通大学科学史与科学哲学系十周年庆祝大会. 上海交通大学科学史与科学哲学系,2009.

[5]　马萧林. 河南地区仰韶文化庙底沟期遗存的发现与研究 [J]. 中原文物,2021（05）:39-51.

±1σ）、BC3108 ~ BC3024（43.83%，±1σ）"[1]。

至此，我们可以考虑这样一种认知：仰韶文化庙底沟时期的先民，已经逐渐注意到天空中有一颗火红的亮星，它总会在每年农耕季节开启前，出现在日落后的东方天空上。这似乎是上天以此天象提醒着人们，一年中最利于农耕的时间就要到来。而随着观测的持续，这一天象与春分农祥节气的对应关系越发紧密，至BC2400前后更显精确一致，由此更是促发了上古"火历"的诞生与流传。庙底沟遗址彩陶上的"大火星"图像，正是先民观测"大火星"并逐渐掌握其运行规律的早期记录。若如此，庙底沟则很可能便是"火历"的滥觞之地，只不过目前能够确认的证据还显得太少了。

二、史前遗迹所见的星象摆塑

1988年，河南濮阳西水坡遗址 M45 在墓主骨架两侧以"蚌壳精心摆塑龙虎图案"[2] 的发现，引起了学界高度关注与热议。其中，以冯时为代表的学者提出，墓主脚下的"蚌塑三角形图案，紧接蚌塑三角图案的东侧横置两根人的胫骨"实为北斗图像，并借此还原了 M45 墓室整体布置为原始天盖图像的天文学含义。[3] 这一发现，将中国天文学史向前推进至 6500 年以前，并使学界进一步厘清了中国人所爱的"龙"的初义。殷墟甲骨卜辞已表明"龙与雨的密切关系"，"而'雨水'是来自'天上'"，故"'龙'既是'天上'的又是'水中'的"，但"'龙'的'星象'身份可能是其'第一身份'"[4]。有关 M45 龙虎图的解读与探讨，至今仍余论不休。其实，国内目前已发现的新石器时代龙形摆塑尚有：1993 年湖北黄梅县白湖乡张城村焦墩遗址发现的大溪文化时期卵石摆塑龙[5]；1994 年辽宁阜新查海遗址聚落中心广场发现的全长 19.70 米的兴隆洼文化石块堆塑龙[6]。但学界多认同，这两处龙形摆塑仅与远古时代的雩祭求雨祭祀仪式有

[1] 樊温泉,宋海超,苏明辰.河南三门峡庙底沟遗址庙底沟文化 H408 发掘简报 [J]. 华夏考古,2021（04）:27–38+129.

[2] 孙德萱,丁清贤,赵连生,等.河南濮阳西水坡遗址发掘简报 [J]. 文物,1988（03）:1–6.

[3] 冯时.河南濮阳西水坡 45 号墓的天文学研究 [J]. 文物,1990（03）:52–60+69.

[4] 刘庆柱.关于考古发现的"龙"之界定问题——濮阳西水坡遗址出土"龙"意义 [J]. 濮阳职业技术学院学报,2012,25（02）:1–5.

[5] 陈树祥.黄梅发现新石器时代卵石摆塑巨龙 [N]. 中国文物报,1993-08-22.

[6] 辛岩.查海遗址发掘再获重大成果 [N]. 中国文物报,1995-03-19.

关[1]。唯有濮阳西水坡遗址先后发现的三组蚌塑（同年又于 M45 墓外同一地层发现两组蚌塑，有龙、虎、人、蜘蛛等形象）[2]，尤其是 M45 蚌塑的天文学意义格外凸显，这三组蚌塑图像详情如下：

（一）西水坡遗址第一组蚌塑

这一组蚌塑发现最早，被摆放于 M45 墓主人的身周。M45 墓内埋葬 4 人，墓主是壮年男性，身长 1.84 米，头南足北，仰身直肢葬于墓室正中。另外 3 人的年龄较小，分别埋于墓室东、西、北三面的龛内，其中西龛内的是一位 12 岁的头部有砍斫痕的少女。蚌壳龙图案摆于墓主人骨架的右侧，头朝北、背朝西，身长 1.78 米、高 0.67 米。龙昂首，曲颈，弓身，长尾，前爪扒，后爪蹬，状似腾飞。蚌壳虎图案位于墓主人的左侧，头朝北、背朝东，身长 1.39 米、高 0.63 米。虎头微低，圜目圆睁，口张齿露，虎尾下垂，四肢交递，做行走状，形似下山之猛虎。另外，在虎图案的西部和北部，还分别有两处蚌壳。虎图案西面的蚌壳，比较乱，没有一定的形状（可能是受到扰动），里面还杂有一些石片，可能是摆塑虎图案后剩余下来的。虎图案北部的蚌壳，形状为三角形，似人为摆放，在其东面，距墓室中部壮年男性骨架 0.35 米处，还发现两根人的胫骨。[3]（见图 2-14-1）

古代中国人为了识认星辰、观测天象，以一套独特的方法对星空进行了区划。由于地处北半球，中国古人特别重视的天区有两个部分：一个是北天极所在的中央天区，是为中宫，又称紫微垣；一个是日、月、五星躔经的黄道、白道和天赤道附近的星，为了便于标记日、月、五星的运行位置，古人将这一圈星宿分成二十八组，是为二十八宿。人处在黄河、长江流域的纬度观测，二十八宿是不会同时出现在夜空的。但古代中国人凭借惊人的空间想象力，以"北斗"拱卫北天极为内、二十八宿环列在外，组构出圜形的二维平面天象图。又以上南下北、左东右西的方位，将二十八宿分作四组，每组七宿分配四方，是为四

[1] 李锦山.史前龙形堆塑反映的远古雩祭及原始天文[J].农业考古,1999（01）:128-140.

[2] 丁清贤,张相梅.1988年河南濮阳西水坡遗址发掘简报[J].考古,1989（12）:1057-1066+1153-1154.

[3] 孙德萱,丁清贤,赵连生,等.河南濮阳西水坡遗址发掘简报[J].文物,1988（03）:1-6.

宫或四陆。这四宫又与四灵相配，分别是东宫苍龙、西宫白虎、南宫朱雀和北宫玄武，是为四象（见图 2-14-2）。

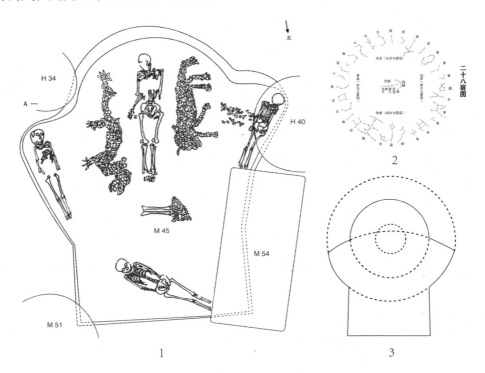

1. 西水坡遗址 M45 平剖面图；2. 二十八宿图；3. 冯时绘 M45 原始天盖图解

图 2-14　西水坡遗址 M45 蚌塑

（注：本图像由皮家琳、杨娇摹绘）

就在 M45 蚌塑发布之初，李学勤便敏锐地将其与四方星象的起源联系起来。他认为，"现在发现了西水坡 45 号墓，看来史前时期末叶已有四象或至少有龙、虎，不无可能"[1]。然而，M45 能否被释为天象图的关键，就在于墓主脚下的蚌、骨图像是不是北斗，若不是北斗，龙虎图像也可做其他的解释。如张光直认为，"濮阳第 45 号墓的墓主是个仰韶文化社会中的原始道士或是巫师，而用蚌壳摆塑的龙、虎、鹿乃是他能召唤使用的三蹻的艺术形象，是助他上天入地的三蹻的形象"[2]。冯时认为，"中宫处于恒显圈、全年不没入地平，因此，中宫内的

[1]　李学勤 . 西水坡"龙虎墓"与四象的起源 [J]. 中国社会科学院研究生院学报 ,1988（05）:75–78.

[2]　张光直 . 濮阳三蹻与中国古代美术上的人兽母题 [J]. 文物 ,1988（11）:36–39.

北斗又是古人熟知的授时星象。四陆分主四时……蚌塑的龙位于墓主东侧，虎位于墓主西侧，布列方位与东、西二陆一致……墓主北侧布有蚌塑三角形图案，紧接蚌塑三角图案的东侧横置两根人的胫骨。这毫无疑问是北斗的图像。胫骨为斗杓，指向东方，会于龙首；蚌塑三角图案为斗魁，枕于西方。全部构图与真实天象完全吻合。"[1]《周髀算经》云："周髀长八尺……髀者，股也……髀者，表也。"谓"髀"的本义是人的腿骨，也是测量日影的表。所以，"'髀'所具有的双重含义——腿骨和表——已经表明，人体在作为一个生物体的同时，还曾充当过最早的测影工具，而墓中决定时间的斗杓恰恰选用人腿骨来表示，正是先民创造出利用太阳和北斗确定时间的方法的结果"[2]。基于此，冯时进一步以《周髀算经》中的七衡六间图为基础，取夏至（北回归线）、春秋分（赤道线）、冬至（南回归线）三条日道，以及盖天理论中假想的日光照射界限和方形大地，解释了 M45 墓穴形制所象征的古人宇宙模型图式（见图 2-14-3）。

（二）西水坡遗址第二、三组蚌塑

西水坡遗址的第二、三组蚌塑，是 M45 蚌塑引发高度关注后，在继续发掘过程中被发现的，报告中其图像详情原文如下：

> 第二组蚌图摆塑于 M45 南面 20 米处，T176 第 4 层下打破第 5 层的一个浅地穴中。其图案有龙、虎、鹿和蜘蛛等。其龙头朝南，背朝北；其虎头朝北，面朝西，背朝东，龙虎蝉联为一体；其鹿卧于虎的背上，特别像一只站立着的高足长颈鹿。蜘蛛摆塑于龙头的东面，头朝南，身子朝北。另外在蜘蛛和鹿之间，还有一件制作精致的石斧。第三组蚌图，发现于第二组动物图案的南面 T215 第 5 层下（打破第 6 层）的一条灰沟中，两者相距约 25 米。灰沟的走向由东北达西南，灰沟的底部铺垫有 0.10 米左右的灰土，然后在灰土上摆塑蚌图。图案有人骑龙和虎等。人骑龙摆塑于灰沟的中部偏南，龙头朝东，背朝北，昂首，长颈，舒身，高足，背上骑有一人，也是用蚌壳摆成，两足跨在龙的背上，一手在前，一手在后，面部微侧，好像在回首观望，虎摆塑于龙的北面，头朝西，背朝南，仰首翘尾，四足微曲，鬃毛高竖，呈奔跑和腾飞状。另外，在龙的南面、

---

[1]　冯时.河南濮阳西水坡 45 号墓的天文学研究 [J].文物,1990（03）:52-60+69.

[2]　冯时.天文考古学与上古宇宙观 [J].濮阳职业技术学院学报,2010,23（04）:1-11.

虎的北面、龙虎的东面，还各有一堆蚌壳，龙南面的蚌壳面积较大，高低不平，成堆状。虎北面和龙虎东面的两堆蚌壳较小，形状为圆形，在龙虎的西面还有一舒身展翅的飞禽，因被两个晚期灰坑打破而看不出是什么图形。在飞禽与龙之间还用蚌壳摆一个圆圈。另外在这一层位上，还有许许多多零星的蚌壳，似乎也并非随便乱扔的，从整体看，这条灰沟好像一条空中的银河，灰沟中的零星的蚌壳，犹如银河系中无数的繁星，那龙南面的蚌壳堆积是否像山、像川？虎北面龙虎东面和龙与飞禽之间的蚌壳表现的是什么，还有待研究。但人骑龙和奔虎腾空而起，如在空中奔驰，则非常形象，非常壮观。[1]

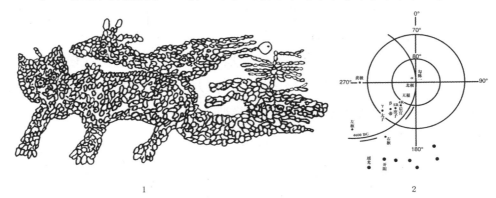

1. 西水坡遗址第二组蚌塑线图；2. 北天极移动曲线图

图 2-15　西水坡遗址第二组蚌塑图、北天极移动图像

（注：本图像由叶雨婕摹绘）

西水坡遗址第二组蚌塑，位于 M45 南边 20 米处。其图像特征是龙虎合体、鹿卧其上（见图 2-15-1）。鹿，是北方狩猎文化的代表性动物，北方岩画常见鹿的形象。《春秋运斗枢》载："瑶光散而为鹿。"瑶光是北斗七星的第七星，位于北斗柄端。由于岁差的缘故，北天极会以黄极为中心在北极天区做圆周运动，约 26000 年循环一周，BC4600 后位于瑶光、开阳和右枢、左枢之间（见图 2-15-2）。以瑶光、开阳两星的二等星亮度，被视作极星的可能性很大。又据冯时考证，四象中的北宫，在玄武的龟蛇形象确立之前，存在一段以鹿（危宿及其附座的形象）作为北宫之象的历史时期。后来北宫为玄武所代，鹿的形象便化作麒麟（麒、麟，两字都是鹿旁）转配中宫。[2] 那么，蚌塑中鹿的形象便很

[1]　丁清贤,张相梅.1988 年河南濮阳西水坡遗址发掘简报 [J].考古,1989（12）:1057–1066+1153–1154.

[2]　冯时.中国天文考古学 [M].北京: 社会科学文献出版社,2001:315–319.

有可能代表了北方星象，甚至是北极之位。报告中说，在鹿和蜘蛛（龙头上的图形）之间置有一件精致的石斧。石斧是权柄的象征，为何放在鹿足所指的地方？《史记·淮阴侯列传》云："秦失其鹿，天下共逐之。"这是将鹿比附权柄。如果古人确实曾经将鹿比作北极天区的星象之形，则上述的情形自然就说得通了。《史记·天官书》还描述了一种北斗与二十八宿之间的栓系关系："杓携龙角，衡殷南斗，魁枕参首。"将斗杓开阳、瑶光两星的连线延长，正好对应着大角星（东宫苍龙第一宿角宿）；将斗魁天权、天枢两星的连线延长，则正好对应参宿（西宫白虎第七宿，是为白虎之首）。蚌塑中的鹿形，头枕在虎首之上、腿足置于龙角之上，这是否意味着先民对这一栓系关系已经有了一定的认识？或许，此时的星象图，实为东、西两宫（龙、虎）加上北斗（鹿）组成（这也与 M45 蚌塑星图的情状相符）。后来，随着古人对星象的认识加深，才逐渐完善出南、北两宫（鸟、龟蛇），形成二十八宿体系，并将北斗（鹿、麒麟）置于中宫，最终化生出三垣二十八宿的全天星官体系。至于蚌塑中的蜘蛛形，冯时认为是鸟，"鸟象来源于二十八宿南宫七宿中张、翼两宿所组成的形象"[1]。我们检视原报告照片发现，蜘蛛图像紧贴龙首之上，且中部似有一圆形，而周围蚌壳呈放射状摆置。所以，这可能是古人对东宫龙宿中最重要的星的一种强调。这颗星，要么是大角星（龙角），强调北斗星与大角星之间的栓系关系；要么还是大火星（龙心），这颗星对中国古人的意义实在是非比寻常。

西水坡遗址第三组蚌塑，位于第二组蚌塑南边 25 米处，那里是一条东北至西南向的灰沟。由于晚期灰坑的打破，图像的主体只有人骑龙、虎及其附近的图案比较清晰了（见图 2-16）。报告形容这条灰沟及灰沟里的蚌塑、零星的蚌壳，犹如一条空中的银河。其虽有先入为主的臆测之嫌，但报告中描述的龙虎西面疑似飞禽的图像，飞禽和龙虎间的蚌塑圆圈，都难免让我们将其与苍龙、白虎、朱雀这三宫神兽联系起来。比较奇妙的是，将军崖第二组岩刻上的"银河"，也是自东北而向西南布局，与这条灰沟的走向一致。图像中，虎腹、龙身的下方各有一堆蚌塑，呈团状，龙身下的蚌塑似有扰动，而虎身下的蚌塑隐约可再分为三堆。民谚有"三星高照，新年来到"，《诗经·唐风·绸缪》云：

[1]　冯时.天文考古学与上古宇宙观[J].濮阳职业技术学院学报,2010,23（04）:1-11.

"绸缪束薪，三星在天。"此三星，实为参宿一、参宿二和参宿三，所谓"参"就是三的意思，它们紧贴着赤道横列，是参宿的主星和命名来源，也是冬季星空的主角。参宿还是重要的授时星象，《夏小正》载"（正月）初昏参中"，"（三月）参则伏"，"（五月）参则见"，"（八月）参中则旦"。

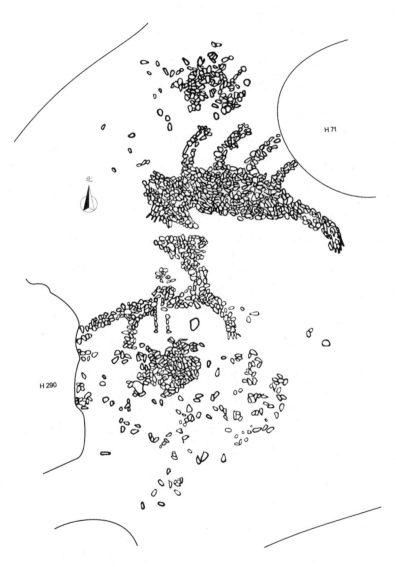

图 2-16　西水坡遗址第三组蚌塑图
（注：本图像由高豪鸽摹绘）

值得注意的是，M45 蚌塑中的虎腹下，也有一堆散乱的蚌壳，会不会是被扰动的参宿图形呢？据王大有先生现场考察并查验西水坡遗址不同发掘阶段的照片，发现了蚌塑龙、虎的躯体中存有的类同心圆结构，他认为这是古人"在蚌塑躯壳内填充同心圆以像星体（星宿）"的摆塑方法。[1] 总而言之，西水坡遗址蚌塑图像的发现和研究，已经极大"改写"了中国天文学史，其图像所蕴含的天文学意义已为多学科所公认[2]。

[1]　王大有 .6500 年前的蚌塑四象二十八宿浑天盖天系统——美学考察引出旷世大发现 [J]. 濮阳教育学院学报 ,2002（02）:1-2.

[2]　刘庆柱 . 关于考古发现的"龙"之界定问题——濮阳西水坡遗址出土"龙"意义 [J]. 濮阳职业技术学院学报 ,2012,25（02）:1-5.

第三节　迷雾下的史前月亮图像

如果夜空没有月亮，该是多么寂寥啊！但是，地球能以直径约为自身四分之一的月球作为唯一的天然卫星，本身就是一个奇迹。更遑论月球与太阳的大小比率与距离的比率相近，使得它的视大小与太阳几乎相同，让"日月交食"这一极罕见的天文奇观得以呈现。迄今为止，月球的起源仍是一个谜，科学家提出的四种学说：捕获理论、共增生理论、分裂理论和大碰撞假说，均无法完美解释如月地质量比远大于太阳系其他行星的卫星，地月系统氧同位素组成一致，月球早期的岩浆洋事件等现象。[1] 同时，月球又拥有丰富的资源，是"太阳系中价值最高的资产"，月壤中海量的3He、月岩中广泛的钛铁、铀、稀土、磷、钾等资源，以及月球作为地外空间探索计划的中转补给地位，都使其成为人类未来能源战略选择和争夺的主要对象。[2] 过去、现在和未来，月球均持续对地球上的生态、人文、宗教、科技等诸方面产生重大影响。

然而，相较繁盛而常见的史前太阳图像，确切而热忱的史前星象图像研究，史前月亮图像的发现和研究就像始终蒙着一层迷雾，彰而难显。为什么这样说呢？一是考古发掘简报中的史前类月图像虽然不少，但能确为月亮图像的极少；二是"月中有蟾蜍"的史载传说和实物图像多见于西汉以降，以蛙纹为远古月神崇拜图像的研究多以民俗学材料佐证，尚嫌力度不够；三是学界又完全确信对月球的观测是史前"仰观天象"的重要内容，这仅从中国古代天文学二十八宿体系中的 28 组星官，约

---

[1] 许英奎,朱丹,王世杰,等.月球起源研究进展[J].矿物岩石地球化学通报,2012,31（05）:516–521.

[2] 赵艳芳.月球潜在资源利用对中国能源安全的战略意义[J].资源开发与市场,2010,26（12）:1130–1133.

合于一个恒星月与一个朔望月之间的天数[1],便可见一斑。月面周期性的"阴晴圆缺"变化,既是古代历法制定的重要依据,又给予了无数哲人诗家创想的灵感,却也给我们追寻史前月亮图像的过程造成了阻碍。

一、满月和太阳

满月又称望月,是月和太阳的黄经差达到 180 度时的月相。此时,日、月分别位于地球的两侧,《说文解字》载:"日食则朔,月食则望。"月食只在望月时发生。周代典籍和金文(商周青铜器铭文)中常见"初吉、既生霸、既望、既死霸"四种名称,便是以月相变化来代表每月的不同时段。[2] 既望,就是望月时段。在阴阳历中,每月的十五日前后必有望月。此时月相盈满,在日落时升起,午夜时南中,次日日出时沉没。因月光柔和,可清晰观测月躔所在星官,古人亦借助二十八宿体系中的相对成偶关系,通过观察望月所在之宿来判断日躔之所在,如望月在角宿则日躔奎宿。同时,也就能通过太阳所在宿位来判断季节或者月份了。这些对日、月、地三者运转规律的认知和总结,是二十八宿体系形成的基础。有学者使用天文计算的方法,以二十八宿与天赤道符合的程度、月行宿度和对偶情况,确定二十八宿体系的形成年代为公元前 5670 年前后。[3]

满月是每月发生一次的月相,也是古代天文学很重视的观象时点。那么史前时代的中国先民,会如何记录、表现满月呢?从视觉感受上,满月和太阳都是圆形的发光体,那在图形上如何与太阳图像区分呢?这个问题,我们在史前岩画一章中也曾提到过。李洪甫、盖山林两位先生都认为岩画中一些没有配置光芒线形的"☉""◎""◉"等图形是月亮图像。可是,如果我们仅以是否配绘芒线来区分日月图像,太阳图像不仅会数量剧减,而且与"☉""⊕""⊗"等确为太阳图符而又没有芒线的图像含义相悖。王宪昭记述了包括独龙族在内的 14 个民族有"太阳变月亮"的神话文本。[4] 而神话更多是一种原始思维的折射,

---

[1]　"朔望月"是月球绕地球公转相对于太阳的平均周期,为月相盈亏的平均周期。月亮与某一恒星两次同时中天的时间间隔叫作"恒星月",恒星月是月亮绕地球运动的真正周期。一个朔望月平均有 29.530589 天,而一个恒星月有 27.322 天。

[2]　陈遵妫. 中国天文学史(第一册)[M]. 上海:上海人民出版社,1980:211.

[3]　赵永恒,李勇. 二十八宿的形成与演变 [J]. 中国科技史杂志,2009,30(01):110-119.

[4]　王宪昭. 中国神话母题 W 编目 [M]. 北京:中国社会科学出版社,2013:330-331.

是先民体认释读世界最初的孑留。有学者认为，世界范围内普遍存在的眼睛化生为日月神话，是"古人将日月视为天的眼睛，把日月都叫作'眼'"，因此"便产生了神死后眼睛变化为日月的神话"[1]。月亮是太阳转变来的，月亮和太阳都是"天眼"，这或许正是初民对日月的早期认知。这种认知反映到史前艺术图像中，就造成了满月和太阳图像的混淆难识。这里，我们举一个被众多学者确为太阳图像，又存在一定悖论的例子——郑州大河村遗址的"十二太阳纹"彩陶。

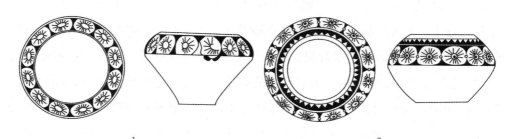

1. 大河村遗址甲种太阳纹彩陶钵复原图；2. 大河村遗址丙种太阳纹彩陶钵复原图

图 2-17　郑州大河村遗址彩陶图像

（注：本图像由刘胜蓝摹绘）

郑州大河村遗址出土的太阳纹彩陶片，计有 12 片，均属大河村第三期遗物。发布者按图案特点将其分为甲乙丙三种，并依"口沿的弧度和每个太阳纹的夹角（30°）"，复原出甲、丙两种太阳纹彩陶钵各一（见图 2-17），并称两件彩陶钵上的太阳纹都是 12 个，"看来不是偶然的巧合，可能反映出对一定的天象观察，如表示一年有 12 个月"。[2] 众所周知，中国古代只有"十日"之说（以甲至癸十天干表日名），却没有"十二日"的说法。如果图像表现的是一年有十二个月，那么，彩陶钵上的图像是不是应该释读为月亮纹呢？确切地说，这器上一周 12 个的纹样，应该是"满月纹"。只不过，因为芒线的存在，学者们在主观上就只愿意将它看作太阳罢了。武家璧也发现了"十二日"的不妥，在新近发布的文章中，将这"十二个太阳纹"的图像，解读为黄道"十二次"，且"是'次度六物'中的'日'次"。[3] 然而，距今 5000 多年前的大河村先民，

---

[1]　吴晓东.布洛陀神话范畴与日月神话比较 [J].百色学院学报,2021,34（02）:58-65.

[2]　郑州市博物馆发掘组.谈郑州大河村遗址出土的彩陶上的天文图像 [J].中原文物,1978,（01）:44-47+57.

[3]　武家璧.大河村彩陶"十二太阳纹"研究 [J].中原文物,2020（05）:94-101.

确知一年有十二月当是无疑，但其时有否黄道"十二次"的概念就不好说了。综上所述，我们认为，史前先民或许并未刻意区分满月与太阳的艺术图像，这也是我们难以辨识史前月亮图像的原因之一。

二、月牙与獠牙

月牙，是新月[1]前后的月相。此时的月相，呈现为弯形，有些像一道弯眉，故又名蛾眉月。[2]月牙形，是月亮图像中一种较为典型的形态，辨识性很强，殷商甲骨文中的"月"字便多见月牙形，如"☽"（《合集》19785）、"☾"（《合集》20613）。在一些考古发掘报告中，发布者也有将月牙形称作新月形、弯月形的情况。然而，史前考古所见并可确的月牙形月亮图像仍不多见。

（一）史前考古所见的月牙形月亮图像

河南汝州洪山庙遗址，于1989年发现一座仰韶文化时期的大型瓮棺合葬墓，出土瓮棺136座，其葬具主要是陶制的缸、罐等器物。而就在洪山庙7号和91号瓮棺陶缸的腹部，绘有典型的月牙形月亮图像。标本W7：1（见图2-18-1），平底斜腹泥质红陶缸，腹部施红衣并以带状白彩填绘，中部留一圆圈和一月牙形图案。[3]标本W91：1（见图2-18-2），小平底斜直腹泥质红陶缸，通体抹光，中腹部两侧对称绘月亮和太阳图像。月亮图形为月牙形，镶黑边填白彩，外侧黑线略粗，图像残长24厘米；太阳图形以白彩为地，中间以鲜艳的红彩填绘，直径约12厘米；距红彩外侧4厘米的地方，又以黑彩绕太阳绘一圆圈。发布者称之为"日月同辉图"。[4]从陶缸W91：1上的日月图像的对应式布局来看，其时的洪山庙先民或已产生阴阳（日月）二元对立的哲思。也有学者认为，W91：1上的图像是"满月纹与新月纹"，"这种将满月和新月纹同时绘制于一件器物上的做法，是一幅反映史前时期人类观察天体活动的现实主义作品"[5]。

[1] 新月：一种月相。当月球的黄经与太阳相同时，其正面刚好全部背着太阳，因此从地球上看来，月球全部是黑暗的而不可见，这时的月球即为"新月"。新月也即"朔"，发生在农历的每月初一日。
[2] 南京大学《天文学词典》编写组.天文学词典[M].北京：科学出版社,1989:88.
[3] 河南省文物考古研究所.汝州洪山庙[M].郑州：中州古籍出版社,1995:51.
[4] 河南省文物考古研究所.汝州洪山庙[M].郑州：中州古籍出版社,1995:50-51.
[5] 施韵琦.中国史前时期观天经验分析[J].科教文汇（下旬刊）,2016（03）:144-145.

但 W91：1 上的圆形图像施以鲜艳的红彩，并绘在月亮图像的对侧，当是太阳图像无疑。

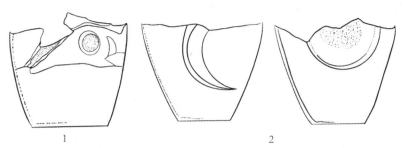

1. 汝州洪山庙遗址陶缸 W7：1；2. 汝州洪山庙遗址陶缸 W91：1

图 2-18　汝州洪山庙遗址陶罐图像

（注：本图像由杨姣摹绘）

仰韶文化彩陶上有一种常见的图形单元，其图像以 2 个月牙形相对环抱，中间实以 1 圆点（见图 2-19-1）。严文明先生认为这是"回旋钩连纹"中"一对互相勾连的挂钩"的单元；[1] 在郑州大河村遗址发掘简报中，发布者称其为"月亮纹"；[2] 张朋川先生称其为"钩羽圆点纹"，认为这是由鸟纹翅羽简化而来；[3] 王仁湘先生另辟蹊径，以阴纹模式解读之，认为这是一种广泛存在于我国新石器时代的双旋纹图案，"可能隐含着中国新石器文化一个共有的认知体系，我们暂时可以将它假设或猜想为原始宇宙观体系"。[4] 此外，亦有称其作勾叶、花瓣、云纹、圆曲线的，还有一些学者则认为这是器身整体鱼纹或者鸟纹的局部，众说纷纭，莫衷一是。尽管对这一纹样的定名和解读，目前仍存在较大的分歧，但大家对其图形形态似"二月拱日"[5] 的认识却是确定的。我们始终认为，史前彩陶上的艺术图像，绝不是陶工的游戏之作，其图像符号的能指和所指，即使不会完全固化，但也至少在较长历史时期内相对明晰、稳定。更遑论中国史前彩陶上的这一图形单元，衍化、传播了如此之广阔的时空范围。仅目前我们所观察到的，曾出土这一图形单体形态的史前文化遗址就有河南庙底沟、大河村、

[1]　严文明. 论庙底沟仰韶文化的分期 [J]. 考古学报,1965（02）:49-78+184-187.

[2]　郑州市博物馆. 郑州大河村遗址发掘报告 [J]. 考古学报,1979（03）:301-375+403-416.

[3]　张朋川. 中国彩陶图谱 [M]. 北京：文物出版社,1990:157-161.

[4]　王仁湘. 关于史前中国一个认知体系的猜想——彩陶解读之一 [J]. 华夏考古,1999（04）:32-57.

[5]　栾丰实. 海岱地区考古研究 [M]. 济南：山东大学出版社,1997:159.

后庄王遗址，甘肃王庄王嘴遗址，山西芮城、洪洞、固镇遗址，陕西蝎子岭、泉护村遗址等。而其衍化的复式旋纹图像，还在大汶口文化、红山文化、海生不浪文化、大溪文化、屈家岭文化、石家河文化等多地的史前彩陶上得见。作为影响范围如此之广，流传时间约达2000多年的一种彩陶纹饰，我们确信如王仁湘先生所言，很可能有一个史前共有的认知体系在其传播过程中产生了非常重要的作用。同时我们也认为，作为该纹样图形主体的月牙形图像部分，是很难否定其受到过天空高悬的弯月的启发和影响。而且，概以人类早期的物象关联和前关联原则，月牙状月相发生在月亮的衰亡与新生之时（朔月时月亮处于太阳与地球之间而不可见，古人便以为前一个月的月亮死去了），其循环复生的意象十分明晰，将其作为陪葬陶器上的纹饰是十分贴切的。况且，月牙作为天空中独特而又醒目的常见天象，给予了人们异常深刻的印象，也成为最便于理解的类比物。这也是为什么相当多的考古发掘报告在表述类似图像形态的时候，常用"月牙形""弯月形""新月形"等词语来描述了。

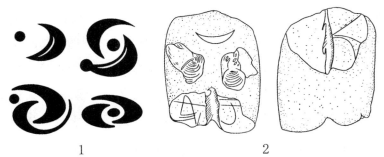

1. 仰韶文化彩陶图像；2. 高庙遗址石质人头像 T1114 ⑨：16

图 2-19　仰韶文化彩陶、高庙石质人头像

（注：本图像由杨姣摹绘）

湖南洪江高庙遗址出土有1件石质人头像 T1114 ⑨：16，由截面呈椭圆形等浅黄色砂岩制成。这件头像眼部深凿，额头上刻有一新月形符号（见图2-19-2）[1]。关于这件石质人头像，过去有学者从文字学的角度关注了其下颌处的刻画符号，认为这很可能是初步定型的早期文字，新月符号亦释为月字。[2] 回想历史中额头上有月牙形印记的人物，大概我们都会第一时间联想到眉宇印

[1]　贺刚，向开旺.湖南黔阳高庙遗址发掘简报 [J]. 文物,2000（04）:4-23.

[2]　古魃.黔阳高庙文化遗址——高庙文化探秘 [J]. 建筑与文化,2013（02）:112-115.

月的"包青天"——包拯。诚然，包拯额头上的月牙，只是民间艺人和文人经过夸张、想象加工而来的。据学者考证，明代戏曲中的包公脸谱形象并无月牙，清初时方有一太极图，至清末才改为"明镜高悬的月牙图"，以月亮"鸟瞰古今，鉴照善恶，给人们带来了光明，点燃了希望"寄寓"包青天"这样的清官、好官。[1] 高庙文化的这件石质人头像，是否也寄予了先民类似的诉求呢？答案显然是否定的，但是我们认为这件额头刻有月牙的人像与高庙文化中的獠牙兽面图像或许有着不为人知的联系。

（二）月牙形月亮与史前獠牙图像

高庙文化遗存上的獠牙兽面图像，通常被学界视作良渚文化"神人兽面"及后世"玉神面"的祖型或初始形态。口角两边上下各有獠牙一对，是这一类兽面或神人面口部显著的特征。典型的高庙文化獠牙兽面图像，出现于高庙文化早期后段，图像特别强调了其扁长方形的兽嘴，以及嘴两侧凸起的 4 支硕大獠牙。个别兽面还戳印有 2 个小圆孔（鼻孔），多数兽面口中还吐出一条倒三角形的舌头。此期的獠牙兽面，有时会在两侧配置羽翅，有时则会被承载在神鸟的双翼之上。贺刚认为，獠牙兽面"这种似兽非兽、似鸟非鸟的动物，应是被高庙文化先民神化了的复合动物图像，是人们蓄意将鸟的翅膀描绘在兽的身上，赋予它能翔飞九天的神力，从而将它作为神灵来顶礼膜拜"[2]。值得注意的是，高庙文化遗址出土的史前艺术图像中，被神鸟双翼所承载的图像，有且仅有太阳纹、八角星纹和獠牙兽面纹三种。并且，神鸟双翼上的獠牙兽面图像，通常会省略其他的特征而保留那硕大的獠牙。这表明，獠牙是獠牙兽面图像的关键性特征。我们已然清楚，太阳纹是对太阳的具象表达，八角星纹则体现了先民利用太阳测定方位的智慧，两者一体一用都与天上的太阳有关。在高庙文化艺术图像中，獠牙兽面或配置双翼，或被承载于神鸟双翼，这似乎都表明了其原型或其意指的对象是处于天上的。天上的獠牙会是什么呢？

湖南考古研究所的贺刚先生，多次参与并主持数处重要的高庙文化遗址发

[1] 王顺中,陈大中.包拯形象脸谱化成因分析[J].无锡商业职业技术学院学报,2013,13（01）:105–108.
[2] 贺刚.湘西史前遗存与中国古史传说[M].长沙：岳麓书院,2013:259.

掘工作。他在深入比较良渚文化玉器上的兽面后，将獠牙兽面图像释读为龙，其立论依据一方面来自学界对良渚兽面的释读，另一方面则强调了龙（兽面纹）与凤鸟的配伍关系及其在中国文化中的承脉源流。[1] 李新伟先生则将獠牙兽面图像释读为天极之神，他说"高庙陶器刻画图像表明，在当时的原始宇宙观和相关神话中，天极由天极之神控制，其动物形象为獠牙神兽，神鸟和神兽伴出，表明此天极之神要得到神鸟的协助，才能发挥其能力"。[2] 近年，王仁湘先生又将獠牙兽面图像释读为太阳，他认为高庙先民是出于对太阳光线的联想，将日光提炼为獠牙之形，表示炫目的阳光或者热辣的温度。[3] 龙、北极神兽、太阳，固然都与天体星象有关，可以部分回答獠牙兽面图像缘何在天的疑惑。但是，这三者与高庙文化獠牙兽面图像间，却缺失了最为直接的视觉上的联系。这既不符合史前艺术思维的关联原则，也令我们难以满足这样的答案，更遑论从图像上清晰地认读。

通常来讲，动物外露出口部的犬牙才被称作獠牙，而一些猫科动物比如虎，虽有巨大的犬牙却不外露，也不被认为是有獠牙的动物（剑齿虎有獠牙，但在100万年前就已灭绝）。诚然，不论是对獠牙的定义，还是对獠牙兽面的定名，都只是现代人的认知。而高庙遗址里与遗物同出的动物骸骨使我们确知，彼时在高庙先民驻地附近，存在着丰富的水生和陆生动物资源。特别是2004年和2005年相继进行的考古发掘，披露了高庙遗址的废弃堆积中不仅富含大量螺、贝壳，并伴出龟、鳖、各种鱼类等水生动物遗骸以及猪、牛、羊、鹿、麋、熊、象、獾、猴、犀牛、貘等陆生动物骨骼，种类达数十种。而对其中部分猪的颌骨进行的鉴定表明，高庙先民已经在驯养家猪。[4]《辞海》"獠牙"词条释文为："雄性麝、獐、野猪等由犬齿发达形成的凸出口外的长牙。麝、獐仅上颌有一对獠牙，向下微弯。野猪上下颌均有獠牙，下颌的较发达，上颌的向外弯曲而向上翘，下颌的略向后弯。有掘土和觅食的作用，又为防御与攻击的利器。"而且，高庙遗址亦曾

[1]　贺刚. 湘西史前遗存与中国古史传说 [M]. 长沙：岳麓书院,2013:254-279.
[2]　李新伟. 良渚文化"神人兽面"图像的内涵及演变 [J]. 文物,2021（06）:51-61.
[3]　王仁湘. 飞翔的獠牙：面目狞厉的光明使者 [J]. 南方文物,2021（03）:230-234.
[4]　湖南省文物考古研究所. 湖南洪江市高庙新石器时代遗址 [J]. 考古,2006（07）:9-15+99-100.

发掘出野猪獠牙和象牙制作的装饰品。将野猪驯化为家猪，是史前先民迈入定居生活的标志。家猪在人类文明进程中曾具有特殊的意义，甲骨文中的 "家" 字，其字形便是房屋里有一只猪。那么，高庙文化中的獠牙兽面图像上的獠牙，其原型会是野猪獠牙吗？

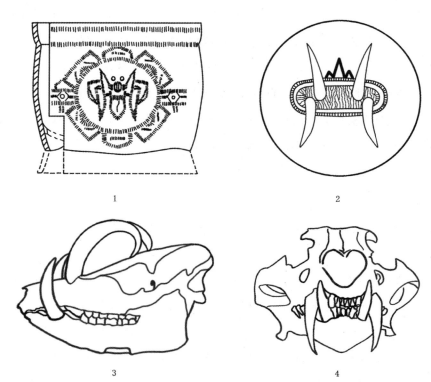

1. 高庙文化白陶罐 05T15-02 ②：2；2. 高庙文化陶簋 05T12-02 ⑲：42 外底；

3. 野猪头骨；4. 老虎头骨

图 2-20　高庙文化獠牙兽面、高庙石质人头像

（注：本图像由乔星星摹绘）

为此，我们查阅了相关的生物学资料。然而资料表明，野猪上颌处的獠牙会随着年龄的增长而逐渐向上弯曲生长，其成年后的牙序与獠牙兽面图像上的牙齿排列形态差异很大。不过，我们检索到东北虎的头骨图像，其牙齿咬合排列的形态倒是与獠牙兽面图像比较接近（见图 2-20）。值得一提的是，同属高庙文化遗存的湖南辰溪县松溪口贝丘遗址，曾在 T3 第 9 层发现一幅由 339 个蚌壳组成的虎形蚌壳拼图。这是一只头西尾东的猛虎，虎吻前还摆放有牛角和部

分头骨，发布者认为这是先民"为祈求猎获丰收而举行的宗教祭祀活动的遗迹"。[1]那么，獠牙兽面图像的原型会是虎吗？我们再次检视虎的头骨和牙齿形态，其上颌的犬牙靠外侧，下颌的犬牙在内侧，与獠牙兽面图像基本一致。不过，为了更好地咬合、钩住猎物，老虎的牙尖都是微向口内收回，并不似獠牙兽面图像中牙尖向外弯曲的形态。我们假定，这种獠牙形态上的区别，是先民在对獠牙兽面图像的原型动物形象进行艺术加工后的结果。猪是高庙先民驯养的家畜，是家园和财富的象征；虎是野外狩猎生活的重大威胁，曾出现在高庙先民的祭祀活动遗迹中。以此看，猪和虎都可暂时纳入獠牙兽面图像的原型动物考察范围。可是，它们又何以出现在神鸟双翼之上，与太阳并行天空呢？

在中国古代天文学中，猪和虎的形象确实都存在着一定的天文学内涵。前文曾述，四象中的西官白虎便是猛虎的形象，西方七宿包括：奎、娄、胃、昴、毕、参、觜。而冯时先生从《明皇杂录·补遗》记载的唐代天文学家一行法师藏猪的故事，以及史籍中一些零星的记载，揭示了以猪为北斗象征的古老天文学传统。凌家滩玉鹰双翼端部的猪首，以及红山文化玉器中的"玉猪龙"，都为猪在中国史前文化中的特殊性添加了注脚。然而，四象中的西官白虎形象单独出现，且仅以吻部出现，其天文学内涵难免大打折扣。我们假设高庙先民亦以猪为北斗星的象征，并如李新伟先生所言，视其为北极神兽，然而野猪吻部的獠牙却实在是与獠牙兽面的图像差距过大。天空上有没有非常直观且形象的獠牙呢？其实是有的，那就是月牙。

月牙不是牙，月牙又称"月芽儿"，但是从视觉形态上来看，月牙与獠牙已然具备了相当好的思维关联基础。"月牙"一词的来历已不可考，语见宋人张澄《和林秋日感怀寄张丈御史》，诗云："别家六见月牙新，万里风霜老病身。"月牙之说应属民间口语，却也体现着远古艺术思维的孑遗。月牙与太阳的关系密切，它不仅是月球反射太阳光线这一天文现象的视觉显化，这一月相出现时在天球视位置上也与太阳十分接近（月地连线与日地连线成45°以内）。高庙神鸟双翼上为何仅承载太阳纹、八角星纹和獠牙兽面纹？盖因这三者均与太阳

---

[1]　吴顺东,贺刚.湖南辰溪县松溪口贝丘遗址发掘简报 [J]. 文物,2001（06）:4-16+1.

有关，而高庙文化所反映的史前崇拜仍是以太阳为主要祭祀对象的。所以我们认为，月牙才是天之獠牙，或谓之太阳獠牙。

刘道军通过对金沙遗址和三星堆遗址出土象牙的堆积情况（象牙与金器、玉器、铜器等祭祀用品被有规律地平行放置、分层堆积），以及对三星堆遗址出土的"边璋"（以牙璋祭山川）和金沙出土的"太阳神鸟"（12 道象牙状弧形芒纹）、"青铜立人像"（13 道象牙形旋转状冠饰）等文物的分析，揭示了金沙遗址文化中独特的象牙崇拜现象。刘道军认为，古蜀人把象牙和月亮联系在一块，是因为它们在外观、形状、颜色、质地上都很相似，再加上古代蜀地的象牙资源充足，古蜀人便以象牙祭祀月亮[1]。金沙遗址"太阳神鸟"金箔上的 12 道象牙形旋涡状光芒，与前文所提大河村 12 个"太阳"（满月图像）彩陶钵图像，在传递 1 年有 12 个月这一天文历学内涵上，异曲而同工。

至此，我们再反观高庙文化早期后段的典型獠牙兽面图像，以及被神鸟双翼所承载的简化獠牙兽面图像，就不难发现：兽口两侧的上下颌獠牙，牙尖均有向外的微弧（这一现象不见于任何已知兽类的獠牙），若将每一侧的两只獠牙根部对接，即呈现为完整的月牙形态。兽口左侧为蛾眉月（俗称新月）时的月牙，右侧为残月时的月牙，结合天球视位置上的日月运行规律，太阳应正好位于兽口中央。这就表明，高庙文化中的獠牙兽面图像，很可能隐含着高庙人对晦、朔月相的深层次认知。若如此，则高庙很可能已经通过观察残月、晦月、朔月、新月这一时序上的不同月相，了解到月相变化与日月视位置间的对应关系，并且似乎洞悉了"月光生于日之所照"（《周髀算经》）这一天文知识，所以高庙文化格外凸显出对太阳的崇拜。若先民习以獠牙比月牙，那么史前遗物中大量存在各类月牙状獠牙制品、饰品，广见獠牙兽面图像，以及相比太阳图像数量显得太过于稀少的月亮图像等这些现象也都可以得到一个合理的解释了。

三、蛙纹、女娲和月亮

严文明先生认为，"从半坡期、庙底沟期到马家窑期的鸟纹和蛙纹，以及从半山期、马厂期到齐家文化与四坝文化的拟蛙纹，半山期和马厂期的拟日纹，

[1] 刘道军.先秦时期蜀人为何崇拜象牙[J].中华文化论坛,2007（01）:12-14.

可能都是太阳神和月亮神的崇拜在彩陶花纹上的体现。这一对彩陶纹饰的母题之所以能够延续如此之久，本身就说明它不是偶然的现象，而是与一个民族的信仰和传统观念相联系的"[1]。严先生这一精妙的论述，自发布以来便对学界释读史前艺术图像内涵的进程产生了持续而深远的影响。前文中，我们曾就马家窑文化彩陶盆中的蝌蚪纹展开讨论，认为盆中图像及其倒扣的使用情景与先民想象中的天盖模型有莫大的关联。那么，作为蝌蚪纹的前导纹样，蛙纹是如何出现，其图像具有哪些内涵？又是如何被古人将其与月亮联系起来的呢？

（一）蛙与蟾蜍

蛙和蟾蜍，都属脊索动物门、两栖纲、无尾目。无尾目是动物从水到陆进化过程中较成功到一支，其种类约为两栖纲物种总数的88%。又因其生活史（卵、蝌蚪和成体三个不同的阶段）对水陆两种环境的适应优势，无尾目成功地分布到除南极洲之外的所有大陆。[2]无尾目（Anura），该名称起源于古希腊语言anoura，其中"an"表示没有或无，"oura"表示尾巴，指的是一类身体矮胖，没有尾巴的两栖动物。通常指的是蛙和蟾蜍两类动物，其中蛙类一般身体纤细、灵活，皮肤湿润、光滑，通常生活在水边，善于跳跃和游泳，而蟾蜍相对臃肿，行动缓慢，皮肤表面粗糙，布满疣粒，一般生活在陆地。这两类动物在分类学上并没有严格的界限，有时一个科同时包含这两类动物。[3]而传统上无尾目被分为两个大类：古蛙类（Archaeobatrachia）和新蛙类（Neobatrachia）。[4]在生物学表述中，无尾目动物常被统称作蛙类。可见，将蟾蜍图像亦称为蛙纹并无不妥。

已知最早的史前蛙类艺术图像，发现于距今约7600年前的辽宁阜新查海遗址。图像被雕饰在1件AI式斜腹陶罐F39：39下部的两侧，一侧为单体蟾蜍浮雕，另一侧为蛇衔蟾蜍浮雕。其中单体蟾蜍体长9.5厘米、宽5.5厘米；陶罐口径34厘米、底径15.5厘米，高35.6厘米。[5]这两只蟾蜍造型相似，塑制手法写

---

[1]　严文明.甘肃彩陶的源流 [J].文物,1978（10）:62—76.

[2]　李成,江建平.无尾两栖类在不同生活史阶段的栖息环境 [J].四川动物,2016,35（06）:950—955.

[3]　封彦杰.现生无尾目两栖动物的分子系统发育与生物地理学研究 [D].中山大学,2017:1.

[4]　江建平.中国蛙科系统学研究 [D].南京师范大学,1999:7.

[5]　辽宁省文物考古研究所.查海：新石器时代聚落遗址发掘报告（上册）[M].北京：文物出版社,2012:330.

实，均为肚腹膨鼓、四肢张开做扑跃状；背部还以压印窝点纹满饰，似极了蟾蜍身上的皮脂腺（疙瘩状疣粒，是蟾蜍得名癞蛤蟆的主因），形象栩栩如生。年代稍晚近些的史前蛙类图像，出现于仰韶文化和马家窑文化的彩陶上。距今约6500年前的陕西临潼姜寨遗址，出土有1件仰韶文化半坡类型的泥质黑彩红陶盆。盆内画有对称的鱼、蛙纹，笔法简练，气韵生动。[1] 这件彩陶盆内对绘的2只蛙，四肢张开，身体浑圆，背部饰有许多黑色小圆点，这倒与查海陶罐上蟾蜍背部的窝点纹似有异曲同工之妙。同时，我们发现这种以数量不等的小圆点装饰蛙类身体的方式，在仰韶文化庙底沟类型的彩陶上并不鲜见。至仰韶文化晚期，甘肃秦安大地湾遗址第4期出土的1件蛙纹彩陶壶F820：15，其上蛙类图像依然身体浑圆，背部的小圆点却化为了网格纹（见图2-21）。而马家窑文化彩陶上的写实蛙类图像，几乎都是用网格纹装饰蛙体。

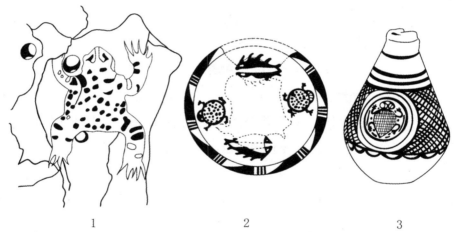

1. 查海蛇衔蟾蜍陶罐；2. 姜寨鱼蛙纹彩陶盆；3. 大地湾蛙纹彩陶壶F820：15

图2-21　史前蛙类图像

（注：本图像由雷思琪摹绘）

有学者认为，新石器时代蛙、蟾崇拜是不分的，查海遗址陶罐上的浮雕题材是蟾蜍、蛇衔蛙，马家窑文化彩陶上的蛙纹其实也包含蟾纹。[2] 这个说法是有一定道理的。蛙和蟾蜍，在生活史的分阶上是一致的，在繁殖方式、日常食性

---

[1]　西安半坡博物馆,临潼县文化馆.1972年春临潼姜寨遗址发掘简报 [J].考古,1973（03）:134–145+197–200.

[2]　刘范弟,何惠.蛙（蟾蜍）与女娲 [J].湖南城市学院学报,2010,31（02）:33–37.

上也是趋同的。二者在形态上的最大区别，一是蟾蜍多被有发达的皮脂腺，会分泌一种白色液体，人工收集干燥后即为蟾酥，能解毒止痛、开窍醒神，可用于痈疽疔疮、咽喉肿痛、中暑吐泻、腹痛神昏、手术麻醉等，具有很高的药用价值；[1] 二是蟾蜍身体显得更为浑圆臃肿，不善跳跃。而蟾蜍的这两大特性，或许也令先民视其为蛙中更为神异者，更为稳健雄壮者，从而引发更多的关注。所以早期的史前蛙类艺术图像，多肚腹浑圆且格外注重对蛙背疣粒（小圆点）的表现。

（二）蛙与女娲

蛙类之所以能在史前艺术题材中占据一席之地，与它们超强的繁殖能力有很大的关系。蛙类的天敌众多，尤其在卵期、蝌蚪期时缺乏防御能力，成蛙率相当低。为了生存繁衍的需要，蛙类因此选择以巨大的后代数量来适应。如黑眶蟾蜍曾被观测到一次产卵量高达9954枚。[2] 蛙类的繁殖期一般集中在每年4月到8月，绝大多数蛙都产卵在水内。借助卵外胶膜的黏性，蛙卵在水面彼此粘连成片、成串，甚或成堆块状。而我国最主要的两大蟾蜍品种，中华大蟾蜍和黑眶蟾蜍的卵群形态则有些特殊。它们的卵，是单行或双行排列在长管状的胶囊内，产卵时，雄蛙用右肢把雌蛙产出的卵带往后踢开，雌蛙则边产卵边爬行，从而形成一条很长的卵带。[3] 这些盘桓缠绕在水草间的卵带，往往在民间被误以为是蛙类的肠子，于是就认为虾蟆（蛙类俗称）无肠。如《酉阳杂俎》云："虾蟆无肠。"[4]

值得注意的是，《山海经·大荒西经》中有一条记述，云："有神十人，名曰女娲之肠，化为神，处栗广之野，横道而处。"何谓"女娲之肠"？郭璞注曰："或作女娲之腹。"又云："女娲，古神女而帝者，人面蛇身，一日七十化，其腹化为此神。"他这是将肠释作腹。肠在腹部，人怀孕后也显化在腹部，腹

---

[1]　余椿生.蟾酥 [J].食品与药品,2008（01）:73-75.

[2]　蔡明章.三十二种福建无尾两栖类繁殖习性的观察 [J].福建师范大学学报（自然科学版）,1979（01）:71-79.

[3]　丁建发.试论蛙类生活习性的多样性 [J].宁德师专学报（自然科学版）,2004（04）:361-363.

[4]　（唐）段成式.酉阳杂俎 [M].济南：齐鲁书社,2007:107.

部包含着生殖器官，女娲腹部毓化出神灵似乎是顺理成章的。那么，经文中的 "肠"字是笔误吗？经文又为何不直称"女娲之腹"呢？袁珂先生校注云："女娲功烈，非仅造人，又兼补天……宜此经记女娲之肠化为十神而处栗广之野，盖犹盘古垂死化身而为四极五岳、日月星辰也。"[1] 这是认为女娲身为与盘古比肩之开天辟地的大神，死亡后身体化育神灵是隐喻其功德无量。歧从文、刘敦愿先生先后以贵州台江苗绣中刻意表现动物肠道的现象，结合"女娲之肠"神话，陈述了肠道在古人意识中的神圣性。[2] 王增勇先生则认为"女娲之肠"的肠，既是消化系统的肠，也是生殖系统的肠，肠有时是生殖器官的隐语。[3] 如北方民间称母猪的卵巢和输卵管为"花肠"，把阉猪叫作"掏花肠"。再如民间俗语"肠里出来肠里热"，意指孩子从娘亲肚里生出来，亲娘自然是非常关切疼爱的。王贵生先生则从女娲与蛙崇拜的关系出发，认为"女娲之肠"化十神的神话，呈现的是"由卵生状态化生而成的蝌蚪再度变成被敬奉的神灵象征——成蛙（'化为神'）的景象"。[4] 这一解释，似乎更为贴近神话生发的原境。

学界现有的研究成果表明，世界各地有许多民族都流传着蛙类的神话传说，甚或奉蛙为神并顶礼膜拜亦不鲜见。如美洲印第安人就奉蛙神为主神，古埃及神话中的丰饶女神凯特（Heket）的形象为蛙或头上伏蛙的女性；蛙神是壮族崇奉的主要神灵之一，并保留着"蚂拐节"祭祀蚂拐（壮族人民对青蛙的称呼）的习俗；满族也有崇拜"蛙母"的习俗，普米族则称蛙为"蛙舅"（蛙的普米语为"波底阿扣"，"波底"是蛙的意思，"阿扣"是舅的意思）等。[5] 关于蛙崇拜现象的文化内涵，学者们也多有研究，主流观点集中于两种：一是图腾崇拜，郭沫若先生曾在《中国史稿》中指出，史前彩陶上的蛙图像可能是当时的氏族图腾；[6] 二是生殖崇拜，杨堃先生认为"图腾崇拜实际上乃是一种生殖崇拜，

[1] 袁珂，校注. 山海经校注 [M]. 成都：巴蜀书社,1993:445-446
[2] 刘敦愿. 神圣的肠道——从台江苗绣谈到大波那铜棺图像 [A]. 马昌仪，编. 中国神话学文论选萃（下编）[M]. 北京：中国广播电视出版社,1994:664-672.
[3] 王增勇. 何谓"女娲之肠"[J]. 民间文化,2001（01）:101-102+100.
[4] 王贵生. 从"圭"到"鼋"：女娲信仰与蛙崇拜关系新考 [J]. 中国文化研究,2007（02）:103-112.
[5] 何惠. 嫦娥形象的生成和演变 [D]. 长沙理工大学,2010:4.
[6] 郭沫若. 中国史稿（第一册）[M]. 北京：人民出版社,1976:41.

亦即对整个氏族生命力的歌颂与崇拜"[1]。可是，人为什么要崇信蛙？多数学者认为，人对蛙的生殖崇拜，与蛙类强大的生殖能力有关，可能也与蛙类的冬眠习性使先民误以为它们具有"死而复生"的能力有关。而蛙类与孕妇一样浑圆的腹部，也为崇信联想的建立提供了素材。同时，早期的农业生产十分依赖于自然环境，适时的雨水对农业丰产的作用巨大。而先民难以理解"青蛙呱呱叫，大雨就来到"这一自然现象，于是"青蛙便成了雨水的使者和化身"，而壮族民间所崇信的"蚂拐"更成为"神通广大、主宰天下雨水和人类生存权柄的雷神之女儿，呼唤雨水的使者，农业丰收的保护神"。[2]

蛙崇拜的进一步发展，又衍化出与人类女性生殖力相结合的意象。如卵生神话传说，有学者认为，黎族世代相传的始祖神话"雷公摄卵生'黎母'"，其"雷卵"的原型可能与"蛙卵"有关[3]。再如学者们对中华民族创世始祖"女娲"的溯源研究显示，"南方说"和"北方说"[4]两方均援引了"娲"与"蛙"的音义关联。近几十年来，学界已普遍关注到女娲神话与蛙崇拜之间的联系。如杨堃先生讲："我认为女娲氏的由来，原是一个通名而非专名，是指生育人类的原始祖母而言。其所以名之为娲者，是由于婴儿的叫声。而婴儿的叫声又和蛙的叫声相同，故认为蛙是和婴儿和全氏族同体，所以，这一氏族叫蛙氏族，蛙便是这一氏族的图腾。这位女氏族长便被后人尊称为女娲氏。"[5]赵国华先生在《生殖崇拜文化论》中，何星亮先生在《中国图腾文化》中，都赞成并阐发了女娲本是蛙的观点。叶舒宪先生还指出，婴儿的哭声与蛙鸣肖似，汉语中称小孩子为"娃"，"娃""蛙"同音，两者都是摹声词，依照音近义通的语用原则，蛙与娃、蛙与人也就自然联系起来了。[6]王贵生先生认为，浑朴时代女娲本无确切语词名称，进入文字时代后则以同音附会而命之以"女娲"，故"娲"与蛙、娃、哇、洼

[1]　杨堃.图腾主义新探——试论图腾是女性生殖器的象征[J].世界宗教研究,1988(03):1-13.

[2]　覃义生.广西东兰壮族蚂拐节的调查与研究[J].广西民族研究,1999(02):69-78.

[3]　祁庆富,马晓京.黎族织锦蛙纹纹样的人类学阐释[J].民族艺术,2005(01):67-81.

[4]　按："南方说"认为女娲信仰起源于南方的苗、瑶等少数民族或古代的巴蜀；"北方说"主张女娲信仰起源较早地出现于西北渭水流域一带。引自赵丽娜《西北地区女娲文化的流播关系研究》一文。

[5]　杨堃.女娲考——论中国古代的母性崇拜图腾[J].民间文学论坛,1986(6):4-14.

[6]　叶舒宪.千面女神——性别神话的象征史[M].上海：上海社会科学院出版社,2004:148.

等同音文字必然潜含同源关系；而 "圭" 是这些文字的共同发音，两蛙上下组合，形成交合之状，就是 "圭" 之原型；并举广西桂林人以圭虫为蛙的异名为例，《云仙杂记》云："桂林风俗，日日食蛙……名圭虫。" 圭虫，即蛙，亦即女娲。[1]总而言之，中华人文始祖女娲，与远古蛙崇拜间存在着密切而复杂的联系。

（三）蟾蜍与月亮

从文献记载来看，中国人至迟在战国时期就将蟾蜍和月亮联系起来了。屈原在《天问》中问道："夜光何德，死则又育？厥利维何，而顾菟在腹？" 闻一多先生认为 "顾菟" 即 "蟾蜍" 的古音读，后来 "蟾蜍变为蟾兔，于是一名析为二物，而两设蟾蜍与兔之说生焉"[2]。西汉哲学著作《淮南子·精神训》亦称："日中有三足乌，而月中有蟾蜍。" 东汉王充的《论衡·说日篇》则称："儒者曰：'日中有三足乌，月中有兔、蟾蜍。'" 而在出土文物资料里，我们所能看到的蛙类与月亮共生的早期实物图像，主要来自汉代帛画与画像砖。其中，创作于汉文帝年间的长沙马王堆一、三号汉墓帛画，绘制了已知最早的 "弯月、蟾蜍和玉兔" 共生的图像。

绘有月、蟾、兔图像的马王堆帛画有两幅，分别出自马王堆一、三号汉墓。其中一号墓的那幅 "覆盖在内棺上的彩绘帛画"，"画幅全长二百〇五厘米，上部宽九十二厘米，下部宽四七点七厘米，四角缀有飘带"[3]。月、蟾、兔绘制在帛画上部的左边，月是一弯银白的新月牙，上托着一只蹬腿上扑的蟾蜍；蟾蜍身躯丰硕，背部布满肉褶与疣粒，两团云气自蟾口向两边溢出；相对纤小的白兔，则在蟾蜍头顶处高高跃起。帛画上部右边则绘有一轮红日，内绘一只浑身乌黑、尖喙弯长的鸟，日轮外绕枝蔓并连着一株巨木，树干间又绘有八只小一些的红色圆盘，当是 "日中有三足乌" 和扶桑木神话的图写。日月图像，共同组成了帛画上部——天界的时空标志（见图 2-22）。此外，左侧新月之下，还绘有一位衣袂飘飘的女子，正侧着身子用双手努力托举着月亮。安志敏先生

[1] 王贵生. 从 "圭" 到 "黾"：女娲信仰与蛙崇拜关系新考 [J]. 中国文化研究,2007 (02) :103–112.

[2] 闻一多. 闻一多全集：第 2 册 [M]. 北京：三联书店,1982:330–331.

[3] 湖南省博物馆, 中国科学院考古研究所, 文物编辑委员会. 长沙马王堆一号汉墓发掘简报 [M]. 北京：文物出版社,1972:6.

和孙作云先生，都认为这位女子便是嫦娥，"象征嫦娥奔月的故事"[1]。孙先生还谈到，"汉代一般的画月法，多画一圆月，中间有一蟾蜍。此画月牙，可谓别开生面，前所未见"；王逸《楚辞章句》曾录述《天问》是屈原观看楚先王宗庙壁画后所写，故孙先生又云"按月中有蟾蜍及兔，在战国时代楚国庙堂中的壁画，已有之"。[2] 依此说来看，战国时期的楚国宫室既已图绘"月中有蟾蜍"，说明其时这一传说已流传甚广，且群众基础深厚，不然是不可能被堂而皇之地绘于庙堂之上的。然而，古人究竟是何时何地，又缘何将蟾蜍和月亮联系在一起的，确已杳不可考。

图 2-22　马王堆一号墓"T"形帛画上部图像
（注：本图像由张茜摹绘）

近代学者亦曾探究古人将蟾蜍与月亮关联起来的缘由，并提出了一些颇可能的推测。如冯天瑜先生认为，"原始人仰望月亮，发现里面有阴影（实为月中环形山脉造成），并根据阴影的形状，推测那是某种动物（如兔、蟾蜍）、

[1] 安志敏. 长沙新发现的西汉帛画试探 [J]. 考古,1973（01）:43-53.

[2] 孙作云. 长沙马王堆一号汉墓出土画幡考释 [J]. 考古,1973（01）:54-61+70-71.

植物（如桂树、阎浮树）。这种玄想，是初民思维的直观性特征造成的结果"[1]。《初学记》卷一引《淮南子》云："羿请不死之药于西王母，羿妻姮娥窃之奔月，托身于月，是为蟾蜍，而为月精。"[2] 记述了嫦娥奔月后，化为月精蟾蜍。据陈才训先生考证，战国初年的《归藏》一书记有最早的嫦娥奔月故事，在后来的故事版本中"嫦娥奔月的结果是由人变成了异物"，"化为丑陋的蟾蜍"，这既是"对一个负心人的惩罚"，又昭示了"母系社会这一妇女黄金时代的终结"。[3] 高磊博士梳理前人文献，归纳"月中有蟾蜍"的观念来源有三："一则源于对月之轮廓无光之处的直观认识"；"二则在于蟾蜍本身的寓意，如长生不死、阴阳和谐等与月的阴晴圆缺、'死则又育'等特性有相通之处"；"三则源于嫦娥奔月神话"。[4] 其说可从。

然而，尽管从出土实物资料中，我们可以确知史前蛙崇拜的存在，也确信"月中有蟾蜍"的观念普世传播于战国中后期至西汉初年，但从史前蛙崇拜到"月中有蟾蜍"观念形成之间仍存在巨大的缺环。迄今可见的史前出土文物中，也暂未得见蟾、月共生的图像。但西汉贵族不仅认同"月中有蟾蜍"这一观念，还普遍将之郑重地图绘、镌刻于亡者世界（墓室），成为一种特殊的葬俗。我们认为，图像在先秦社会的传播过程中，不该是无中生有、无迹可寻。任何一种观念和习俗的形成，都会有一个生发传播的过程。作为反映其时观念、习俗的可视化载体，图像也会呈现出相应的转圜演变谱系才对。基于这一认识，我们确信还有未知的线索隐藏在图像中，蟾、月间还存有更为隐秘的联系等待我们去发现。

[1]　冯天瑜. 上古神话纵横谈 [M]. 上海：上海文艺出版社,1983:159.

[2]　（唐）徐坚. 初学记 [M]. 北京：中华书局,1962:4.

[3]　陈才训. 嫦娥·蟾蜍·玉兔——月亮文化摭谈 [J]. 江淮论坛,2002（03）:106-108.

[4]　高磊. 唐诗中的日月神话论稿 [D]. 吉林大学,2020:160-163.

本章小结

史前人类社会大致经历了原始群、前氏族公社、氏族公社和早期国家等几个发展阶段。原始群、前氏族公社到氏族公社初期，相当于考古学上的旧石器时代；氏族制度由发展、繁荣到衰落、解体并向早期国家过渡，相当于新石器时代和铜、石并用时代。[1] 通过梳理史前文物图像，我们可以发现，"天体星象纹"几乎贯穿于整个史前人类社会的发展历程，其中尤以太阳图像最为突出。

我们看到，长江中上游地区的皂市下层文化、大溪文化、高庙文化、汤家岗文化、石家河文化均已发现载有太阳图符的遗物；太阳图像还见于长江下游地区的河姆渡、凌家滩、良渚等新石器时代文化；长江上游巴蜀地区，黄河流域甘青地区、海岱地区，辽河流域亦多有与太阳崇拜相关的遗物或遗迹。在史前中国，确如人类学家爱德华·伯内特·泰勒（Edward Burnett Tylor）所说："凡是太阳照耀到的地方，都有太阳崇拜的存在。"[2] 今天的中国人称自己是龙的传人，然而从史前考古所见，先民们或许更认同自身是"太阳之子"。

相较于繁盛的史前太阳图像，可确的史前星、月图像要少得多。然而，无论是古代文献记载，还是后人推测的史前天文观测方法，都表明先民观测天体时并未无视星、月经天运转的规律。最早言及天文历法的《尧典》，有尧命羲和"钦若昊天，历象日月星辰，敬授民时"的记述；《庄子·说剑》云："上法圆天以顺三光，下法方地以顺四时，中和民意以安四乡。"其中"三光"者，便是指日、月、星。而中国二十八宿星官体系，近年也多有研究者指出，其大

[1] 苏秉琦.关于重建中国史前史的思考 [J].考古,1991（12）:1109-1118.
[2] ［英］爱德华·伯内特·泰勒.原始文化 [M].连树声，译.桂林：广西师范大学出版社,2005.

致形成于夏代之前。前述《夏小正·五月》所载："初昏大火中。大火者，心也。心中，种黍、菽、糜时也。"此谓五月黄昏时，大火星位于南天正中，可视作夏至时节的天象，正是种植黍、菽、糜的时节。这应该便是庞朴先生所讲的"火历"时代的余绪。

那么，史前太阳图像彰显而星月图像隐伏的现象，又是什么原因造成的呢？对此，我们且做一些粗浅的推测：其一，作为与原始农业息息相关，亦为狩猎时代重要生存要素的太阳，确实是史前人类社会最为尊崇的自然天体。太阳也就理所当然地成为史前艺术最为核心的母题。其二，史前先民对日月星"三光"的艺术表现，并不似后人那样给予图形上的严谨区分。这一点，我们在史前月亮图像一节反复讨论过，满月图像与太阳图像也确实存在混淆互换的可能性。因不能将满月图像从太阳图像中分辨出来，自然就会有月亮图像极少的错觉。另外，我们甚至隐隐感觉，将军崖史前岩画中大小不一的"三个太阳"，会不会其实表现的是"三光"日、月、星呢？"三光"在图形上的表达，最直观简便的形式，难道不就是大小有别的发光的神圣圆吗？其三，在先民二元对立观形成的过程中，即日、月分属阴、阳并对应男、女的年代里，父权制强势崛起，女性地位一落千丈，很难排除曾出现大量篡改甚或销毁月亮（女神）图像的情况。这种由强势文化对弱势文化实施的物质层面摧毁，在人类的历史进程中可并不鲜见啊！

至此，史前出土文物上的"天体星象纹"，已大致呈现出其生发的概貌。自旧石器时代始，"天体星象纹"就出现在初民的随身饰品和墓葬中了。受工艺技术的影响，最初的"天体星象纹"图像呈现为较含混的状态。随着陶器的出现，以及加工工艺的进步，新石器时代的"天体星象纹"在图像制作、图形表意上的指向性要清晰了许多。同时，我们也看到新石器时代的"天体星象纹"很早就出现了符号化的趋势。这种符号化的图像，以"⊙"形和"⊕"形为基础形式，不断复现、组合，最终在马家窑文化彩陶上达到一种图式变化上的极致。"⊙"形图像最初来源于初民对太阳天体形态的直观印象，后来逐渐融入了初民对天体、天球运转的圆形轨迹的认识，并最终成为"天圆地方"这一早期宇宙观中"天圆"的象征。"⊕"形图像，则源自初民利用太阳光线辨方正位的活动，方位感的建立对初民的生存有重大意义，更遑论其启发了人思考个体在宇宙中的位置这一哲学思辨上的大意义。新石器时代的"天体星象纹"，在图形呈现上，还是具象与抽象并存的，对太阳、月亮的具象表达一直可见于各个考古学文化的史前遗物，而对星象的图化表达则很早就与现实中的物象结合，形成了中国特色的"四象""二十八宿"体系。在高庙文化和仰韶文化的陶器上，偶尔可见太阳图像的拟人化发展，但最终没有形成类似于古埃及、古希腊文化中那样明确的太阳（月亮）神祇，以及与之对应的名号、图像符号。

第三章　夏商周时期的"天体星象纹"

　　夏、商、周三代是史籍明确记载的中国最早的三个世袭制王朝，是中华文明形成、国家产生与发展的关键历史时期。源于史前，兴于夏，盛于商周的青铜器，是三代社会生产力发展的重要标志。商代早期出现的甲骨文和金文，是东亚已知最早的成体系的成熟文字。而在前人知识积累的基础上，三代还在天文历法领域取得了长足的进步，且不断发展完善。

夏商周三代的天文学进步，实与上古历法的创制与发展是一体的。史籍中对上古历法创制的记录较早的可见于《尚书·尧典》：帝尧"乃命羲和，钦若昊天，历象日月星辰，敬授人时。分命羲仲，宅嵎夷，曰旸谷……申命羲叔，宅南极，曰明都……分命和仲，宅西土，曰昧谷……申命和叔，宅朔方，曰幽都……帝曰：'咨！汝羲暨和。期三百有五旬有六日，以闰月定四时，成岁。允厘百工，庶绩咸熙。'"关于这段记述，由于《尚书》被奉为儒家六经之一，自来便为世人熟知且重视。《史记·五帝本纪》中亦有相近的记述。值得注意的是，这一帝令四子往居四方定三天四极的叙事结构，在先秦创世神话表述中尤为重要，甚至被视作帝德的表征。

《尚书·尧典》中还记述，得到帝尧的认可与禅位的舜，更是曾亲自巡守四方，"觐四岳群牧"，且"五载一巡守，群后四朝"。帝舜的巡守，除了"望秩于山川"，主持祭祀天地的仪式，还有两项特别实际的工作内容："协时月正日，同律度量衡。"其中，"同律度量衡"多被认为是"标定稳定社会生活的交易准则"[1]；而"协时月正日"，则可视为一项检验历法运行准确性的工作。盖因我国传统历法，自古便为"一种兼顾朔望月与太阳年的阴阳合历"[2]，必须人为置闰，以协调农历年月与回归年长度不一致的问题。尧舜之后，颁布历法、敬授民时，更成为王者执掌天之权柄的象征与义务。

从上述《尧典》的记述里，我们还明确看到四季、四时、置闰、旬、岁等与历法相关的时间概念。鉴于《尚书》的成书年代已是战国时期，我们当然不能据其记述就简单地认定尧舜时期的历法已发展得相当完备。况且，据传为夏代历书的《夏小正》，仍保留了对每月里星象、气象、物象移易的记述，尽管已经是"观象授时"的天文历，却也明显还有远古时期物候历的孑遗。而据冯

---

[1] 郭树群.寻绎"协时月正日，同律度量衡"的礼乐文化内涵 [J].星海音乐学院学报,2015,（02）:40-46.

[2] 冯时.天文学史话 [M].北京：社会科学文献出版社,2011:125.

时先生的研究，商代的历法，年有平、闰，月有大、小，岁首和月首都已经基本固定，并以干支六十周期体系记日，实行以月亮的朔望变化为周期的太阴月和太阳纪年，商代历法已经处于观象历法向推步历法过渡的阶段。[1] 及至西周末年，至迟到春秋时期，中国历法便已全面迈入推步时代。

　　"推步"，是古人用仪器或算术来考测天象、推算历法的方法。即所谓日月经天，有如人之行步，可推算而知。历法的推步时代，并不是那么容易到来的，它至少要求能比较精确地测定分至日，获得比较精确的回归年和朔望月长度。这需要足够长时间对天象的观测，认知足够多的天体运行规律，并且还要掌握相当的"数术"技巧，如此方能"坐致气朔"。不仅如此，夏商周三代在长期的天文观测实践中，还逐渐形成了一整套严密且独具特色的方法体系。比如，将日、月和五大行星都视为绕北极旋转的拱极星的传统。再比如，基于赤道坐标体系建立的二十八宿赤道星座和四象限分区，以及标示天体位置的去极度和入宿度概念等。总之，早期天文学在夏商周三代迎来了高速的发展，更是在周代晚期由量变引发质变，基本上奠定了中国古代天文学的发展格局。受其影响，"天体星象纹"也不可避免地随之衍化和改变，并呈现出愈加复杂而丰富的面貌。

---

[1]　冯时. 天文学史话 [M]. 北京：社会科学文献出版社 ,2011:124–129.

第一节　甲骨文与金文里的天体星象

文字于文明的重要性自是无须多言。我国商代出现的甲骨文和金文，是早期的成熟汉字，但还不算是最初始的汉字。传说汉字最初是由黄帝的史官仓颉所创，但其名其事是在战国时期始见于典籍。《吕氏春秋·君守篇》载："奚仲作车，仓颉作书。"《说文解字·叙》载："仓颉之初作书，盖依类象形，故谓之文；其后形声相益，即谓之字。"许慎在这里实际上是指明了早期文字的原始图画特征及其象形意味。汉代纬书《春秋元命苞》也记载仓颉"穷天地之变，仰观奎星圆曲之势，俯察龟文鸟羽山川，指掌而创文字"。仓颉是否确有其人，汉字是否为其独创，孰难求证，但文字创制于先民对生产生活及生存环境的观察和理解过程中，应是无疑的。

因生产生活的需要，上古时期的中国先民对天象观测非常重视，与天体星象相关的文字很有可能较早就被创制出来了。如仰韶文化陶器上的 "⊙" 形图案，与金文 "日" 字殊无二致。最早见于《周礼·地官》的 "六书"，是古人总结归纳出的六种汉字的造字、用字之法，其中 "象形" 之法通常被认为是汉字成字的基础。许慎在《说文解字·叙》中阐述 "六书" 之 "象形" 时，便曾以日月二字为例："象形者画成其物，随体诘诎，日月是也。"此外，距今约 6000 年的半坡遗址，距今约四五千年的大汶口遗址、良渚文化遗址的陶器上，都先后发现有刻画的符号，不少学者认为它们属于更为早期的刻画文字。有学者将青海柳湾遗址出土的陶绘符号，与古今星图、纳西东巴文对照研究后，认为 139 个柳湾陶符全是天文星象符号或与天文星象有关的符号。[1]

相较柳湾陶符，甲骨文和金文已经是成熟的文字，在商周两代被持续地使用，

---

[1]　和士华. 仰韶文化中的天文星象符号 [M]. 北京：中国社会科学出版社,2016:52.

其中金文在民间更是延绵至汉代方止。柳湾陶符是否确为天文星象符号尚难以定论，但是，甲骨文与金文中的确是有不少文字反映出先民创字时对天文的关照与思考。先民取象而造字，一些文字直接来源于对天体、星象形态的描摹和记录，应是不足为奇的。

一、甲骨文与金文里的天体

与人类生产生活关系最为密切的天体，莫过于日和月。甲骨文与金文里的"日"和"月"，来自先民对日月形象的直观描绘，是最为典型的象形字。在有些金文中，"日"字是用一个圆圈模拟出太阳的形态；有些金文"日"字还饰有太阳的芒线；在大部分的甲骨文和金文中，"日"字也多为圆形，且多在圆圈中加一"点"或"横"以示太阳是实体而非空心圆，于省吾先生则认为是要有别于甲骨"□"（丁）字[1]；有些甲骨上的"日"字呈方形，与现在的汉字"日"字形相仿，可能是由于甲骨文是在龟甲或兽骨上契刻的书写方式导致的，骨质坚硬，曲线远比直线契刻的难度大，才有了笔画线条"化圆为方"的变化。

甲骨文中的"月"字，取自半月的形态，盖因月相总是缺时多圆时少，月缺是常态，且正好能体现"月"与"日"的字形区分。甲骨文中的"夕"与"月"同，也是半月形，本指夕阳西下、月亮初升的时间，后来引申为夜晚。为区别于"月"字，有时候甲骨文"夕"在半月形中加有一"点"。不过在金文里，又常见相反的情状，"月"有点而"夕"字无点。有学者认为，这是"金文追求庄重典雅往往有笔形变化且多饰笔，遂常以'夕'为'月'"[2]。

"日"和"月"还与其他物象组合形成新字。"旦"为日出破晓之时，甲骨文"旦"字，上部是"日"形，下部为不规则的框形，正是对旭日升离大地时景象的描绘。"昏"为日暮、黄昏之时，甲骨文"昏"字，下半部是"日"形，上部字形尚无确论，但整字颇有太阳没入山林之下的意象。甲骨文中的"明"字，早期为"日""月"并列之形，应是日月同辉、大放光明之义。后期甲骨文中的"明"字，将"日"形替作"囧"字，金文亦同，故又有明月照窗的释读（见图3-1-12）。

---

[1]　于省吾.释日 [J].郑州大学学报（哲学社会科学版）,1982（01）:1-7.

[2]　谭飞.天文地理字溯源 [J].重庆师范大学学报（哲学社会科学版）,2015（01）:72-78.

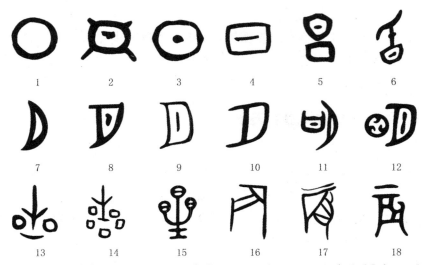

日字：1.西周ｆ妇簋（集成3687）；2.日父乙爵（积古二·九）；3.西周师虎簋（集成4316）；4.合17299；旦字：5.合8753；昏字：6.合29092；月字：7.合19785；8.甲编3941；9.西周召卣（集成5416）；夕字：10.西周大盂鼎（集成2837）；明字：11.合7075；12.西周矢令方彝（集成9901）；星字：13.合11497；14.合11501；15.西周麓伯星父簋；辰字：16.合137；17.合21475；18.西周庚嬴卣（集成5426）

图3-1　甲骨文与金文里的天体

（注：本图像由杨姣摹绘）

在甲骨文中最初表示星星的字是"晶"，以三个聚拢在一起的圆形（或"口"形）表现夜空中发光的星体。甲骨文中也有"星"字，为象形加注声符而成。其字形以声符"生"和围绕其旁的"口"形一起组成。金文中的"星"字，字形已是"晶"下从"生"了。另外，与星星有关的还有"辰"字。《尚书·尧典》有"历象日月星辰"。《左传·昭公元年》亦有"日月星辰之神"。辰被与日、月、星并列，应是何种天体呢？

甲骨文中的"辰"字（见图3-1-16），图形含义并不明晰，历代学者多有争议。许慎认为"辰"的本义指春耕之时，《说文·辰部》载："震也。三月，阳气动，雷电振，民农时也。物皆生，从乙、匕，象芒达；厂，声也。辰，房星，天时也。"此为影响最大的农时说。此外还有陈独秀、郭沫若、徐中舒等先生支持的农具说，认为辰是先民所用的蚌制农具；清人朱骏声所持的妊娠说，认为"辰"与"娠"同义，像胎儿在母腹中的躁动之形；商承祚、周谷城先生支持的凿石说，认为"辰"为"以手振岩石"或"人在岩下凿石之状"；还有学者认为"辰"的形构取象义是男女交合。[1]

然而，不论"辰"字初义取自何物，在周代末年的典籍中，"辰"被用于古人对一类宇宙天体的称谓是可确的。《论语·为政》载："为政以德，譬如北辰，居其所，而众星拱之。"此处，"北辰"即为北极星。又《尸子》载："燧人上观辰星，下察五木，以为火。"此处"辰星"指大火星。又《公羊传·昭公十七年》载："大辰者何？大火也。大火为大辰，伐为大辰，北辰亦为大辰。"为何大火星、伐星、北极星都称"大辰"呢？何休注曰："大火谓心星，伐为参星。大火与伐所以示民时之早晚，天下所取正。北辰，北极天之中也，故皆谓之大辰。"原来，大火星、伐星是先民取时之准星，北极星是辨位之准星，所以它们才被称为"大辰"。基于此，有学者认为辰"当指列宿恒星"，"与今人一样，先民肉眼能见的金木水火土——所谓五星，在天幕上有明显的位移。其余群星，先民视为位置相对固定的列宿，辰与星的区别，就在这动与不动之分。"[2]

二、甲骨文与金文里的星象

除了日月星辰，甲骨文与金文中还有一些字是直接取象于夜空中的星座。譬如，"参"字。商代甲骨文与金文中的"参"字，字形为一头上连接着三颗星的蹲坐人形。多数学者认同，"参"字上部的三颗星对应的是参宿三星。参宿，二十八宿之一，为西方七宿第七宿，主星有七颗。前章介绍西水坡遗址第三组蚌塑时，我们曾略述参宿三星即参宿中部的三颗亮星，参宿一、参宿二和参宿三。此三星均为二等星，东西向横列，西方人视其为猎户座的腰带，在冬季星空尤其显眼。"参"与"叁"是同字异写，"参"也就是三的大写。这其实也就言明了，这三颗亮星是参宿得名的来源，早期的参宿可能只有参宿一、参宿二和参宿三。故而，周代金文中的"参"字，有在人形旁添加了"彡"形的，有添加"彡"形省去人形的，也有将上部三个圆形改为"日"形的。彡是三的微变，应是对参宿三星的强调，改三个圆形为"日"形，便是"晶"部，还有省去人形这些应该都是汉字发展过程中字形简省、规范的结果。

[1] 钟如雄.释"辰"[J].西南民族大学学报（人文社科版）,2003（10）:153-156.
[2] 张闻玉.释"辰"[J].贵州大学学报（社会科学版）,1994（02）:53-62.

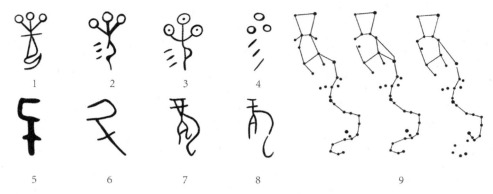

参字：1. 商代蔺参父乙盉（集成9370）；2. 西周智鼎（集成2838）；3. 西周大克鼎（集成2836）；4. 战国鱼颠匕（集成980）；斗字；5. 合8753；6. 春秋秦公簋（集成4315）；

龙字；7. 合6633；8. 合6586；9. 苍龙之象连线构想图

图3-2　甲骨文与金文里的星象

（注：本图像由杨姣摹绘）

先民之所以依照参宿创制"参"字，并在三星之下绘一人形，还在于参宿在观象授时年代是特别重要的标准星。生活在北半球的中国先民，很早就发现了参宿和心宿之间存在着对偶关系。这两组星星分别位于黄道的东西两端，每当心宿从东方地平线升起时，参宿刚好已经没入西方地平。心宿是春夏星空的主角，参宿则支配着秋冬夜空。前章我们曾讨论过心宿的主星心宿二，古人又称大火星，是中国先民特别重视的一颗授时主星。数千年前的春分点前后，心宿二正好昏见于东方，启示着一年农季的开端。由于参宿与心宿间的对偶关系，先民便也通过观测参宿的位置来预测心宿出现的时间。后来，古人还将这两组不能同时出现在北半球夜空的星宿，想象成一对不和的兄弟。《左传·昭公元年》载："昔高辛氏有二子，伯曰阏伯，季曰实沈。居于旷林，不相能也。日寻干戈，以相征讨。后帝不臧，迁阏伯于商丘，主辰，商人是因，故辰为商星。迁实沈于大夏，主参，唐人是因，以服侍夏商，故参为晋星。"此后，人们便以"商参"喻人间别离或者兄弟不睦，参宿也被配伍十二星次之实沈，分野主晋。

北斗七星，是另一组对中国先民格外重要的星象。作为北极恒显圈内最醒目的星座，北斗七星的形态被先民想象为一只舀酒浆的长柄勺子——斗。甲骨文与金文中的"斗"字，字形正是一只长柄朝下的勺子。后来，斗又被古人用来计量粮食，渐又引申为计量单位。北斗之于中国先民，最重要莫过于其具有辨识方向和确定季节的作用。将斗魁天璇、天枢二星连线并延长约五倍的距离，就是北极星之所在。而北斗七星本身除天权是三等星外，其余六颗均为二等以上的亮星，是北半球夜空中特别显著的方位指示星座。而北斗的视运动形态是斗魁在内、斗杓朝外绕北天极旋转，恰似夜空中一架巨大的时钟。古人不仅根据夜晚不同时段斗杓的指向，来确定大概的时间，还根据不同季节昏时斗杓的指向来确定月份。如《淮南子·天文训》载："帝张四维，运之以斗，月徙一辰，复返其所，正月指寅，十二月指丑，一岁而匝，终而复始。"此即所谓"斗建"。

龙，神话传说中的神异生物，二十八宿之东方七宿的象征，此后更成为中华民族的象征。龙，究竟是什么？这个命题，曾被古今中外大量学者追索过。许慎在《说文解字·龙部》曾述及："龙，鳞虫之长。能幽，能明，能细，能巨，能短，能长；春分而登天，秋分而潜渊。从肉，飞之形，童省声。"其言"春分而登天，秋分而潜渊"即已阐明了龙与夜空星象间的渊源。东宫苍龙星象，由角、亢、氐、房、心、尾、箕七宿组成，除箕宿外的六宿，宿名均属龙体的不同部位。而每年农耕时节，角宿先显露于昏时东方天空，仲夏昏时苍龙七宿位于南天中，秋季收获后则逐日隐没于西北地平线下，其运行轨迹正与一季农时相合。故，《说文解字·龙部》所述龙的幽、明、细、巨、短、长，更多是对龙宿星象四时隐显变化的引申和发挥。

甲骨文与金文中的"龙"字，目前发现的数量较多。有学者统计，仅商代甲骨文中的"龙"字便有七十余种，字形有明显的动物形态，均有长身和大口，大多数有角和足。[1]冯时先生以房宿距星为连接点将苍龙七宿诸星依次连缀后发现，"其所呈现的形象都与卜辞及金文'龙'字的形象完全相同。所以，殷周古文字的'龙'字，实际取象于东宫七宿。"[2]从两者的结体形态来看，甲骨文"龙"字确与苍龙七宿星图有高度重合的地方（见图3-2-9）。同时，金文"龙"字，与商代玉龙的造型也颇为近似。

另据冯时先生举证，商代晚期青铜器龙形觥，觥面的"主纹是从龙首引出

[1]　张亚美.汉代龙形图像研究[D].青岛大学,2020:9.
[2]　冯时.中国早期星象图研究[J].自然科学史研究,1990（02）:108-118+197.

的弯曲的龙身，龙身自颈至尾共饰八枚星纹，其中龙身中心部位横列的三枚格外醒目，且三枚的中间一枚形状最大，并为强调而特意做成錾纽，这显然象征着心宿三星"[1]。我们很好奇冯先生所称的"星纹"，在查证相关文物图像之后，发现这是一种商周青铜器上的常见纹样，考古界多称其涡纹、囧纹，也有称火纹者。我们认为，它应是商周青铜器上的"天体星象纹"之一。

[1] 冯时 . 天文学史话 [M]. 北京：社会科学文献出版社 ,2011:73.

第二节　商周青铜器上的"天体星象纹"

　　夏鼐先生认为城市、金属、文字三项是文明起源的标志和要素。[1] 人类使用金属的历史迄今至少已经有 5000 年之久，铜是最早被人类开发和利用的金属之一。"青铜"是纯铜与锡、铅等金属的合金，但中国古人常称其为"金"。如《左传·宣公三年》载："远方图物，贡金九牧，铸鼎象物。"[2] 此铸鼎之金，实际就是青铜。夏商周时期的青铜制品，在器类、工艺、装饰、造型等诸方面的发展均取得了无与伦比的辉煌成就。青铜器，更被当时的古人"视为等级、权力与财富象征的新型材料"，"并被赋予当时的礼制与观念，从而造就了夏商周高度发达的青铜礼乐文明"，可谓"当时社会、政治与文化的缩影"[3]。

　　青铜器的形制与纹饰自有其发展和演化的时代脉络和年代特征，这是考古学器物类型学关注的重点。当器物缺乏可供断代的铭文信息时，这也是考古学和历史学进行断代研究时依凭的重要判定标准。故而，夏商周青铜器上的纹饰，历来为学者们所重视。学界一般认为，以河南偃师二里头遗址为代表的二里头文化与夏文化关系密切，但其文化分期及其与夏的对应时代关系尚多分歧，且年代最早的青铜器不早于夏代晚期。总的来说，已确的夏代青铜器数量不多，种类主要有爵（角）、斝、盉、鼎四种，纹饰只见弦纹、乳钉纹和网格纹等少数几种。[4] 从商代早期至西周早期，是青铜器艺术发展的鼎盛时期，器类渐次增多，工艺水平不断进步，纹饰由简入繁、由抽象转为具象，各式鸟兽动物纹盛行，

[1] 夏鼐. 中国文明的起源 [J]. 文物 ,1985（8）:1-8.
[2] （清）阮元（校刻）. 十三经注疏（下册）[M]. 北京：中华书局 ,1980:1868.
[3] 倪玉湛. 夏商周青铜器艺术的发展源流 [D]. 苏州大学 ,2011:1+32.
[4] 倪玉湛. 夏商周青铜器艺术的发展源流 [D]. 苏州大学 ,2011:103-105.

但兽面纹始终占据着突出的统治地位。马承源先生认为，这与当时的宗教思想关系密切，这一时期青铜器上的纹饰"大多数是借想象以征服自然和对自然力量幻想的形象化"，"反映了当时人们对自然神崇拜而产生的神秘和肃穆的气氛"[1]。

受周人理性思想的影响，西周中晚期的青铜器纹饰逐渐转变为抽象的变形图案，多见窃曲、环带、重环、垂鳞等几何纹样，风格趋于简练疏朗。及至春秋中后期和战国时期，青铜器的生产不再为王室和大贵族所垄断，新兴地主和贵族的审美意趣为青铜器艺术注入了新的活力与风尚，人本思潮又逐渐兴起。这一时期的青铜器纹饰，再次呈现出形象化的趋势，一方面追求精雕细琢的装饰效果，富丽繁缛的蟠螭纹和蟠虺纹大行其道；另一方面，记录贵族宴乐、狩猎、采桑、射弋等日常生活的新式题材开始出现并流行。同时，这一时期的青铜器已经开始逐步丧失其作为等级、权力与财富象征的内涵。旧礼制思想的瓦解，社会生产力的进步，漆器和铁器的普及，都促使青铜器不得不最终走向了衰微。

然而，纵观夏商周时期的青铜器纹饰，尤其是在中原地区的主流青铜器上，似乎完全见不到如史前时期那般繁盛而形象的"天体星象纹"。但学界却又普遍认为，夏商周青铜器上的纹饰，与史前时代有难以切割的渊源关系，尤其是那些与夏商周王兴之地关系密切的新石器时代晚期考古学文化。当然，学者考据的重点往往都集中在兽面纹、龙纹、鸟纹等所谓的主纹上。这些糅合了不同现实动物的局部而幻想出的天地灵异，是具现化的天神地祇，也恰是青铜时代人民对自然敬畏与供奉的体现。如《左传·昭公元年》所载："山川之神，则水旱疠疫之灾，于是乎禜之。日月星辰之神，则雪霜风雨之不时，于是乎禜之。"即使是春秋时期的人们，仍保留着遇到旱涝瘟疫会向山川之神祭祀禳灾，遇到不合时节的雪霜风雨便祈求供奉日月星辰之神的习俗。由此可以想见，夏商周时期的青铜器纹饰，并非扬弃了自然天体崇拜的传统题材，而是在表现形式上融入了新的思想观念、新的具现手法，不复史前时代"天体星象纹"的率真直观罢了。

[1]　上海博物馆青铜器研究组.商周青铜器文饰 [M].北京：文物出版社,1984:30.

20 世纪 80 年代以来，一些学者开始借助天文学的视野，以古人的宇宙观重新审视、释读先民遗存上的各类纹样。有些青铜器上的常见纹样，其背后可能蕴含的天文学意义也正被逐渐揭示。这其中，我们首先要谈的便是被冯时先生视作"星纹"的涡纹。

一、涡纹

涡纹，在商代早期的青铜斝上便已出现，延绵至东周时期的青铜器上，一直未见中断，属青铜器纹饰中的一种常见几何类纹样，也是最早出现在青铜器上的纹样之一。在商周青铜器艺术盛行的 1000 多年间，涡纹的形态构成基本稳定。其图像基本形态为同心圆形，沿外圆边缘有向内旋转的多条弧线旋臂（通常为 3~9 条），中心处还常饰有一圆圈。容庚先生在 20 世纪 40 年代出版的《商周彝器通考》一书中，将其称为"圆涡纹"，并列出两种纹样情状："其状（一）作圆形，有曲线五若微涡之激起，填以雷纹。（二）圆形之中，涡纹隆起若圆点。通行于商及周初。"[1] 此后，考古学中便多惯称其为圆涡纹，简作涡纹。

（一）涡纹的分类

对涡纹的系统性和专题性研究，主要发生在步入 21 世纪之后，甚至至今仍处于方兴未艾的阶段。而且在研讨的过程中，有学者将史前彩陶上的多重同心圆纹、等距螺旋线纹、圆点纹、半圆纹、四大圆圈纹等，也纳入了圆涡纹的研究范畴。[2] 这使得涡纹这一名称的指向变得模糊不清，显然存有概念"泛化"的不利影响。鉴于此，这里我们将讨论限定于以商周青铜器为载体的涡纹，暂不涉及其他时空范畴的涡纹。

对涡纹的分类，常见有按旋臂的旋转方向分为顺时针旋转、逆时针旋转和不规则旋转三类的；[3] 也有按涡纹中心形态的特点分为圆圈类、乳丁类、圆点类、空白类的。[4] 还有学者依照涡纹装饰组合形式的不同，将其分作单独装饰、与蛙

---

[1]　容庚 . 商周彝器通考 [M]. 上海：上海人民出版社 ,2008:96.

[2]　吴秀梅 . 彩陶纹饰中圆涡纹的探索 [J]. 中国陶瓷 ,2006（11）:65–66+72.

[3]　张婷，刘斌 . 浅析商周青铜器上的圆涡纹 [J]. 四川文物 ,2006（05）:68–71.

[4]　孟婷 . 商周青铜器上的涡纹研究 [D]. 吉林大学 ,2009:4–9.

纹或者龟纹组合、与龙纹组合、与蛇纹组合、与四瓣目纹组合、与鸟纹组合、与窃曲纹组合、与火焰纹组合、与陶纹组合、与蟠虺（螭）纹组合等十型。[1] 随着出土文物资料的日渐丰富，这种分类方法便存在需要增补的情况。如涡纹与蝉纹的组合，2006 年河南安阳市殷墟郭家庄东南五号商代墓葬出土的 1 件青铜鼎（M5：4），上腹便饰有以雷纹为地的蝉纹和圆涡纹各 7 个。[2] 此外，不同时期的涡纹，在青铜器上的铸刻工艺与装饰形态也有所区别。商代的涡纹整体做饼状突起，线条为阴刻；西周时期出现了浅浮雕式的涡纹，以及阳线涡纹；至春秋战国时期，红铜镶嵌工艺被用于制作涡纹的线条，呈现出更为华丽精致的视觉效果。

我们以为，不论是哪一种分类方法，最终目的是要便于研究的开展。在与青铜时代共始终的过程中，涡纹的基本形态结构其实是相对稳定的。涡纹中心点从乳钉状到留空的变化，旋臂旋转方向的变化，以及旋臂数量的多寡变化，这些变化始终都没有影响到涡纹的"同心圆＋旋臂"这一基本结构形式。同时，我们也注意到，涡纹形态的局部变化往往与其在器表纹饰中的地位有关。基于此，我们更趋向于将商周青铜器上的涡纹，分为独立涡纹、组合涡纹和辅形涡纹三类。

A 类　独立涡纹。独立涡纹通常是其所饰青铜器上的主要纹样，但不一定是该器物上的唯一纹样。作为最早出现在青铜器上的纹样之一，涡纹常是商代青铜酒器的主纹，并是爵、斝等器物菌状柱顶面饰纹的常客。也有学者认为，圆涡纹"仅次于兽面纹而居于相当重要的地位"[3]。独立涡纹可见于商周青铜器的多个历史时期。商代早期的青铜斝常于下腹部饰六七个独立涡纹，上腹部虽多饰兽面纹，但从面积与位置看，涡纹并不处于从属地位。商代晚期，以独立涡纹装饰的青铜器不仅有酒器，还扩展到食器、水器、兵器上。且青铜爵、斝的菌状柱顶面仅见独立涡纹装饰。西周时期，青铜酒器渐少，独立涡纹新出现在乐器镈及一些车马器附件上，但仍多见于青铜罍的肩部，一些诸侯国如晋侯

[1]　张婷. 浅析商周青铜器上的圆涡纹 [A]. 成建正. 陕西历史博物馆馆刊第 12 辑 [M]. 西安：三秦出版社,2005:23-28.
[2]　孔德铭,王兴周. 河南安阳市殷墟郭家庄东南五号商代墓葬 [J]. 考古,2008（08）:22-33+99-101+2.
[3]　刘敦愿. 美术考古与古代文明 [M]. 北京：人民美术出版社,2007:178.

墓地出土的动物形尊的腹部也多饰以独立涡纹。春秋战国时期，独立涡纹多饰于青铜鼎盖中心处，鼎盖的边缘和青铜缶的肩部亦多见。

1~2. 二里冈期兽面纹斝腹部、柱顶；3. 殷墟晚期佳爵腹部；4. 殷墟晚期（罕欠）簋口沿；
5. 晋侯墓猪尊（M1 13：38）腹部；6. 春秋晚期龙纹鼎盖顶边缘；
7. 南阳春秋楚彭射墓繁鼎（M38：43）盖顶中心；8. 黄州楚墓车马器铜害（WM45：4）
图 3-3　独立涡纹图像
（注：本图像由杨姣摹绘）

B 类　组合涡纹。组合涡纹通常与其他纹样相间排列在器物较为显著的部位。这种组合形式始于商代中晚期，常与涡纹搭配的纹样主要有四：一是龙纹，既有夔龙纹，在罍、瓿、鼎、簋、甗上都可见到，也有顾龙纹，见于鼎、簋，西周后见有与窃曲纹、蟠螭纹等变形龙纹相间者；二是四瓣目纹，常出现在鼎的口沿下方；三是蝉纹，亦见于鼎的口沿下方；四是凤纹，多见于西周早期。此外，殷墟出土的青铜器还偶见涡纹与龟纹、兽面纹构成的组合装饰带。这种由涡纹与其他主纹相间做二方连续排列所构成的装饰带，通常会绕器一周，也多有以这种装饰带饰青铜器圈足、底座的情况。

C 类　辅形涡纹。辅形涡纹通常不是器物的主纹，主要作为辅助、补充或背景纹样参与器物的装饰。比较常见的情形主要有两种：一种是饰于蛙纹（龟纹或鳖纹）的腹部（背部），可见于青铜钺面和盘内底，有时还会在涡纹外绕一周连珠纹；另一种则饰于龙纹身周的空白处，既可以补白又可表现龙游天际的意境。湖北蕲春达城新屋塆窖藏的西周早期盂方鼎上，一首双身龙纹旁的涡纹做了简省处理，其圆心和旋臂都几乎呈点状，类似的图像还见于司（后）母姒康方鼎、作册大方鼎和曾侯方鼎。

上述三类涡纹图像，详见图 3-3 和图 3-4。

1. 郑州白家庄青铜罍（M3：6）；2. 殷墟晚期宜子鼎口沿；3. 安阳郭家庄鼎（M5：32）腹部；

4. 安阳郭家庄鼎（M5：4）腹部；5. 宝鸡茹家庄伯（矢旨）方鼎口沿下；

6. 湖北蕲春西周盂方鼎；7. 平谷刘家河商墓鳖鱼纹盘

图 3-4　组合涡纹、辅形涡纹图像

（注：本图像由杨姣摹绘）

（二）涡纹的演进

从目前可见的出土资料来看，夏代青铜器未见涡纹。但也有学者认为，1955 年河南郑州白家庄出土的乳丁纹罍腹部的 5 个圆饼状凸起（素面，绕器一周），是青铜器涡纹最初的形式。[1] 商代早期青铜器上的涡纹多只出现在爵和斝两类器物上，出现的部位有两处：一是爵和斝的菌状柱顶面；二是斝的腹部，均属 A 类涡纹，且涡纹的中心多有乳丁，手法为阴刻单层花纹。1982 年，郑州商城东南角外郑州向阳回族食品厂窖藏坑出土了 1 件涡纹中柱盂（H1：6），中柱顶面饰涡纹；同坑另出有 1 件饕餮纹卣（H1：11），盖顶饰夔纹，盖纽顶端饰涡纹；两者同属郑州商代二里岗期上层时期，涡纹中柱盂的形制则有较早的时代特征。[2] 从这两件商代中期青铜器装饰涡纹的部位来看，应可视作早商青铜器涡纹装饰菌状柱顶面这一传统的创新发展。

商代晚期，涡纹迎来了发展的鼎盛期。此期的涡纹，在装饰器类和装饰手法上均呈现突破性发展，流行的地域也不再局限于河南、湖北。晚商时期的涡纹饰器种类特别丰富，常见的有爵、斝、罍、瓿、觯、觥、壶、卣等酒器，鼎、簋、甗、豆等食器，水器盘，兵器钺、戈与一些弓形器上也开始用涡纹装饰。这一时期的爵、斝等青铜器上的菌状柱更为发达，柱顶钮部有伞状、圆锥、桶帽等不同形态，但顶面仍以 A 类独立涡纹装饰，涡纹中心处为乳丁、圆圈两种形式共存。此期涡纹的装饰手法有了新的变化：一是独立涡纹新出现在食器豆盘的外壁、酒器罍的肩部、水器盘的内底，还有部分酒器如觯、卣的器盖顶的圆钮上及盖里，兕觥的盖部及兽角顶部也饰以独立涡纹；二是组合涡纹颇为流行，涡纹与龙纹、四瓣目纹、蝉纹等纹样相间连续排列，共同组成器物的主装饰带，手法上也开始有微凸于器表的浅浮雕，以云雷纹为地的多层花纹等变化；三是辅形涡纹也开始出现在一些龙形青铜器、水器盘上。晚商可谓涡纹发展的高峰期。

西周早期，青铜器的形制和涡纹装饰基本是承续了晚商的传统。在装饰涡纹的器类上有一些新的变化，周人重食禁酒，青铜酒器特别是斝开始大幅减少，食器中的鼎、簋数量明显增加。在装饰手法上，与其他纹样相间组成的组合涡纹装饰带仍盛行，并新出现了与凤纹的组合，而且这类装饰带上多有凸起的牲畜，在器物纹饰中也往往不再处于主体的地位。此期的涡纹装饰，开始出现阳纹浮雕的样式，过去多为阴刻的弧线旋臂变得像一只拖着长尾的逗号，以云雷纹为

[1]　王金环. 商周时期青铜器上火纹的时代特征 [J]. 文物鉴定与鉴赏,2013（01）:70-73.
[2]　杨育彬,于晓兴. 郑州新发现商代窖藏青铜器 [J]. 文物,1983（03）:49-59+97+101.

地的多层阳线浮雕涡纹也常见起来。西周中晚期，受青铜器整体风格删繁就简的影响，涡纹的数量明显减少。酒器卣、罍、彝、尊，水器盉，乐器钟、镈和一些兵器、车马器附件成为涡纹主要的装饰对象。此期的独立涡纹外圈常饰以各式云雷纹，涡纹中心处有时会留白，旋臂弧线增粗并与双钩云纹形态结合，整体略高于器表，呈现出青铜制作工艺进步的特征。

春秋战国时期，礼崩乐坏、社会动荡，却又是思想活跃、艺术繁荣的社会大变革时期。此期的青铜器虽已有世俗化的趋势，但在器类、造型及铸造工艺等方面仍在不断创新。受此影响，尽管涡纹的数量没有明显增加，涡纹的装饰手法却打破了阴刻和浅浮雕的传统，开始使用新的镶嵌工艺。1978年河南淅川下寺2号墓出土的春秋晚期鄡子佣浴缶，肩部有由红铜镶嵌而成的涡纹线条，与青铜的本色交相辉映，既精致又华丽。此期的组合涡纹，多与蟠虺纹、蟠螭纹等变形龙纹搭配，鲜见与其他组合纹样构成的装饰带。独立涡纹多见于青铜缶的肩部，其他器类较少。"青铜时代"虽已在战国末期落幕，但涡纹并没有随之彻底消失。及至汉代，我们仍能在铜镜、铜笔洗上偶见涡纹。后来更是东传日本，成为其宗教祭祀礼仪与民俗艺能中常见的符号，还曾被用为家族纹章，其国人称其作"巴"，读作"tomoe"[1]。

（三）涡纹的内涵

作为在青铜器上被长期使用，且往往处于主体地位的一种纹饰，涡纹的形象取自何物又或象征何意，历来为学者们关注。《周礼·冬官·考工记》论画缋之事有云："火以圜，山以章，水以龙。"直译过来，就是画火用圆环象征，画山用獐象征，画水用龙象征之意。那什么火是圆环状的呢？应该不是指人间凡火，而是天火太阳，即《论衡·说日篇》所云："在地水火不圆，在天水火何故独圆。"丁山先生很早便以"火以圜"的记载释圆涡纹，他认为商周青铜器那种一首两身的龙蛇纹样(见图3-4-6)波浪形躯干旁的圆涡纹，就是《考工记》"画缋之事"一节的"火以圜"，故这种神话生物(一首两身龙蛇)就是"火龙"，是雷电的象征。[2] 马承源先生亦认为青铜器上的圆涡纹就是"火以圜"，并以甲骨文、金文中的"囧"字、"明"字举证，卜辞中用于地名的"囧"字字形与

[1] 麻国钧.说鼓——鼓的神性及其在祭礼演艺中的体现[J].戏剧,1999（03）:116-130.
[2] 丁山.中国古代宗教与神话考[M].上海：龙门联合书局,1961:275-279.

涡纹十分接近（见图 3-1-12），且"明"字有明、朙两种写法，囧与日可互换，明字所从的日是囧的简体，故"囧形的纹饰是太阳之像，是天火，但不代表主司太阳之神"，"应解释为火纹"。[1] 这便是涡纹又称作囧纹、火纹的来由。

刘敦愿先生也支持上述两家的说法，但对涡纹取象的对象提出了新看法，他认为自然界除了日、月是正圆，在生产劳动中举凡进行急剧旋转的活动，也能划出规整的正圆，如钻木取火、纺轮捻线、快轮制陶以及车轮制造等，而这其中与火关系密切的就是钻木取火，所以涡纹是"钻木取火劳动的符号抽象化"[2]。而涡纹之所以被称作圆涡，盖其图形近似水涡。特别是青铜器纹饰往往溯源到史前彩陶中去，马家窑文化中也确实存在不少类似水漩涡的彩陶纹样，故也有学者认为涡纹"是由对水的漩涡形态概括提炼而来的一种纹样符号"[3]。实际上，我们在前章史前考古所见太阳图像的意象释读这部分，对彩陶中大量的圆形纹样进行了分析，我们始终认为太阳意象和由太阳引申的天穹（盖天图）意象才是彩陶上的这些圆形纹样的初义。学者张庆更是将涡纹命名为"北极星象纹"，认为它"是先秦时期流行的'观象制器'的造物思想下所创造出来的产物，体现了北斗星与日月五星围绕北极星同步异象旋转的运动轨迹"。[4]

有学者在研究青铜器盖的盖钮制作分铸工艺时，揭示了一种盖内钮的铆头设计为蝉形和圆饼形，并分饰蝉纹和涡纹的现象。[5] 如图 3-5-1 所示，涡纹图像似为趁铜液未凝固时模印上去的。陈梦家先生关注到饰以蝉纹的蝉形钮头，并认为其"似另有其实用的意义，即使盖外之顶更牢固地附着于盖"[6]。众所周知，基于蝉的生活史特性（尤其是蝉的羽化蜕变），古人以为它能为生者避邪，为死者护尸（死者口中的蝉形玉器名"含蝉"），甚至食之可得道成仙，故蝉纹象征着"变形和复活"，以及"生命永存"。[7] 盖钮铆头需牢固地连接盖钮和

[1]　上海博物馆青铜器研究组.商周青铜器文饰[M].北京：文物出版社,1984:19-21.

[2]　刘敦愿.美术考古与古代文明[M].北京：人民美术出版社,2007:186.

[3]　王望峰,苏明静.同纹琐思[J].设计艺术（山东工艺美术学院学报）,2015（03）:97-102.

[4]　张庆.楚国纹样研究[D].苏州大学,2015:46-53.

[5]　苏荣誉,董韦.盖钮铸铆式分铸的商代青铜器研究[J].中原文物,2018,199（1）:80-94.

[6]　中国科学院考古研究所.美帝国主义劫掠的我国殷周铜器集录[M].北京：科学出版社,1962:A781,A636.

[7]　汤淑君.河南商周青铜器蝉纹及其相关问题[J].中原文物,2004（06）:34-41.

盖身，饰以蝉纹正合其意。同理，饰于盖内铆头的涡纹是否也有类似的意义呢？太阳每日东升西落，似乎亘古不歇，自然是永恒的象征；四季的轮回、天体的运转，周而复始，亦有此意象。但此处的涡纹若释为水漩涡，似乎就不太妥当了，我们相信古人一定见识过水对青铜器的锈蚀作用。

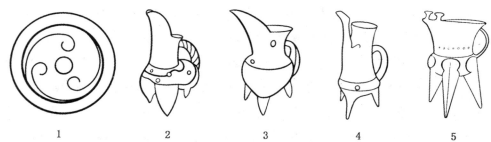

1. 弗利尔方罍盖背面铸铆头；2. 山东潍坊姚官庄 I 式鬶；3. 山东潍坊姚官庄 II 式鬶；

4. 山东潍坊姚官庄盉形器；5. 河南郑州白家庄乳丁纹罍

图 3-5　铆头涡纹、史前陶鬶、夏代铜罍图像

（注：本图像由杨姣摹绘）

关于涡纹的取象，我们还可以从涡纹的源头及其所饰之器获得启示。青铜器上的涡纹最早只出现在爵、斝两类器物上，而多数学者较认同，青铜爵、斝皆源于史前陶鬶[1]。陶鬶是大汶口——龙山文化系统中最富特色的典型器物，并曾广泛传播于黄河中、下游、长江中下游和赣粤地区，另一种称为"盉"的器物其实是具有管状流的鬶。[2]众所周知，陶鬶是一种造型酷似鸟形的仿生陶器，造型虽多有变化，但自有其共型：圆口，有颈，三袋足，有流，有鋬，且鋬和流在一条直线上。[3]《礼记·明堂位》载："灌尊，夏后氏以鸡夷（彝），殷以斝，周以黄目。"邹衡先生就曾明确提出龙山文化中的红陶鬶活像一只伸颈昂首、伫立将鸣的红色雄鸡，他认为陶鬶就是鸡彝这种灌尊，也是夏文化中的封口盉。[4]值得注意的是，山东潍坊姚官庄龙山文化遗址出土的陶鬶上见有一种圆饼状的装饰，如 I 式鬶的上腹处，II 式鬶的流根处，以及盉形器的腹部（见图 3-5-2、3、4）。[5]有学者认为，这种立体扁平的圆饼饰和大汶口彩陶上的彩色平面的圆点

[1]　唐兰.论大汶口文化中的陶温器——写在《从陶鬶谈起》一文后[J].故宫博物院院刊,1979（02）:46-47.

[2]　高广仁,邵望平.史前陶鬶初论[J].考古学报,1981（04）:427-459.

[3]　张北霞.原始陶鬶考释[J].包装学报,2014,6（02）:45-49.

[4]　邹衡.夏商周考古学论文集[M].北京：文物出版社,1980:149.

[5]　郑笑梅.山东潍坊姚官庄遗址发掘简报[J].考古,1963（07）:347-350+3-5.

饰一样，都是太阳的象征符号，陶鬶及其上的泥饼装饰更是金乌（陶鬶）负日（泥饼）传说的具现。[1] 对此，我们却联想到郑州白家庄乳丁纹斝腹部的 5 个素面圆饼状凸起（见图 3-5-5），两者间似乎从器型到器饰都存在着某种承续关系。

台湾学者吕琪昌也关注到涡纹与爵、斝之间密切的联系，一方面他认为爵、斝的前身（大汶口文化晚期至海岱龙山文化早期的陶鬶），在腹部前端几乎都有一个形式化的圆形泥饼饰，应该是代表太阳的符号，且这种圆形泥饼饰与早期青铜爵、斝的乳钉纹、圆饼纹，以及广泛用于柱帽的囧纹，有明确的发展关系；另一方面，他认为源自东夷的陶鬶，"代表了与太阳息息相关的三足乌的形象，不但具有鸟图腾的意义，也与太阳崇拜有关"，故"爵、斝的双柱上的囧纹，正是代表了这意义的图腾符号；在爵、斝的鸟形象逐渐模糊之后，与爵柱的'鸟冠'及斝柱的'双目'，共同承担了延续图腾信仰的责任"。[2] 从器物仿生造型这一观物取象的结果来看，爵柱仿生鸟冠，斝柱仿生鸟目，自是合理的解释，但两者却为何都用涡纹装饰呢？"象"是中国古代设计思想的核心 [3]，汉代纬书《论语谶》云："凤有六象九苞。"所谓"六象者，头象天，目象日，背象月，翼象风，足象地，尾象纬"。众所周知凤是鸟的神化，从凤之"六象"我们可知：鸟冠象天，鸟目象日，那爵柱和斝柱都用涡纹装饰就说得通了。涡纹本就取自太阳之象，当然可饰象日的鸟目，以日代指上天，自也可以饰象天的鸟冠。

对涡纹内涵的释读，是不能绕开圆内弧形旋臂所产生的旋动之象的。自然界水体表面的涟漪和水漩涡现象，对"水涡说"的观点有很直观的支撑。但"水涡说"却很难解释清楚古人将涡纹装饰在柱顶、盖顶等青铜器的最高处和中心处等位置的缘由。雷圭元先生认为涡纹里的"小勾圈"（弧形旋臂），代表了火，代表着光，汉代织物"光明锦"，就是由一组组小勾圈构成，铜镜"光明镜"也以小勾圈为主题，铭文为"见日之光，天下大明"。[4] 这是将涡纹内的弧形旋臂释作流动的光焰。我们也较赞同，涡纹内 3 至 9 条不等的弧形旋臂，起初很可能就是美化的太阳光芒线形式。但我们还以为，随着涡纹饰器位置的扩展，

[1] 安立华.汉画像"金乌负日"图像探源 [J].东南文化,1992（Z1）:66-72.
[2] 吕琪昌.从青铜爵的来源探讨爵柱的功用 [J].华夏考古,2005（03）:85-92.
[3] 杨先艺.论中国先秦哲学的造物思想 [J].江汉论坛,2003（06）:22-24.
[4] 雷圭元.中国图案美 [M].长沙：湖南美术出版社,1997:23.

以及古人对天体运行规律的认识加深，涡纹的旋动之象，先后被赋予了更多的天文学意义。首先是一个太阳回归年间的四季轮替之意，中国先民很早就了解到四季气候变化与太阳回归运动有关，并掌握了测得二分二至时间标记点的办法[1]。其次，是对天体的周日视运动（日月星辰每日的东升西落）和太阳的周年视运动（太阳每日自西向东移动约 1°，其在恒星背景中运行的轨迹即为黄道）的表达，以对天道运行的理解帮助达成制器象天的目标。同时，这也可以帮助我们理解商代青铜器上的涡纹中心处，为何多有乳丁或隆起，饰以涡纹的菌状柱顶部为何会做伞状。盖因如此，其横截面才呈 "介" 字状，这也才符合古人对天穹形态（中央高、四周低）的认知。西周中期之后，涡纹越来越频繁地出现在器物盖顶中心处，器物上的其他纹饰基本是围绕这个中心排布。一些涡纹的弧形旋臂甚至形似北斗七星的造型，则明显有表现北斗绕北天极运动的可能，或许也和时人 "为政以德，譬如北辰，居其所而众星共之"（《论语·为政》）的认知相应。至此，群星绕北极星缓缓旋动的秩序与人间臣民环卫帝王的森然，相互呼应并蕴含在了青铜礼器的纹饰之中。

二、四瓣目纹

朱凤瀚先生将商周青铜器纹饰中一种 "以一个兽目居中，四角附有四个等大的花瓣（或曰四翅）形纹样" 称作 "四瓣目纹"，其 "每瓣中间均凹入，故成两岔状"，"多与圆涡纹共组成纹饰带"。[2] 这种纹饰四角多饰有涡旋状的细线条，故容庚先生认为商代没有植物纹，可将四瓣目纹归为圆涡纹的一种。[3] 马承源先生将四瓣目纹归为目纹类，并将其与《山海经·海外北经》记述的一目国联系起来，认为其是三类一目的怪异动物图像之一。[4] 陈佩芬先生则认为这是一种目纹居中，周围有四个尖瓣的叶状纹饰。[5] 有学者收集分析了 135 件已公布的饰有此纹的青铜器，发现四瓣目纹主要流行于商代晚期至西周早期，大多分布于黄河沿岸的商周王畿地区以及山东半岛；四瓣目纹主要装饰于炊食器、酒器、

[1] 冯时.百年来甲骨文天文历法研究 [M].北京：中国社会科学出版社,2011:339.

[2] 朱凤瀚.古代中国青铜器 [M].天津：南开大学出版社,1995:404.

[3] 容庚，张维持.殷周青铜器通论 [M].北京：文物出版社,1984:106–107.

[4] 上海博物馆青铜器研究组.商周青铜器文饰 [M].北京：文物出版社,1984:21.

[5] 陈佩芬.陈佩芬青铜器论集 [M].中西书局,2016:61.

水器及兵器，其中炊食器、水器上多与涡纹组成纹饰带，饰于口沿或圈足等处，酒器和兵器钺上的四瓣目纹往往单独出现，饰于器物的主要位置；同时还认为四瓣目纹是商文化鼎盛期的代表，因与涡纹组合的其他纹样都是动物纹，故四瓣目纹可能是夔龙纹的一种变体。[1]

四瓣目纹的象征意义究竟为何，至今尚无定论。但因其与涡纹以及商代酒器的紧密联系，使它仍得到了不少学者的关注，其中一些别开生面的释读也令我们深受启发。詹鄞鑫先生发现部分四瓣目纹中的目纹，与甲骨文中的"囧"字相同（见图3-6），在甲骨卜辞用例中，"囧"字应指一种天气状态，现多释为"晕"（日晕）。詹先生结合四瓣目纹常与涡纹共同出现的情况，认为二者都与太阳有关，只不过涡纹偏重于表现太阳的光明，而四瓣目纹侧重于强调太阳的火热，并提出甲骨文"囧"字是四瓣目纹的简化形式，应释为"炅"，读作"热"。[2] 其论以甲骨文字与青铜器纹饰相互参照，不无道理。尤其是四瓣目纹中的"囧"字或许与日晕现象有关，很值得我们探究一番。

1. 殷墟晚期（目目聚）尊腹部[3]；2. 乙1070；3. 合13048；4. 日晕现象

图3-6 四瓣目纹、甲骨文晕、幻日图像

（注：本图像由杨姣摹绘）

其实中国人对日晕现象的观察和记录是很早的。殷墟卜辞就有如"乙酉（晕），旬。癸巳（间），甲午雨"（《殷墟文字乙编》第5323片）的日晕占验记录。《周礼·春官·眡祲》中记录了西周专门观测大气光象的官员"眡祲"，以及眡祲主要观测的十种云气"十辉"，有学者认为"十辉"中的云气多为复杂日晕中的某些特殊光象。[4] 古人为什么会观测并记录日晕呢？首先，日晕现象的出现往往预示

[1] 杨欢. 商周青铜器四瓣目纹研究 [J]. 考古学报,2019（01）:23-46.

[2] 詹鄞鑫. 释甲骨文灵字及相关的青铜器纹饰 [A]. 四川联合大学历史系. 徐中舒先生百年诞辰纪念文集 [M]. 成都：巴蜀书社,1998:73-76.

[3] 上海博物馆青铜器研究组. 商周青铜器文饰 [M]. 北京：文物出版社,1984:256.

[4] 张德二. 我国古代对大气光象的一些认识 [J]. 气象,1978（08）:31-33.

着风雨的降临,民谚有云:"日晕三更雨,月晕午时风。"其次,古代占者往往将日晕的观测结果与战事预测联系在一起。这种做法在战国时就已十分流行,马王堆帛书《天文气象占》记述了大量日晕占文,《史记·天官书》也有一则日晕占的记载:"两军相当,日晕;晕等,力钧;厚长大,有胜;薄短小,无胜……日晕制胜,近期三十日,远期六十日。"在兵阴阳家眼里,日晕的形态、颜色、时间长短,以及日晕旁云气的颜色、形状都预示着不同的战事结果。[1]尽管日晕占卜建立在比附思维和阴阳五行说的基础之上,但古人这种日晕与战争有关的认知可能产生于比阴阳五行说更为早远的年代。

日晕是日光通过卷层云的时候,受到云中冰晶的反射或者折射而形成的一种大气光学现象,呈以太阳为中心、内红外紫的彩色圆环状。[2]当高云中的六棱体状的冰晶含量达到一定的数量,并且太阳、冰晶与观察者间的角度合适时,偶尔还会出现一种罕见的"多日同辉"现象,也称作"幻日"。"幻日"实际上是太阳的虚像,是由太阳周围的冰晶反射入人眼的太阳光影。值得注意的是,2006年3月3日早晨发生在黑龙江省大庆市的日晕天象,摄影记者王清松注意到中间的太阳是圆圆的,而两边的幻日有点月牙形。[3]我们同时注意到,大多数四瓣目纹四角的花瓣形,就是牙尖向外的月牙形态(见图3-6-1)。那么,四瓣目纹四角的花瓣形,有没有可能表现的是幻日呢?

"晕"的初义是日晕,如果四瓣目纹中的"⊜"字确为"晕"字,其四角的月牙状花瓣形为幻日的可能性就很高了。前文我们谈到在战国秦汉兵阴阳家眼里,日晕与战事结果存在神秘的联系,而晚商也确有在兵器钺、戈上饰以四瓣目纹的情况,但更多的还是与涡纹组合出现在青铜食器、酒器上。考虑到四瓣目纹是在晚商时才出现,当涡纹逐步从太阳之象的初义引申为天道运转时,有没有可能原有的太阳之意就需要另一种纹样来填补或者加强呢?在时人的眼中,日晕于太阳会不会有特别重要的意义呢?还真有可能,我们在文献中查阅

---

[1] 耿雪敏.先秦兵阴阳家研究[D].南开大学,2014:90-93.

[2] 齐浩然.惊异的天空奇观[M].北京:金盾出版社,2015:145.

[3] CCTV.com.幻日[EB/OL].https://www.cctv.com/program/zoujinkexue/20060522/102245.shtml,2006-05-26.

到一则资料：侗族的至高无上尊神"萨天巴"（天地日月、万物万类之创造者和源出者，也是天之魂、天之冠、天之母和东方的、光明的、司命的大神之总象征）在天上的象征就是日晕，故旧时当天空出现特别壮丽的日晕现象时，侗人认为是"千母大神"现身，不能用手指，要行祭天大礼。[1]

据学者整理的民俗资料显示，侗族人会在每年的农历八月十六举行隆重的祭天大典，而祭日晕是其中最重要的内容。在南侗地区，《致天魂之舞》是祭天活动中的头一个舞蹈仪式，一般由五位掌祭坛的祭师表演。"舞蹈时，以掌坛主祭师为轴心，他高举珠帘垂羽花伞，边走边旋，伞边的珠帘羽花向外飞射，形成光芒四射状，这就是日晕的舞蹈造型；其余四人各站一方，围绕主祭师舞蹈……做放射状……做抛丝织网状，这都是日晕光芒之造型……日晕被侗族奉为太阳的母亲，没有天魂日晕就没有一切。"[2] 从这则资料中显示了两个要点：其一日晕是太阳的创造者；其二祭祀舞蹈里太阳居中，而日晕环的扮演者正好是 4 位，与四瓣目纹构图一致。学者一般认为侗族是古代百越人的后裔，我们当然不能就此认定殷人也有类似的对日晕的认知。但在史前文化间广泛存在的文化交流，以及少数民族神话传说能够印证、补全汉族神话传说的"活化石"价值 [3]，使我们不能忽视日晕对殷人、周人具有同样重要象征意义的可能性，不然西周为何要设置专事观察日晕的官员"眡祲"呢？

三、十字纹、柿蒂纹及其他

在前面两个章节中，我们曾数次论及史前先民"立表测影"这一辨方正位活动产生的图像：圆圈和"十"字形，以及"⊙"符号和"⊕"符号。这些曾经在新石器时代高频出现的图符，在夏商周三代往往以新的形式持续存在着："⊙"符号不仅成了甲骨文中的"日"字，青铜器上的涡纹、乳丁纹、联（连）珠纹与各类兽目都与其脱不了干系；"十"字形是甲骨文中的"甲"字，天干序位第一，金文中的"亚"字，青铜器上的十字镂孔、柿蒂纹很可能也是其衍化的成果。

[1]　杨保愿．蜘蛛神话与民俗遗存 [J]．民族文学研究,1988（03）:72–78.
[2]　朱吉英．侗族传统文化中的日崇拜 [J]．民族论坛,2006（02）:42–43.
[3]　王宪昭．论少数民族神话的研究价值 [J]．理论学刊,2004（09）:108–111.

（一）十字纹

最早装饰十字纹的青铜器有两件：一件是 1975 年秋出土于河南偃师二里头的镶嵌十字纹圆铜器，另一件是上海博物馆藏的夏代晚期镶嵌十字纹方钺。河南偃师二里头镶嵌圆铜器（K4：2），直径 17 厘米、厚 0.5 厘米，出土时已残并已变形，原为正圆形；器边用 61 块长方形绿松石镶嵌，似钟表刻度形；中间镶嵌成两圈，每圈 13 个十字形；此器之正面蒙有至少六层粗细不同的四种布。[1] 上海博物馆收藏的青铜方钺是一件传世品，长 35.6 厘米、宽 33.2 厘米，器型方正，刃部平直，钺体中部有一个大圆孔，孔周以绿松石镶嵌了 6 组由 3 个十字形构成的卉形图案（也可看作两圈，外圈 12 个十字形，内圈 6 个十字形），整器重达 5 公斤以上。[2] 这两件夏代青铜器在纹饰排布、镶嵌工艺方面非常相似（见图3-7-1、2）。

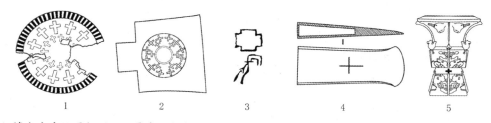

1. 镶嵌十字纹圆铜器；2. 夏镶嵌十字纹方钺；3. 安阳花园庄铜方斝（M54：43）"亚长"铭文；
4. 安阳孝民屯商墓锛（M17：19）；5. 安阳花园庄铜方尊（M54：84）下部十字镂孔

图 3-7　青铜器十字纹图像

（注：本图像由乔星星摹绘）

冯时先生认为两器共有的十字形图案具有共同的含义，即是天干"甲"字的象形，亦同甲骨文"甲"字；两器的圆形构图象征天道，又以"甲"字作为历日的象征，是组成历月及历年的基本单位；铜钺外周十二个"甲"字，象征十二月，为一岁之常，内周六甲，象征六阳月与六阴月；圆铜器边缘 61 之数乘 6 则为 366，为一岁之数，双周甲字喻历月之阴阳，每周十三甲，象征闰年十三月；若综合两器要素，可与《尚书·尧典》所载"期三百有六旬有六日，以闰月定四时，

[1]　中国科学院考古研究所二里头工作队.偃师二里头遗址新发现的铜器和玉器[J].考古,1976（04）:259-263+285-286.

[2]　张雷.走进艺术的殿堂:上海博物馆精品百件鉴赏[M].上海:上海教育出版社,1998:3-5.

成岁"历法体系吻合无间。[1] 有学者进一步指出,与镶嵌圆铜器同出的1件"器
分六节"的兽面纹玉柄形饰(K4:1),当为标记6爻的表,二者应是一套用于
测影和历算的天文历算仪器。[2] 发掘简报显示,K4坑底铺有一层朱砂,且仅出
了兽面纹玉柄形饰、镶嵌圆铜器各1件,结合镶嵌圆铜器出土时蒙有六层布,
可见古人埋藏时当是格外慎重,上述推测自也不无道理。

商代青铜器上的十字纹有两种形式:一种是十字纹饰,另一种是十字镂孔。
其中十字纹饰仅偶见,如郑州人民公园一期钺形器(C7M9:7)单面铸有一个
阴线"十"字[3];殷墟二期偏晚花园庄M54,所出青铜器上大多有铭文"亚长"
二字(见图3-7-3),"亚"是商代武职官名[4],金文"亚"字被学者视作十字
纹的变体,本义仍是太阳[5];殷墟三期的孝民屯M17,出土了1件青铜锛(M17:
19),一面正中刻有十字纹(见图3-7-4)[6]。十字镂空是商代青铜器上常见的
装饰形式,往往在觚、簋、尊、盘、罍等青铜器的圈足上端两两相对而存(见
图3-7-5)。学者一般认为十字镂孔在铜器制作过程中有固定底部模芯的实用
价值,郭宝均先生就曾指出:"觚、盘、瓿等器物的'十字孔',绝不是装饰
问题,而是铸范时,为了解决底范悬空的需要。"[7] 但考虑到青铜器本身制作不
易,且器用于神圣的祭祀仪式,故仍不能忽视十字镂孔本身具有的装饰性及其
设计上的象征意义。况且,商代青铜器上的镂空还有圆形、方形等形式,只是
十字镂空更为常见。据学者不完全统计,有商一代出土具十字镂孔的青铜器不
下二百件,其中觚最多,尊、罍、卣、盘、盂等较少,其他器类,如豆、簋、
壶等,则很少见,年代以殷墟二期到三期数量最多,之后装饰十字镂孔的铜器

[1] 冯时.中国天文考古学 [M].北京:中国社会科学出版社,2010:221-227.
[2] 邓宏海.中国天学的起源和进化:人类与授时工具协同进化十万年史 [M].安徽教育出版
      社,2015:351-354.
[3] 河南省文物考古研究所.郑州商城:1953—1985年考古发掘报告 [M].北京:文物出版
      社,2001.
[4] 徐广德,何毓灵.河南安阳市花园庄54号商代墓葬 [J].考古,2004(01):7-19+97-
      98+100-101+104+2.
[5] 何新.诸神的起源:中国远古太阳神崇拜 [M].北京:光明日报出版社,1996:10-23.
[6] 印群,何毓灵,王学荣,等.河南安阳市孝民屯商代墓葬2003—2004年发掘简报 [J].考
      古,2007(01):26-36+2.
[7] 郭宝钧.商周铜器群综合研究 [M].北京:文物出版社,1981:8.

减少，商末基本不见。[1]

可能受新的饰器思想和装饰手法影响，两周青铜器上纯粹的十字纹饰和十字镂孔已十分罕见。但十字纹并未消亡，只是其太阳的初义已渐模糊，其四出的结构所标识的人在宇宙中的方位意义，被时人与其他纹饰结合起来，衍化出了更多更精彩的装饰形式。

（二）柿蒂纹

商周青铜器上还有一种被称作柿蒂纹的纹饰。《中国纹样辞典》说其"因外形像柿蒂而故名"，并引《酉阳杂俎》所载"木中根固，柿为最。俗谓之柿盘"句，认为"这种纹样含有坚实、牢固之意，起源很早，主要用于陶瓷、青铜器和染织"[2]。盖因此纹样依象形而定名，又将类似图形笼统概称，目前学界对这一称谓异议颇多。因其尚无定论，此节我们仍依例沿用旧称。

柿蒂纹取象何物？意涵为何？除了柿蒂之外，当前比较有代表性的观点主要有四：其一，方华（花）纹，即标志四方的花，为李零先生考证两面饰有方形柿蒂纹的战国传世铜镜上的铭文"方华曼长，名此曰昌"后提出[3]；其二，天穹之花，张朋川先生认为柿蒂纹原是莲花，象征天庭中央的华盖，"居于天极中宫，它是古代宇宙图式中的天穹之花"[4]；其三，侯纹，刘道广先生认为战国时期天子射侯的"侯"的形制呈"×"型，柿蒂纹是"侯"形式的"便宜变化"，侯纹常饰器物中心钮部，有便于执、取的实用功能需要，并有"取爵富贵"的寓意[5]；其四，四叶纹，即花纹作四片叶的形状，田自秉先生依叶片的形态将其分述为蟠桃形、枫叶形、团扇形、佛光形、绒球形等，但同时又认为将四叶纹称为四瓣花纹更恰当些[6]。

基于以上认识，苏州大学的张晓霞教授博采众长，提出柿蒂纹是"四出的

[1] 张文娟,张书惠.试析商代青铜器上"十字孔"的意义[J].三峡论坛(三峡文学·理论版),2015,（03）:77-82.

[2] 郭廉夫,丁涛,诸葛铠.中国纹样辞典[M].天津：天津教育出版社,1998:17.

[3] 李零.万变：李零考古艺术史文集[M].北京：生活·读书·新知三联书店,2016:165-171.

[4] 张朋川.宇宙图式中的天穹之花——柿蒂纹辨[J].装饰,2002（12）:4-5.

[5] 刘道广.所谓"柿蒂纹"应为"侯纹"论辩[J].考古与文物,2011（03）:58-61+66.

[6] 田自秉.中国工艺美术史（修订本）[M].上海：东方出版中心,2010:74.

十字花，宇宙图式的象征符号"，她认为"四瓣纹的十字形结构蕴含中国古代早期哲学和天象方面的一些观念。战国时期的四瓣纹主要呈现出与太阳的象征关系，汉代开始又融入了象征天穹的莲荷之花的造型和意象"[1]。这一论述，我们认为是可取的。因为，纹饰的内涵是呈动态发展的，随着社会文化思想、政治经济、科学技术的发展，新内涵融入并与纹样的初义结合，甚或更替，这才是纹样发展史的常态。需要注意的是，上述学者的讨论主要集中在四瓣的柿蒂纹上，而考古报告中指称为柿蒂纹的纹饰还可见三至六个瓣数的。如 1965 年山西长治分水岭 126 号战国墓出土了 3 种饰柿蒂纹的铜器：铜盖豆的盖中心错饰三瓣柿蒂纹；Ⅰ 式当卢中间镂孔，透雕四蟠螭和四瓣柿蒂纹；圆形铜镜中心饰六瓣柿蒂纹。[2] 而我们实际观察入药的干柿蒂，一般都是四瓣或称四裂。但是我们也注意到，四瓣的柿蒂纹仍然是青铜器纹饰的主流。

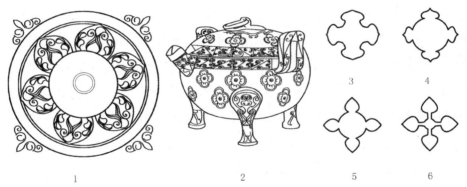

1. 山西长治战国铜镜 6 瓣柿蒂纹；2. 洛阳博物馆战国错金银铜鼎；
3~6. 战国铜镜柿蒂纹的四种常见类型

图 3-8 青铜器柿蒂纹图像

（注：本图像由乔星星摹绘）

学者一般认为，柿蒂纹兴起于东周，流行于汉代。目前可知年代最早，饰有柿蒂纹的 1 件青铜器，是收藏于洛阳博物馆的西周柿蒂纹铜尊。有学者撰文称其在洛阳铁二中南出土，高 26 厘米、口径 15.7 厘米、底径 12 厘米，喇叭口，直颈，腹部微鼓，上饰有一周柿蒂纹，高圈足，足上刻有铭文。[3] 遗憾的是，该文未配图像，

[1] 张晓霞. 战国至两汉"四瓣纹"造型及意象考 [J]. 南京艺术学院学报（美术与设计），2021（06）:37-42.

[2] 边成修. 山西长治分水岭 126 号墓发掘简报 [J]. 文物，1972（04）:38-46+74+78-79.

[3] 孙海岩. 西周柿蒂纹铜尊的修复 [J]. 文物修复与研究，2009（00）:68-70.

仅描述了铜尊的修复过程和技术，未能一睹真容。但洛阳博物馆还收藏了 1 件异常精美的战国错金银铜鼎，鼎盖饰一周、腹部饰两周，共饰三周柿蒂纹，纹饰以错金工艺制作，在光线映照下熠熠生辉、华丽异常。张晓霞教授还将战国至汉代的四瓣柿蒂纹按瓣形和四出瓣与中心区域的组合关系的不同，归纳提炼出 6 种基本型，其中战国时期四瓣纹 4 型（见图 3-8）。从这 4 种基本型中，我们确实可以感受到自石器时代便出现的十字符号所拥有的强大辐射力与感染力。而当这些柿蒂纹位于器物中心或者盖顶的时候，我们又似乎可以体悟到古人那种纳天地于方寸间的豪情。十字纹、涡纹、柿蒂纹都曾出现于器物的中心或者盖顶纽上，《周礼·考工记》云："盖之圜也，以象天也。"我们确信这些纹样的设计与布局一定渗透着古人对天之体、天之极的创想与思考。

（三）其他

除了上述纹样之外，夏商周时期的青铜器上也还可偶尔见到相对具象的"天体星象纹"。1960 年 5 月，湖北荆门漳河车桥西南端的小山岗上，发现 5 座战国竖穴土坑墓（无棺椁，深约 3 至 4 米），其中 1 座出土戈、剑各 1 件。据发布者描述，戈发现于墓南壁中间，青铜铸成，全长 22 厘米、内长 8.3 厘米、宽5 至 6.8 厘米；两穿无胡，内上两面刻鸟纹，铭文分两面排列于"T"形内穿两侧，释为"兵关大武"；戈援的两面各凸铸（未出器面）一人像，耳饰蛇形、片身鳞甲，头绾发髻，插雉尾毛四根；两手曲举，分握一龙和一双头怪兽；腰系蛇带，两腿呈蹲踞形；胯下一龙，足踏日月（见图 3-9-1）。[1] 未曾想，这件青铜戈的发布随即引发学界热议，此后数十年内竟有多位著名学者多次就其器名器用、铭文释读和图像含义等撰文论辩，遂成一段学界佳话。李学勤先生亦曾感叹："小墓所出的一件兵器，得到学术界这样的反复推求研究，实在是仅见的，可见这件戈有着突出的重要性。"[2]

目前，此戈收藏于荆州博物馆，展出名定为"兵辟太岁"戈。[3] 此"兵辟太

[1]　王毓彤 . 荆门出土的一件铜戈 [J]. 文物 ,1963（1）:64-65.

[2]　李学勤 ."兵避太岁"戈新证 [J]. 江汉考古 ,1991（02）:35-39.

[3]　荆州博物馆 ."兵辟太岁"戈 [EB/OL].http://www.jzmsm.org/yk/cangpin/guobaoxinshang/qingtongqi/2017-08-21/992.html,2009-08-19.

岁"之名应源自 1985 年俞伟超、李家浩两先生对戈内铭文的释读。[1] 学者对器
名的相关争议此处暂且不展开讨论，我们比较好奇的是，"兵辟太岁"戈援上
的神人为何会足踏日月呢？马承源先生最早述及图像中的日月，他认为"《山
海经·大荒东经》的鹓是司日月长短的，《大荒西经》的石夷也是同样的职司，
这个怪神的图像足下有日月，大约也是一种司日月之神"[2]。俞伟超先生起初释
戈上铭文为"大武闘兵"，认为此器是巴人舞"大武"（周代祭祀先祖的一种乐舞）
时所用的铜戚。[3] 二十年后，先有黄锡全先生提出"大武辟兵"新释[4]，随后俞
伟超先生和李家浩先生共撰一文，提出了全新的看法，他们认为原释为"武"
的铭文从"止"从"戊"，当是"歲"（岁的繁写）字的省写；"太"是"大"
的后起的分化字，故戈铭"大岁"即"太岁"；太岁又叫作太明、天一、青龙（或
作苍龙），是古人设想的一颗与岁星（木星）运行方向相反的星；《山海经》
所载的噎鸣或噎是太岁神，有主察日月星辰运行的职能，戈援上的神人足踏日月，
当即司日月之象，正是太岁神噎鸣或噎。[5]

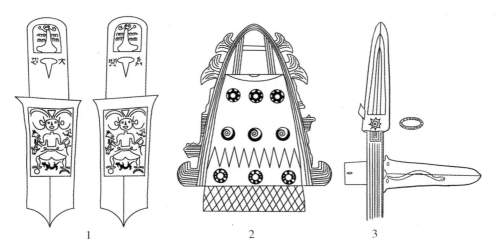

1. 湖北荆门"兵辟太岁"戈；2. 四川茂县牟托 1 号石棺墓钮钟（M1：88）；3. 戟（M1：
165）

图 3-9 "兵辟太岁"戈及其他图像

[1] 俞伟超,李家浩.论"兵辟太岁"戈 [J].出土文献研究,1985（00）:138-145.
[2] 马承源.关于"大武戚"的铭文及图像 [J].考古,1963（10）:562-564.
[3] 俞伟超."大武闘兵"铜戚与巴人的"大武"舞 [J].考古,1963（03）:153-155.
[4] 黄锡全."大武辟兵"浅析 [J].江汉考古,1983（03）:47-50.
[5] 俞伟超,李家浩.论"兵辟太岁"戈 [J].出土文献研究,1985（00）:138-145.

（注：本图像由杨姣摹绘）

太岁，实为古人因岁星纪年法的需要而虚拟的一颗星。我国古代认为木星十二年一周天，所以把它叫作岁星，遂以它所在十二等分黄道一周的十二次名，作为纪年，是为岁星纪年法。[1] 如《国语·周语》载伶州鸠云："昔武王伐殷，岁在鹑火。"即言武王伐殷那年岁星运行在柳宿。但岁星运行的方向为自西向东，与古人将黄道分为十二支的方向顺序正好相反。为避免这种不方便，古人便假设了一颗与岁星相应的星，作与岁星实际运行相反的方向运动，并以这颗假设的星每年所在位置来纪年，这颗假设的星就叫"太岁"，这种纪年法亦称太岁纪年法。[2] 俗语"太岁头上动土"谓太岁为凶神。这一禁忌文化的源头，来自古代星占家的"理论"。我们知道，木星是地外行星，它的视运动轨迹会有所谓逆行、顺行的变化，又因其实际绕太阳一周仅需 11.8 个地球年而有所谓超辰的现象，在古人眼中便显得格外神秘。春秋战国时期，诸侯国间战事频繁，配合着上古流传的"分野"说，星占学家们发展出以岁星所在区域占卜吉凶祥妖的理论。一般以岁星所在之国为祥，不可征伐；而其星次相对之国，则有饥馑，可以征伐。此即《淮南子·天文训》载："岁星所居，五谷丰昌。其对为冲，岁乃有殃。"又："太岁迎者辱，背者强；左者衰；右者昌。"《荀子·儒效篇》载："武王之伐纣也，行之日以兵忌，东面而迎太岁。至汜而泛，至怀而坏，至共头而山隧。霍叔惧曰：'出三日而五灾至，无乃不可乎？'"此所谓"出三日而五灾至"即反映时人认为武王伐纣初期受挫，是冲犯太岁所致。

随着新的考古资料不断公布，李学勤先生发现"兵避太岁"戈援图像与马王堆帛书《太一避兵图》类同。[3] 李零先生亦注意到二者联系，他认为太一是太岁的别名，并力证戈援图像为《史记·封禅书》所载"以牡荆画幡日月北斗登龙，以象太一三星，为太一锋，命曰'灵旗'"中的"太一锋"，戈援神人足下的日月，代表"月刑日德"的概念。[4]《淮南子·天文训》载："天圆地方，道在中央。日为德，月为刑。月归而万物死，日至而万物生……凡用太阴，左前刑，右背德，

[1] 陈遵妫 . 中国天文学史（下）[M]. 上海人民出版社,2016:977-978.

[2] 刘道超 . 论太岁信仰习俗 [J]. 西南民族大学学报（人文社科版）,2004（09）:341-343.

[3] 李学勤 . "兵避太岁"戈新证 [J]. 江汉考古,1991（02）:35-39.

[4] 李零 . 湖北荆门"兵避太岁"戈 [J]. 文物天地,1992（03）:22-25.

击钩陈之冲辰，以战必胜，以攻必克。"可见"月刑日德"源自古人观察自然阴阳变化而形成的对应逻辑，如日、阳气、好生、德的联想对应月、阴气、死亡、刑的联系。总之，"兵辟太岁"戈援部图像现被视为中国早期"避兵术"中"太一避兵"的考古实物，其图用相当于古代占卜体系中的厌劾之法。[1] 其戈援神人足踏的日月，既是少见的指向明确的青铜器饰"天体星象纹"，也提示了东周时期的崇天思想中日月地位的下移。

此外，巴蜀地区墓葬出土的东周青铜器上，也还偶见太阳纹饰。如1992年，四川茂县牟托一号石棺墓及陪葬坑出土了大量青铜器和玉石器。墓中出有1件钮钟（M1∶88），钟体两面各饰三排9颗圆泡形枚，其中第一排及第三排6颗枚皆饰太阳纹，第二排3颗枚皆饰圆涡纹（见图3-9-2）；另1件钮钟（M1∶124），钟体正面饰阴刻圆涡纹、四瓣花、十字纹、星纹等；陪葬坑出有1件戟（K2∶14），援已残，断口处磨平，靠断口中部有一太阳纹（见图3-9-3）；发布者认为铜组钟及戟上的太阳纹，与滇文化、滇西青铜文化铜鼓上所铸太阳纹相同。[2] 牟托一号石棺墓属岷江上游的石棺葬文化，其族属应为巴蜀人的一支，所出土的大量中原风格的青铜礼乐器上，却又出现滇西青铜文化及滇文化元素，充分表明了先秦时期文化大交融的普遍性。前述"兵避太岁"戈，据俞伟超先生分析，其形制与巴县冬笋坝9号墓所出标本类同，且与戈同出的柳叶形剑是常见的巴人武器，故认为此戈可能是巴人助秦伐楚所携之物。[3] 实际上，夏商周时期的蜀文化、滇西青铜文化中，还是存在着大量的各种形式的"天体星象纹"，我们会在后文分别陈述。但夏商周三代青铜器，尤其是中原地区出土的青铜器，确实少见写实形态的"天体星象纹"。我们认为，这种现象也与夏商周三代时期中原地区的祖灵崇拜与天帝崇拜逐渐兴起，太阳崇拜被置于非核心的位置有关。

---

[1]　苏晓威. 中国早期的"避兵术"[J]. 中国文化,2016（02）:175-181.

[2]　茂县羌族博物馆,阿坝藏族羌族自治州文物管理所. 四川茂县牟托一号石棺墓及陪葬坑清理简报[J]. 文物,1994（03）:4-40+1+1.

[3]　俞伟超."大武"舞戚绩记[J]. 考古,1964（01）:54-57.

第三节　古蜀王国遗存中的"天体星象纹"

　　古蜀国，先秦时期偏居中国西南隅的古代国家，其人以成都平原为中心，主要活动于四川盆地及其邻近地区。得益于 20 世纪以来三星堆遗址的重大考古发现，学界已充分认识到，商代的古蜀王国，原来是一个拥有大型城市、灿烂青铜文化和文字（符号）的高度发展的文明古国。[1] 既如此，古蜀国文明自不会是凭空而来又凭空而去，我们还需从时空维度进一步将其锚定。当下的学术概念中，尚有巴蜀文化、古蜀文化、蜀文化、巴文化等提法，本节所称古蜀国，更接近于古蜀文化的时空范畴，即着眼于春秋及以上时期的"蜀"[2]，时代与中原夏、商、西周时期约同。

　　关于蜀族的起源，《史记·五帝本纪》载黄帝"生二子，其后皆有天下。其一曰玄嚣，是为青阳，青阳降居江水。其二曰昌意，降居若水。昌意娶蜀山氏女。"蜀山氏是目前文献可溯最早与蜀有关的记载，而学者多认同蜀族的族属出自岷江上游的氐羌一系，童恩正先生还指出氐族是"从川西高原进入成都平原的边缘地带"，成为蜀族祖先的。[3] 当前的考古资料表明，成都平原迄今发现最早的新石器时代遗存是宝墩文化，约同三星堆一期 [4]，年代距今约 4500—3700 年 [5]。关于宝墩文化的来源，一说源于岷江上游以营盘山为代表的一类文

[1]　段渝. 略论古蜀与商文明的关系 [J]. 史学月刊,2008（05）:20–26.

[2]　李诚,张以品. 古蜀文化与三星堆"神鸟扶桑"新证——兼评《古代巴蜀与南亚的文化互动和融合》[J]. 四川师范大学学报（社会科学版）,2022,49（03）:167–173.

[3]　童恩正. 古代的巴蜀 [M]. 成都：四川人民出版社,1979:55–57.

[4]　陈德安. 古蜀文明与周边各文明的关系 [J]. 中华文化论坛,2007（04）:11–18.

[5]　江章华,王毅,张擎. 成都平原先秦文化初论 [J]. 考古学报,2002（01）:1–22.

化遗存[1]，另一说则认为"是受长江中游文化影响，与本地土著文化相结合而发展成的"[2]。三星堆文化是宝墩文化的延续，其成都平原上的古遗址主要是广汉三星堆，绝对年代距今 3700—3200 年左右，大致相当于二里头文化第三期至殷墟第二期[3]。三星堆文化拉开了古蜀文明青铜时代的帷幕，随后又为十二桥文化所继承。十二桥文化是广泛分布于成都市区故郫江两岸、以十二桥遗址为代表的一类遗存，包括著名的金沙遗址，年代为殷墟第三期至春秋前期[4]。

据汉晋文献中的古史传说记载，古蜀国曾有数代蜀王。如《太平御览》引扬雄《蜀王本纪》云："蜀之先称王者，有蚕丛、折权、鱼易、俾明。是时椎髻左衽，不晓文字，未有礼乐。从开明已上至蚕丛，凡四千岁。次曰伯雍，又次曰鱼尾。尾田于湔山得仙。后有王曰杜宇，又有朱提氏女名曰利，自江源而出，为宇妻。乃自立为蜀王，号曰望帝，移居郫邑。"[5] 目前，学者一般认同古蜀国有蚕丛氏、柏灌氏、鱼凫氏、杜宇氏、开明氏几代蜀王。[6]但历代蜀王与成都平原各考古学文化间的年代序列对应关系，尚缺乏考古学上的明证。武家璧先生研究指出，古蜀国的历史可分为"蚕丛—柏灌—鱼凫"三代，及"杜宇—开明"王朝两大时期；蚕丛三代相当于考古学上的三星堆文化，可称为"先蜀"；杜宇开创的时代相当于考古学上的东周巴蜀文化，可称为"后蜀"；"先蜀"与"后蜀"之间的文献记载空白期，大致相当于考古学上的十二桥文化。[7]

至此，我们已大致厘清本节所称古蜀国的时空范畴，即在考古学中以三星堆文化、十二桥文化为主体的古蜀青铜文明，以四川盆地西部的成都平原为核心分布区，年代距今 3700—2500 年，约同夏商之际至春秋时期。雷雨先生也指出，三星堆文化与十二桥文化共同构成了四川盆地青铜文化的重要阶段[8]。同时，

[1]　黄昊德，赵宾福．宝墩文化的发现及其来源考察 [J]．中华文化论坛，2004（02）:15–19.

[2]　俞伟超．四川地区考古文化问题思考 [J]．四川文物，2004（02）:3–5.

[3]　许丹阳．三星堆文化研究四十年 [J]．中国文化研究，2021（02）:51–62.

[4]　孙华．四川盆地的青铜时代 [M]．北京：科学出版社，2000:49–67.

[5]　（宋）李昉，等．太平御览 [M]．北京：中华书局，1960:808.

[6]　付顺．古蜀区域环境演变与古蜀文化关系研究 [D]．成都理工大学，2006:10.

[7]　武家璧．古蜀的"神化"与三星堆祭祀坑 [J]．四川文物，2021（01）:84–95.

[8]　雷雨．三星堆遗址的发现、发掘与研究 [A]．王春法．古蜀华章：四川古代文物精华 [M]．北京时代华文书局，2019.

三星堆文化与十二桥文化的遗存，还反映出古蜀国存在着独特的太阳崇拜体系，并充满了浓厚的巫术氛围与宗教色彩。

一、金沙遗址里的太阳神鸟与太阳祭司

若论古蜀王国最著名的出土文物，莫过于 2001 年出土于四川成都金沙村遗址的 "四鸟绕日" 金饰，又名 "太阳神鸟"。2005 年 8 月，经由国内著名专家联名推荐以及公示，国家文物局正式公布采用金沙 "四鸟绕日" 金饰图案作为 "中国文化遗产标志"，并认为 "'四鸟绕日' 图案是中华先民崇拜太阳艺术表现形式的杰出代表之作，所表达的追求光明、团结奋进、和谐包容的精神寓意，彰显了中国政府和人民保护祖国文化遗产的强烈责任心和神圣使命感"[1]。古蜀王国的 "太阳神鸟" 由此而家喻户晓。

"四鸟绕日" 金饰（出土编号：2001CQJC：477），整器呈圆形，器身极薄，外径 12.5 厘米、厚 0.02 厘米。金饰上的镂空图案可分为内外两层，内层为一圆形和圆周等距延伸出的 12 条旋转的齿状光芒；外层图案由 4 只等大、等距的飞鸟，环绕着内层图案构成。飞鸟均为侧面绘像，故仅见单翅单足，有微钩喙、细长颈，鸟身较小，云状短翅，短尾长足，爪有三趾。而且这 4 只飞鸟首足前后相接，朝同一方向逆时针飞行，与内层旋转方向刚好相反（见图 3-10-1）。据发掘者称，金饰出土地点位于遗址东南部的 "梅苑" 东北部，结合同地点出土的大量金器、铜器、玉器大多无使用痕迹，并且伴出有大量石璧、石璋，以及象牙、野猪獠牙、鹿角和卜甲（有密集灼孔的龟腹甲）的情况，发掘者认定这是一处宗教祭祀活动区。[2]

从发掘者对 "四鸟绕日" 金饰的定名，便足以看出这件金饰上的图像指向性非常明确，这就是我们前章曾经探讨过的史前丙类 H 型太阳图像，太阳和鸟的同构图式。金沙村遗址出土文物资料发布后，"四鸟绕日" 金饰引发了学者热议，图像反映古蜀文明的太阳崇拜和鸟崇拜基本已成共识。该遗址还出有 3 件铜有

---

[1] 新华社.国家文物局正式公布 "中国文化遗产标志" [EB/OL].http://www.gov.cn/jrzg/2005-08/17/content_23891.htm,2005-08-17.

[2] 朱章义，王方，张擎.成都金沙遗址 I 区 "梅苑" 地点发掘一期简报 [J].文物,2004（04）：4-65+97-100+3.

领璧形器，发掘简报公布了1件标本（出土编号：2001CQJC：588），铜璧环面一侧有一矩形短柄；环两面均饰有3只首尾相接的飞鸟（见图3-10-2）；直径10.2厘米、孔径4.3厘米、领高2.9厘米。[1] 环面图案中的飞鸟，姿态与"四鸟绕日"金饰相同，其中一面为逆时针飞行，另一面为顺时针飞行，纹饰工细精美，当还是表现的"太阳神鸟"。关于四鸟，有学者认为与《山海经》中多处关于帝俊之裔"使四鸟"的记述有关[2]；也有学者认为是"金乌驮日"翱翔宇宙的传说再构，并结合金饰中央的太阳图像的12道光芒，认为金沙人已具备"回归年""朔望月""太阳日"的系统天文知识[3]。

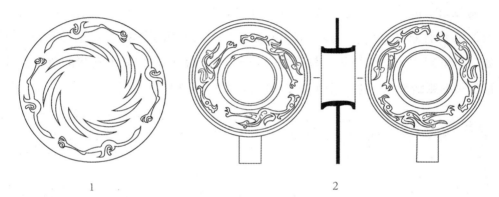

1."四鸟绕日"金饰（2001CQJC：477）；2.铜有领璧形器（2001CQJC：588）

图3-10　"四鸟绕日"金饰、铜有领璧形器图像

（注：本图像由刘胜蓝摹绘）

鸟的形象还出现在金沙村遗址其他出土器物上。如圆环形射鱼纹带金饰（出土编号：2001CQJC：688），纹饰由4组单元图案錾刻而成，每组图案分别有一鱼、一鸟、一箭和一人面状圆圈（见图3-11-1）。其图案与三星堆遗址出土的金杖图像非常接近，区别主要在于金杖上无人面圆圈，錾刻的是一面带笑容的戴冠神人像（见图3-11-2）。不过，三星堆二号坑出有1件铜挂件（出土编号：K2③3：115-7），由一个圆泡（圆泡上的图像与射鱼纹带金饰上的人面圆圈一致）和下方呈"八"字形顶着圆泡的2只鸟组成，俨然又是太阳和鸟的同构图式（见

[1] 朱章义,王方,张擎.成都金沙遗址Ⅰ区"梅苑"地点发掘一期简报[J].文物,2004（04）:4-65+97-100+3.

[2] 黄剑华.太阳神鸟的绝唱——金沙遗址出土太阳神鸟金箔饰探析[J].社会科学研究,2004（01）:130-134.

[3] 彭元江.对金沙"太阳神鸟"的几点蠡测[J].文史杂志,2008（06）:12-14.

图 3-11-3）。如果将三者联系起来看，我们便可恍然大悟：两件金器錾刻图像的组构关系类同，一鱼、一鸟、一箭不变，那么射鱼纹带金饰上的人面圆圈应该就是金杖戴冠神人像的简化；再结合铜挂件上的阳鸟图式来看，金杖戴冠神人像当是拟人化的太阳神，人面圆圈则是其简化形式。我们认为，简化后的人面圆圈外形其实更贴合其太阳神的图像内涵，金杖上具象的戴冠神人反而令我们无法立刻将其与太阳联系起来。发掘简报显示，金沙村遗址还出土了 2 件铜鸟，1 件仅剩鸟首，1 件喙部、尾部及爪残断，标本（出土编号：2001CQJC：553）通长 6.6 厘米、高 5.1 厘米。[1] 这件铜鸟圆雕，鸟首略微上昂，双目圆而外凸，双翅收束身侧，翅尖上翘，尾羽薄而折向下垂，分为两枝。短颈上饰有鳞纹，双翅饰长羽饰卷云纹。鸟腹下有一残断的柱，可能用于榫接在其他器物上，或如三星堆般立于神树枝头。有意思的是，金沙遗存中还有长着鸟喙的鱼纹，外形似鸟的眼睛形器，进一步展现了金沙人对"太阳神鸟"的崇信。

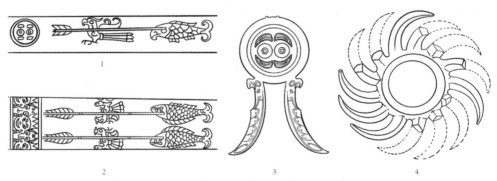

1. 射鱼纹带金饰（2001CQJC：688）；2. 三星堆金杖（K1：1）；3. 圆形饰（K2③：115-7）；
4. 金沙遗址铜立人像（2001CQJC：17）帽饰俯视图

图 3-11　射鱼纹带金饰、金杖、圆形饰、铜立人像帽饰图像

（注：本图像由杨姣摹绘）

此外，该遗址还出有 1 件铜立人像（出土编号：2001CQJC：17），由上下相连的立人和插件两部分组成，通高 19.6 厘米[2]。值得注意的是，这件小型铜立人像头戴一道环形帽圈，13 道弧形芒状饰沿着帽环周缘呈反时针旋转（见图

---

[1]　朱章义,王方,张擎.成都金沙遗址Ⅰ区"梅苑"地点发掘一期简报[J].文物,2004（04）：4-65+97-100+3.

[2]　朱章义,王方,张擎.成都金沙遗址Ⅰ区"梅苑"地点发掘一期简报[J].文物,2004（04）：4-65+97-100+3.

3-11-4，其中有8道芒状饰残断）。俯视帽子上的弧形芒状饰，我们会发现其与"四鸟绕日"金饰上的12条旋转的齿状光芒非常相似，应该同样是对太阳光芒的表现。所以在出版的考古报告中，发布者认为此铜立人像"表现的就是一位头罩太阳光环，手持替太阳洗浴的树枝，承担着迎送太阳职责的拥有神权的贵族形象，他是光明的使者，在某种意义上还是太阳神的代表"[1]。这分明就是一位太阳祭司啊，或也可视其为古蜀国的神权领袖！若"四鸟绕日"金饰上的12条旋转的太阳光芒代表平年的十二个月，祭司所戴"太阳帽"上的13条旋转的太阳光芒当是代表闰年的十三个月。众所周知，"阴阳合历"是以太阳的运转周期定年的长度，以月亮盈亏的周期定月的长度；但是年、月、日三者之间不能公约，历月也难与朔望月的周期（29.506天）匹配，时间一久，历法与天象的偏差就会越来越大[2]；所以，古人设置了大小月、平闰年来使其尽量相符。据冯时先生研究，商代历法中闰月的安排与分至点的位置几乎是吻合的，一旦分至在应该出现的月份没有出现，便置以闰月来调节[3]。这说明"置闰"在早期的时候，是由专门人员通过实际观测天象来随时调整的，这或许也是金沙太阳祭司的实务之一，而13道旋芒的"太阳帽"正是"置闰"这一权柄的象征。

二、三星堆遗址里的神树和太阳形器

1986年7月，四川广汉三星堆遗址一号祭祀坑在当地砖厂工人取土时被意外揭露[4]，考古工作者随后又发现二号祭祀坑，并从两座祭祀坑中发掘出上千件青铜器、金器、玉石器、象牙和大量海贝。正所谓"沉睡数千年，一醒惊天下"，这批风格迥异于世的古文明瑰宝一经面世，立即引发了海内外学者对古蜀文明的持续关注与热情。而就在二号祭祀坑中，出土了两大一小共3棵青铜神树，其中1棵经发掘者初步拼对，测得残高达350厘米左右；神树上均有枝、叶、花、果、飞禽走兽和铃等挂饰[5]。后经修复，形制最大的Ⅰ号大型神树（出土编号：K2②：94）除顶枝和部分附件未发现外，基本得以复原，测得树干残高359厘

[1]　成都市文物考古研究所，北京大学考古文博院.金沙淘珍[M].北京：文物出版社,2002:47.
[2]　朱晓光.阴阳合历中年的长度与历月的安排[J].中医药文化,1991（04）:29-30.
[3]　冯时.天文学史话[M].北京：社会科学文献出版社,2011:127.
[4]　陈德安，陈显丹.广汉三星堆遗址一号祭祀坑发掘简报[J].文物,1987（10）:1-15+97-101.
[5]　二陈.广汉三星堆遗址二号祭祀坑发掘简报[J].文物,1989（05）:1-20+97-103.

米，通高 396 厘米，为当前世界上最大的单件青铜器。而Ⅱ号神树（出土编号：K2 ②：194）由于全器被火烧、砸击，树座残破变形且出土器件不全，难以拼接复原，目前树干残高 142 厘米，通高 193.6 厘米。[1] 三星堆神树不仅形制巨大，工艺精美，世所罕见，但更重要的还是其无与伦比的研究价值。神树基本状态见图 3-12。

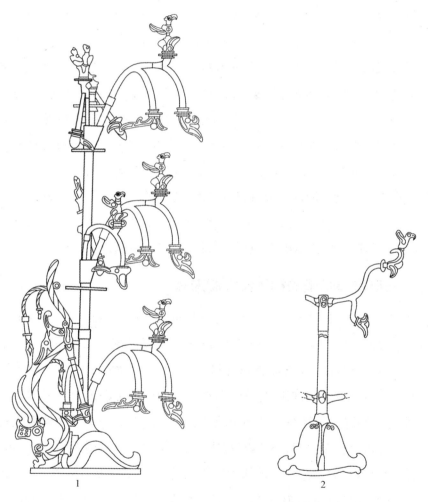

1. Ⅰ号大型神树（K2 ②：94）；2. Ⅱ号神树（K2 ②：194）

图 3-12　三星堆Ⅰ、Ⅱ号大型青铜神树图像

（注：本图像由张茜摹绘）

[1] 四川省文物考古研究所. 三星堆祭祀坑 [M]. 北京：文物出版社,1999:214-220. 按：下文中的青铜神树各部件数据、形态均源自本条所引文献，如非必要，不再一一注明。

较完整的 I 号大型神树，整器以分段铸造法制作后组合而成，可大体分作底座、树身和龙三部分。底座部分：最下是最大直径 93.5 厘米的圆形座圈，上接 3 道底部镂空的拱形足，足尖微翘，拱顶合拢为树干基座；拱顶有长方形孔洞，可能原嵌有附件；座圈和拱顶各饰有 2 组对称的窃曲纹。树身部分：笔直的主干上套铸有 3 层树枝，每层有 3 根枝条，3 层共 9 枝；第 1 层靠近根部，第 2 层居中，第 3 层在顶部，在 2、3 两层树枝下套铸有镂空的涡纹大圆环；树尖部分也有一大圆环，环上似生有花朵，顶部已残缺；每层树枝都有 1 根分叉和 2 根不分叉的树枝，枝条如抛物线形柔曼下垂；每根枝头都套有镂空的涡纹小圆环，枝端为一长一短两枚镂空花瓣包裹的尖桃形果实，计有 21 枚；每根树枝中段刚过弧顶处有一向上的短枝，枝上有镂空的圆环，上生花朵，花中果实上立一只鸟，计有 9 只；鸟面朝外，勾喙昂首，喙尖有穿孔，脑后有齿状冠，翅多残断，尾羽镂空上翘。龙部分：头下尾上，从第 2 层树枝部沿树干蜿蜒而下，前足落于座圈；尾已残断，绳索状身体作波形弯曲，胸、腹、尾各用一支钉与树干相连；龙头的鼻、额部各生有一弯角，耳部残缺，颈项后有一只短翅，背上有形似人手的爪；龙的腹下和尾脊处还各有一剑状羽。

II 号大型神树的树座、树身造型与 I 号神树基本相同，但因缺件太多，整体树形不明晰。从底部座圈的直径（54.8 厘米）看，整树可能比 I 号神树略小。需要注意的是，II 号神树在座圈三足间各起有一方台，台上各有一高为 19 厘米的跪坐人像，计有 3 人。人像头顶中空，戴面罩，大眼、大耳、直鼻，身着饰有勾云纹的对襟半袖长衣，双臂平抬，手呈握持状。另外，从第二层相对完整的一根树枝看，枝条形态与 I 号神树略有区别：树枝没有向上的短枝，而是在中段分支，一支向上，一支向下；枝端各开一花朵，花托套有圆环，花分一长一短两瓣，内有一较小的桃形果实；上枝的花瓣上立有一只昂首展翅的鸟。据中国央视网报道，目前仍在发掘的三星堆遗址于 2019 年新发现的 6 个祭祀坑中，考古人员发现了造型、体量均与 II 号神树相似的神树残件 [1]。我们将持续关注最新的考古发掘成果，期待完整形态的 II 号神树能再现人间。

[1]　央视网.三星堆新发现 | 七八号坑现神树残件 解码三星堆添新钥匙 [EB/OL].https://news.cctv.com/2021/12/25/ARTI4kSjUIMz38RwpxQxYA9K211225.shtml,2021-12-25.

Ⅰ、Ⅱ号大型神树一经面世，学者就不约而同将其与《山海经》的记述联系起来。相关记述主要涉及三种传说中的树木，其一为扶木。《山海经·大荒东经》载："大荒之中，有山名孽摇郡羝，上有扶木，柱三百里，其叶如芥，有谷曰温源谷。汤谷上有扶木，一日方至，一日方出，皆载于乌。"郭璞注："扶桑在上。"又《山海经·海外东经》载："下有汤谷。汤谷上有扶桑，十日所浴，在黑齿北。居水中，有大木，九日居下枝，一日居上枝。"《淮南子·地形训》云："扶木在阳州，日之所曊。"高诱注："扶木，扶桑也。在汤谷之南。"扶木即扶桑木，长在东方汤谷，是为"十日神话"中的"太阳神树"，学者已多论述，兹不再赘。其二为若木。《山海经·海内经》载："南海之外，黑水青水之间，有木名曰若木，若水出焉。"又《山海经·大荒北经》载："大荒之中，有衡石山、九阴山、洞野之山，上有赤树，青叶赤华，名曰若木。"据学者考证，"若"是"叒"字的讹变，"叒"是"桑"字的省体，古人认为东西方太阳神树都是桑木，叒讹作若之后，典籍便多以扶桑指称东方太阳神树，以若木指称西方太阳神树。[1]故《楚辞·离骚》云："饮余马于咸池兮，总余辔乎扶桑。折若木以拂日兮，聊逍遥以相羊。"若木为日暮之处，折若木之枝拂日，使之不暮，以继逍遥游也。有学者坚持认为，Ⅰ、Ⅱ号大型神树"一棵象征着扶木，一棵象征着若木，它们是三星堆人太阳崇拜的产物"，并推测Ⅱ号神树可能有一条头上尾下的升龙，以龙的升降象征太阳的升起和降落。[2]

其三为建木。《山海经·海内南经》载："有木，其状如牛，引之有皮，若缨、黄蛇。其叶如罗，其实如栾，其木若蓝，其名曰建木。在窫西弱水上。"郭璞注："建木，青叶，紫茎，黑华，黄实，其下声无响，立无影也。"又《山海经·海内经》载："有九丘，以水络之：名曰陶唐之丘、有叔得之丘、孟盈之丘、昆吾之丘、黑白之丘、赤望之丘、参卫之丘、武夫之丘、神民之丘。建木，百仞无枝，有九欘，下有九枸，其实如麻，其叶如芒，大暤爰过，黄帝所为。"袁柯先生认为，"大暤爰过，黄帝所为"中的"过非经过之过，乃'上下于此，至于天'之意"，"此

[1] 贾雯鹤.《说文解字》关于太阳循环记载的研究 [J]. 中南民族大学学报（人文社会科学版），2003（05）:52-56.

[2] 孙华，黎婉欣. 中国上古太阳鸟神话的起源与发展——从古蜀文化太阳崇拜相关文物说起 [J]. 南方文物，2022（01）:1-13.

'为'者，当是'施为'之'为'，言此天梯建木，为宇宙最高统治者之黄帝所造作、施为者也"[1]。《淮南子·地形训》云："建木在都广，众帝所自上下。日中无景，呼而无响，盖天地之中也。"典籍中的建木，在"弱水上"，在"都广"，且有日中无影的异象，被视为天地的中心。蒙文通先生认为，《海内经》四篇所说的"天下之中"是指今四川西部，又"都广即是广都，今四川双流县，在四川西部"[2]。又《淮南子·地形训》云："若木在建木西，末有十日，其华照下地。"故有学者提出，古蜀人尊崇西蜀"天下之中"的建木和"建木之西"的若木，认为它们是众神通天地的天梯和日神的栖息之所，三星堆铜树上的花、珠、鸟是日神的表征[3]。

还有学者认为，三星堆青铜神树是"一棵具有复合特征的通天神树"，它既是神话中扶木与若木的象征，也是天地之中天神借以往来的建木的生动写照，还可以说是古蜀时代的一棵宇宙树[4]。世界上许多民族在认识和思考天地结构时，都曾经产生过"宇宙树"的构想。古印度《吠陀经》里有阿湿瓦特哈宇宙树，古代斯堪底那维亚将伊格德拉希尔梣视为世界的中心，斯拉夫人的宇宙树长在"世界的肚脐"布扬岛上，是一棵四季常青的橡树，树根扎入地心，枝叶直抵天堂[5]。彝族神话史诗《查姆》中，也记述了一棵化生万物、哺育万物的"热滋树"（彝语指梭罗树），诗中记载日、月、星是梭罗树开的花，冬月九梭罗树叶落下，落叶变成了土，这才有了天与地[6]。宇宙树往往也有生命树的意蕴。在四川凉山彝族地区，至今保留着以"生命树"用于祭祖送灵仪式的习俗；"生命树"的彝语称"直波"，它是一棵有九层树枝的杉树或柏树，是代表男根的

[1] 袁柯.山海经校注[M].成都：巴蜀书社,1993:510–513.
[2] 蒙文通.略论《山海经》的写作时代及其产生地域[A].巴蜀古史论述[C].四川人民出版社,1981:162.
[3] 林向.中国西南地区出土的青铜树研究——从三星堆青铜树说起[A].铜鼓和青铜文化研究——中国南方及东南亚地区古代铜鼓和青铜文化第四次国际学术讨论会论文集[C].1998:73–84.
[4] 黄剑华.古代蜀人的通天神树[J].四川大学学报（哲学社会科学版）,2001（04）:72–80.
[5] ［俄］维克多·卡拉什尼科夫.不可思议：世界之初与魔法秘境[M].傅文宝,译.西安：陕西人民出版社,2010:16–17.
[6] 赖毅,严火其.论彝族民间史诗中蕴含的"树"的自然观[J].云南民族大学学报（哲学社会科学版）,2010,27（03）:102–107.

生命之源符号[1]。此外，俞伟超先生曾指出，"三星堆的大铜树既是东汉钱树之祖，其性质也应当是社树的模拟物"[2]。祭社是我国很早就有的一种特殊形式的宗教活动，社既是土神也代指祭土神之所，祭社之处必植以树木，是为社树。《论语·八佾》载："哀公问社于宰我，对曰：'夏后氏以松，殷人以柏，周人以栗，曰使民战栗也'。"不同时代、不同区域的人们，会种植不同树种的社树。赵沛霖先生认为，社与树不可分离，社的性质便也赋予社树，社树也即土神，在长期的祭社活动过程中，又衍化出祖先、宗族、亲亲、故国、乡里、福禄、国祚等多重象征意义[3]。

我们认为，三星堆青铜神树所折射出的古蜀人的精神世界也不会仅有单一性质的某一类崇拜，盖因其多重的复合型宗教象征意义，使神树在古蜀人的宗教活动中占据核心地位，所以三星堆人才会将它们制作得如此恢宏巨大。只不过，三星堆人似乎对太阳有着异乎寻常的关注。太阳形器，也是仅见于三星堆遗址的特色铜器。据报告称，出土时因被火烧和砸碎，从残片中辨认出6个个体，只有2件得以修复。这种太阳形器由阳部、芒和晕圈组成，整器呈圆形，正中的阳部凸起，周围5道放射状芒，芒外围以晕圈，芒端与晕圈相连接。标本（K2③:1）阳部直径28厘米、高6.5厘米，芒宽5.5至11厘米，晕圈宽6.4厘米，全器直径84厘米（见图3-13-1）。因从未见于曾经的已出土文物，发掘者一度疑为"车轮"，定名为"轮形器"。后来发现其造型与神殿屋盖（K2②:143）上的"太阳纹"相似，形体又与四川珙县僰人悬棺墓岩画上的太阳相近，故改称"太阳形器"[4]。不过，神殿屋盖上的"太阳纹"是7芒，且外饰多重同心圆，最外部的圆间缀以连珠纹（见图3-13-2），"太阳形器"为5芒，两者形态结构确实比较接近。"太阳形器"在阳部中心及晕圈上，均留有小孔，可用于悬挂或固定，饰于神殿屋面不无可能。类似图像还出现在兽首冠人像（K2③:264）的冠部兽口两侧，为5芒形[5]（见图3-13-3）；神坛（K2③:296）兽形座的吻部有

[1] 丁木乃,潘正云.凉山彝族生命树崇拜的文化阐释[J].楚雄师范学院学报,2019,34(05):136-142.

[2] 俞伟超.三星堆蜀文化与三苗文化的关系及其崇拜内容[J].文物,1997(05):34-41+1.

[3] 赵沛霖.树木兴象的起源与社树崇拜[J].河北学刊,1984(03):82-86.

[4] 四川省文物考古研究所.三星堆祭祀坑[M].北京:文物出版社,1999:235-239.

[5] 四川省文物考古研究所.三星堆祭祀坑[M].北京:文物出版社,1999:164-169.

6个，为6芒形 [1]（见图3-13-4）；圆形挂饰（K2③：39）器面，为8芒形（见图3-13-5）。

1. 太阳形器（K2③：1）；2. 神殿屋盖（K2②：143）；3. 兽首冠人像（K2③：264）；
4. 神坛（K2③：296）兽形座；5. 圆形挂饰（K2③：39）；6. 圆形挂饰（K2②：150-4）；
7. 圆罍残片（K2②：39-1）；8. 圆罍盖（K2②：32）；9. 神坛（K2③：296）上的立人

图3-13　三星堆太阳形器和其他铜器上的太阳图像

（注：本图像由张译之摹绘）

此外，三星堆遗址出土的青铜器上还常饰以与殷商青铜器完全一致的涡纹。如神坛（K2③：296）上的立人所穿短袖对襟衫，上下各有1组涡纹（见图3-13-9）；神殿顶部（K2②：143-1）屋面最上两层分别饰以涡纹和重环纹（同心圆纹）[2]；圆罍（K2②：159）和圆罍残片（K2②：39-1）的腹部上沿饰涡纹装饰带；圆罍盖钮（K2③：133）的中段凸起并饰以涡纹；圆形挂饰（K2②：150-4）器面饰以涡纹等 [3]（见图3-13-6、7）。特别值得一提的是，有1件盖顶隆起的圆罍盖（K2②：32），盖面顶部居然饰有1个拥有18道弧形旋臂的大涡纹 [4]（见图3-13-8）。看来，涡纹因其太阳之象的内涵也格外受到三星堆人的重视。而且，三星堆神树上也有涡纹部件，就是Ⅰ号大型神树每层树枝与树干交接处，镂空并水平向套在树干上的大圆环。这种形态的涡纹，一则强化了神树为天地之中心的意味，万物绕中心运转；二则表现了太阳缘木上下的过

[1] 四川省文物考古研究所.三星堆祭祀坑 [M]. 北京：文物出版社,1999:231-233.

[2] 四川省文物考古研究所.三星堆祭祀坑 [M]. 北京：文物出版社,1999:232-234.

[3] 四川省文物考古研究所.三星堆祭祀坑 [M]. 北京：文物出版社,1999:298-300.

[4] 四川省文物考古研究所.三星堆祭祀坑 [M]. 北京：文物出版社,1999:254-275.

程，合于通天神木的本义。成都平原属亚热带季风气候，四季分明，近代以来平均日照时间呈下降趋势[1]。但有学者研究考证，三四千年前的成都平原正处于全新世期间最酷烈的灾变气候期—亚北方期，以极度干燥并伴以各种灾害天气现象为主要特征，故当时的古蜀人对太阳的崇拜心理或许不是"盼日"，更大的可能还是"惧日"和"乞日"。[2]

[1] 胡毅，朱克云，李跃春，等. 成都平原中西部近 40 年气候特征及其变化研究 [J]. 成都信息工程学院学报,2004（02）:223-231.

[2] 刘兴诗. 成都平原古城群兴废与古气候问题 [J]. 四川文物,1998（04）:34-37.

第四节　楚器上的"天体星象纹"

与古蜀子民对太阳可能存在的畏惧与祈求不同，楚人对太阳是崇爱且亲切的。张正明先生说，楚人的信仰虽受到众多因素的影响，经常在改变成分、更换形式，却仍以拜日、崇火、尊凤的传统为基础[1]。而楚人之所以有拜日、崇火、尊凤的传统，则与楚族的来历有关。当代学者对楚族起源的研究，主要有"东来说""西来说""土著说"和"北来说"四种观点，近年来随着清华简《楚居》的发布以及丹江流域至荆山、沮水、漳水一线考古材料的丰富，认为楚族是从中原逐步南迁发展而来的"北来说"渐成主流[2]。传世典籍《国语·郑语》和《史记·楚世家》都曾记述，楚族是重、黎——即祝融的后裔。这一点，从望山1号、包山2号楚墓和新蔡葛陵平夜君墓出土的卜筮祭祷简中，楚人以老童、祝融、鬻熊为必受祭祀的"三楚先"[3]可得佐证。《楚世家》还称："楚之先祖出自帝颛顼高阳。高阳者，黄帝之孙，昌意之子也。高阳生称，称生卷章，卷章生重黎。"屈原在《楚辞·离骚》中也自称是"帝高阳之苗裔兮"。而楚人的远祖昌意、高阳、祝融的名号竟都与太阳有关。

昌意是黄帝之子，颛顼之父。《说文解字·日部》解"昌"为："美言也。从日从曰。一曰日光也。"此谓昌有光明义，光明象征兴旺，故昌字后来又引申为兴盛。亦有解昌字为重日者，汉末谶纬家以两日托言代禅之符瑞，故有孙权以赤乌见于鄂，遂改鄂为武昌，并以赤乌纪元之说[4]。还有学者认为，"昌是

[1]　张正明.楚文化史[M].武汉：湖北教育出版社,2018:276-277.

[2]　黄莹.出土文献与楚族起源研究[J].中原文物,2015（04）:46-54.

[3]　曹菁菁.新蔡葛陵楚简所见的祖先系统[J].中国典籍与文化,2009（01）:4-10.

[4]　逯钦立.汉魏六朝文学论集[M].西安：陕西人民出版社,1984:205-209.

表示日出之词,是太阳升起之象。意,字形从音、从心,表示心中的声音,即心灵感应。由此看来,昌意之名是面对太阳升起所产生的心灵感应,是对太阳的崇拜"[1]。颛顼是"五帝"之一,因辅佐少昊有功,被封在高阳,故号高阳氏。阳繁作"陽",陽的甲骨文作"昜",从阜从昜会意,本义"高明也",指高处照得到阳光的地方[2]。有学者认为甲骨文"昜"字上为"日"、下为"示",示是供奉祖先神灵的祭台,日在示上,本义体现了古人对太阳的崇拜[3]。还有学者认为,《山海经·大荒经》记述颛顼神话所处的方位与太阳视运动的规律有吻合之处,并称颛顼名称的语音与"日"有关,其神格为太阳神[4]。至于祝融,《国语·郑语》记述史伯语:"夫黎高辛氏火正,以淳耀敦大天明地德,光照四海,故命曰祝融,其功大矣。"又:"祝融亦能昭显天地之光明,以生柔嘉材者也,其后八姓于周未有侯伯。"其谓"光照四海"且能"生柔嘉材"者,非太阳莫属。故杨宽先生曾以《丹朱、驩兜与朱明、祝融》一文,详细考证了楚族的祖先"祝融"原是日神与火神,及其在古史传说中的分化演变[5]。所以,楚人拜日,其实是在祭拜自己的祖先神。

《国语·郑语》和《史记·楚世家》均称,祝融是高辛氏的火正。《楚世家》还记述,时有共工氏作乱,帝喾命重黎(初代祝融)平乱,然"诛之不尽",于是"帝乃以庚寅日诛重黎,而以其弟吴回为重黎后,复居火正,为祝融"。可见,火正之职与楚先祝融一族大有渊源,祝融可能不是一人,而是世居火正之职的家族之号。据李瑾先生考证,甲骨卜辞中就已有祀火和"火师"之记,火正是由氏族火种的看守者发展而来,古火正之官的职守为祀大火星、行火政,兼摄庭燎、坟烛及一切火职,殷末以"火师"之名取代了火正,周代火正之官发展为司爟、司烜二职[6]。如此看,《国语·晋语》载楚开国之君熊绎在"成王

[1] 李炳海.祖宗谱系神话的遗失和疏离——从先楚祖宗谱系看屈原的创作 [J].绥化师专学报,2003(03):1-6.
[2] 李学勤.字源 [M].天津:天津古籍出版社,2012:1256.
[3] 李玲璞,臧克和,刘志基.古汉字与中国文化源 [M].贵阳:贵州人民出版社,1997:151-152.
[4] 吴晓东.颛顼神及其在《山海经》里的记载 [J].贵州民族大学学报(哲学社会科学版),2020,(03):129-145.
[5] 杨宽.丹朱、驩兜与朱明、祝融 [A].杨宽古史论文选集 [C].上海人民出版社,2003:307-320.
[6] 李瑾.论我国古代"火正"职官之来源及其发展 [J].史学月刊,1989(01):17-22.

盟诸侯于岐阳"时，"与鲜卑守燎"，可算重拾祖业。要知道，火正的核心职司说是祭祀大火星，其实是要适时观测大火星，以此发挥其指导农事的"授时"作用。难怪张正明先生说，"上古之世，火正最重要的职责是观象授时"，"火正，生为火官之长，死为火官之神"，"楚人的先祖是我国古代最早知名的天文学家"。[1]既如此，楚人的器物多见"天体星象纹"便是理所应当了。

一、楚织绣上与楚凤共生的"天体星象纹"[2]

共生现象本是生物学对两种生物间互利依存关系的描述。我们在出土的楚国丝织品上的楚凤图像中，经常可以看到一类圆形符号，出现在凤图形的内部或附近。这类圆形符号，或为重圆环状，或在环内再行分格，并与凤图形间在位置关系上呈现一定的规律。二者在纹样主题方面有内涵上的互补依存关系，与生物学中的共生现象类似。故而，我们在此借用"共生"一词，用以表述它们间的依存关系。这些楚绣凤图像中的圆形符号，学者多认为是太阳在平面范畴中的异形变化符号，也有学者认为是同纹（涡纹），象征光明与生气[3]。

我们以湖北江陵马山1号墓出土的一件纵衣（出土编号：8—3A）[4]上的图像为例（见图3-14-1）。这是楚织绣中常见的一种图案组构形式，是以几何骨骼为经纬再填充以各种人物、动物和几何形体的组合型纹样。在考古学报告中，一般将这类绣品上由四条花边围合出的一个完整的图像单元称作绣窗。绣窗内部饰凤图像，无冠，鱼尾，双翼上满饰水滴状斑眼，衔一蛇、践一蛇，二蛇头部简化为三角形。绣窗四边饰以连续对顶三角云纹花边，花边交叉处饰以一七芒星形，七芒星中心有重圆环，七芒星外围一圈7个圆环。这种内有同心圆的芒星形图像，我们已经非常熟悉了，它不仅出现在三星堆的青铜器上，还是新石器时代先民表现太阳的常用图式，当是太阳无疑。而其周围的7个小圆，也正是前章我们所说的A型II式以圆点组合表现太阳这一图式的延续。由于这一类绣品上的绣窗都会在花边交叉处饰一圆形符号，形式十分稳定，应该具有相

[1] 张正明.楚文化志[M].武汉：湖北人民出版社,1988:2.

[2] 按：本节内容为作者发表在《山西档案》2018年第4期上的《楚凤纹与天体星象纹的共生现象》一文基础上增删修改而来，论文的共同署名人知情并无异议。

[3] 顾方松.战国楚绣艺术[J].新美术,1986（02）:57-60+110-111.

[4] 湖北省荆州地区博物馆.江陵马山一号楚墓[M].北京：文物出版社,1985:63.

近的内涵。这些圆形符号存在图像上的差异，有些还常出现在楚凤图像的身体内部，我们收集了其中最常见的几种（见图3-14-2至5）。也有学者认为，楚凤身体内的圆具有"阳鸟载日"的含义，而绣窗的矩形骨架象征大地，花边四角的圆图象征天或是太阳，这一图式除了有天圆地方的含义外，"天"置于"大地"的四角之上，反映的是日月星辰围绕大地运动的浑天说理论[1]。总之，这类圆形图符当属"天体星象纹"无疑。

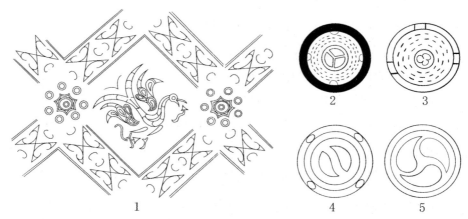

1. 江陵马山1号墓纵衣（8-3A）绣窗；2~5. 绣窗花边交叉处常见圆形符号

图3-14　楚织绣上的圆形符号

（注：本图像由张译之、祝子金摹绘）

（一）楚凤与"天体星象纹"共生的形式

楚凤纹与"天体星象纹"共生的形式主要有两种。

其一，双形共生。这是指两种纹样在一个图案单元内共同存在，呈共处或包含的状态。楚凤纹与"天体星象纹"的双形共生，多见于太阳纹与凤纹共生的表现形式中，太阳纹的造型多以圆形为主，凤鸟内、外表现太阳的圆形纹饰呈数量、大小多变的形式分布。湖北荆门包山2号楚墓出土有1件夹衾（M2：476）[2]，衾面所饰绣窗内，凤鸟展翅张喙，在身体中部的双翅之间，饰有一内分三格的圆轮图案；绣窗花边为连续对顶三角云纹，花边交叉处饰多重同心圆，圆心处为同样内分三格的圆轮（见图3-15-2）。同样的圆轮图案在包山2号楚

---

[1]　刘咏清,谢琪.论楚绣几何纹所含天地之数[J].丝绸,2018,55（11）:89-94.

[2]　荆沙铁路考古队.湖北省包山楚墓（上）[M].北京：文物出版社,1991:183.

墓出土的多件绣品上都可以看到。湖北江陵马山1号墓出土有1件蟠龙飞凤纹绣衾面（N2），单元图案为长方形，长72厘米、宽44厘米[1]。绣品图案中凤鸟的冠、翅、尾上也绣有多个圆形图案，并间以月牙形，圆形图案内有3个呈"品"字状分布的小圆（见图3-15-1）。而在绣品单元图案的中轴线上，还分布有数个圆形图案，形似圆涡纹与凤身圆形图案的结合体，我们暂把它称作三分旋涡太阳纹。此纹具有强烈的旋动感，衬以绣品上盘旋往复的蟠龙飞凤，可谓相得益彰。三分旋涡太阳纹同样也多次出现于同墓所出的绣品上。

1. 江陵马山1号墓蟠龙飞凤纹绣衾面（N2）；2. 荆门包山2号楚墓夹衾（M2：476）；

3. 马山1号墓绵袍（N16）袍缘

图3-15 楚凤与"天体星象纹"共生图像

（注：本图像由祝子金、乔星星摹绘）

[1] 湖北省荆州地区博物馆.江陵马山一号楚墓[M].北京：文物出版社.1985:57.

其二，多形共生。多形同构是春秋战国时期最常见的艺术造型手法。楚凤纹与"天体星象纹"的多形共生形式常见于楚凤纹与太阳纹、扶桑纹共生的扶桑凤鸟题材中。湖北江陵马山 1 号墓绵袍（N16）袍缘[1]，饰有侧视的花冠凤鸟图像（见图 3-15-3）。图像单元作错位斜向排列，凤鸟扬翅前行、卵形冠、尖喙、鱼尾，喙部衔有一枝、翅尖生长一枝向上弯曲的花冠，两只花冠在凤鸟上空呈"X"状对称布置。花冠顶端为"▽"状符号，冠枝各对生 4 组分枝，枝端饰以圆形日轮符号。凤鸟尾翅间亦有类似对生分枝，其中两枝饰有日轮符号。两枝花冠各有 8 个日轮符号，加上凤身 2 个日轮符号，恰为 10 个日轮。《山海经·海外东经》云："汤谷上有扶桑，十日所浴，在黑齿北。"扶桑，作为"十日神话"中十日的居所，被楚人巧妙地化为凤鸟冠饰，看似三物，实为一体。在造型方面，扶桑凤鸟纹运用的是二维平面式的构图，将凤鸟、扶桑和太阳元素平铺其中，扶桑用"点"和"线"的手法描绘，凤鸟则以"面"的形式绘入其中形成对比，重视外轮廓形，不蕴含透视原理。在构图方面，一般除了必须与凤鸟搭配共生外，因扶桑的日向含义，纹样中扶桑的枝头皆有太阳纹，尤以三分旋涡太阳纹最为常见。凤为主，扶桑和太阳为辅，且纹样中扶桑的根部与凤身相接或沿凤羽、凤冠伸展而出，凤鸟多为展翅的动态形象，与静态的扶桑搭配，具有很好的视觉效果，便于突出凤鸟的主体地位，渲染其日神的身份。类似的扶桑凤鸟形象还见于江陵马山 1 号墓的绣衾（N7）内缘，绢面绵袍（N10）袍面，锦袍（N19）袍缘和绵袴（N25）袴面[2]等，楚漆器中也有相似图像。

（二）楚凤与"天体星象纹"共生的动因

楚人尊凤，是当代楚学研究者的共识。但凤，并不是楚人的独创和专属物。凤纹的源头可以上溯至新石器时期的鸟纹，这是毋庸置疑的。而从侯马陶范考古资料发布的情况来看，春秋中晚期，凤图像亦曾在晋国青铜器上繁盛一时。而凤是鸟类动物的意象集合体，目前考古学界、生物学界均未发现凤真实存在过的生物体实证。故《说文解字》借天老之言以十种动物的局部特征描述凤："凤，神鸟也。天老曰：'凤之象也，鸿前麟后，蛇颈鱼尾，鹳颡鸳思，龙文虎背，

---

[1]　湖北省荆州地区博物馆.江陵马山一号楚墓[M].北京：文物出版社,1985:61.

[2]　湖北省荆州地区博物馆.江陵马山一号楚墓[M].北京：文物出版社,1985:61.

燕颔鸡喙，五色备举。出于东方君子之国，翱翔四海之外，过昆仑，饮砥柱，濯羽弱水，莫宿风穴。见则天下大安宁。'从鸟凡声。"庞进先生研究认为，凤来源于18种自然物象，并定义凤是"中国古人对鸡、燕、鹰、乌等多种鸟禽、某些游走动物及太阳、风等自然现象多元融合而产生的神物"，"它的形成过程，是美的因素集纳的过程……其间渗透、灌注、表达着中国古人的神话猜想、自然崇拜、宗教体味、审美快感和艺术情趣"[1]。其说可从。

我们认为，楚凤与"天体星象纹"的题材共生，先要溯源于楚先民的太阳崇拜。在前章讨论 H 型太阳与鸟同构的图像时，我们说鸟类的飞行能力，为先民追索日月经天运行的原理，提供了现成的样本。加之部分鸟类啼鸣报晓，大部分鸟类晨飞昏栖的生物特性，以及季节性候鸟与太阳循环运动的对应关系，鸟和太阳最终被先民视作具有极紧密关系的伙伴。当时代发展到"后羿射日"这一著名上古神话流传时，"乌"（太阳神鸟）与"日"在文本中已经可以互为指代，射乌即是射日，乌落而日陨。《楚辞·天问》中"羿焉彃日？乌焉解羽？"句，则说明楚人是熟知这个故事的。上海博物馆藏有一件殷墟晚期的父丁卣，卣腹亦饰精美的凤鸟纹，凤鸟背负着一个有三叉状火焰的"⊙"符号；同馆所藏西周早期的凤纹卣和父庚壶上也有类似的图像。[2] 这大约是最直白体现了《山海经·大荒东经》所载"一日方至，一日方出，皆载于乌"传说的图像了吧！所以，我们认为从高庙文化的"东方神鸟"，河姆渡文化的"双凤朝阳"，到庙底沟文化的日鸟陶纹，再到商周青铜器上的火焰"三叉"状凤鸟冠饰，以及凤颈、凤羽上的甲骨文"火"字纹饰，都指明了先秦凤图像与太阳间稳固而延绵的关联。

殷人以凤为风神，甲骨文中风与凤同。据冯时先生研究，凤是一种知晓天时的神鸟，因而一向被奉为太阳的使者；在商代甲骨文中，"凤"虽然由负日的神鸟转而作为四时的象征，又进而成为一切风气的通称，但它依然充当着天帝的使者[3]。周人代殷而起，为宣扬其"王权神授"的政治合法性，也借助了凤这位天帝使者。《吕氏春秋·有始》云："赤乌衔丹书集于周社。"《墨子·非攻》

[1]　庞进．中国凤文化 [M]．重庆：重庆出版社,2007:3-43.

[2]　上海博物馆青铜器研究组．商周青铜器文饰 [M]．北京：文物出版社,1984:173-174.

[3]　冯时．殷卜辞四方风研究 [J].考古学报,1994（2）:131-154.

所记揭示得更为直接: "赤鸟衔珪,降周之岐社。曰:天命周文王,伐殷有国。"周人以 "天命" "德治" 宣告了其代天伐殷的历史必然,同时也赋予凤以祥瑞的意象。以 "抚有蛮夷,以属诸夏" 为己任的楚人,应该是认同这些凤的内涵的。但楚人之所以尊崇凤,最终却还是要归结于楚人对先祖的尊崇上来。能 "生柔嘉材" 的楚先祝融,当然是人格化的日神。而源自远古的太阳神鸟意象的记忆,又怎能不让楚人 "爱屋及乌" 呢? 在楚人的认知里,凤与祝融的日神意象是高度统一的。楚人尊凤,是楚人将先祖崇拜与日神崇拜相结合后的必然选择。所以有学者认为, "楚人把凤想象成如我们从出土文物上看到的那些形象,无非因为他们相信凤同他们这个民族有一种神秘的亲缘关系。在楚人看来,崇凤就是尊重自己的祖先,钟爱自己的民族。所以把自己认为最美好的特性和特征都赋予了凤,作为民族的理想与追求、目标与价值。"[1]

综上所述,楚凤图像中频繁出现太阳等 "天体星象纹",一方面源于楚人对远古太阳崇拜的记忆; 另一方面也是通过这种方式强化楚凤的阳鸟神性,其中更不乏对楚先祝融 "光照四海" "生柔嘉材" 的崇信与思慕。楚凤纹与天体星象纹造型多样的共生现象,展现了春秋战国时期自由奔放却不失精神信仰的荆楚之风,也使其与以楚凤纹为雏形定型化的汉四神朱雀纹形成了鲜明的对比。楚凤纹以先秦时期的天体崇拜思想为源,在商周凤纹遗风尚存的基础上,将凤鸟的神圣刻画得淋漓尽致。凤纹在楚国纹样中的地位极高,同时又以天体星象纹与楚凤纹的共生活动最为活跃。这类共生活动对楚凤形态特征的塑造具有一定影响,同时也增强了楚凤形象的辨识度。

二、楚漆器上的 "天体星象纹"[2]

楚国漆器之兴始于西周时期,发展于春秋时期,盛于战国中晚期,后由秦汉漆器继承和发扬了楚漆器的许多艺术特质。如前文所述,楚漆器中常饰 "天体星象纹" 与楚人的祖先祝融有关,在表现形式上多繁缛抽象,而又动感张扬。楚漆器中常见的 "天体星象纹" 主要有以下几种类型:

[1] 张武. 荆楚凤文化的思想内涵及传承意义 [J]. 湖北社会科学,2015(10):196-198.

[2] 按: 本节内容为作者发表在《荆楚学刊》2018 年第 6 期上的《楚漆器中的 "天体星象纹" 探究》一文基础上增删修改而来,论文的共同署名人知情且无异议。

（一）天极纹

从长沙子弹库楚帛书、荆门郭店楚简"太一生水"篇及屈子的《天问》篇中，我们可以看出楚人对宇宙起源的看法：宇宙原本混濛一片，无上下明暗之分，后阴阳参合，天地分化，然后万物生发。圆天有九重，绕天极旋转，大地由八根大柱支撑，地势西北高东南低。可见楚人的宇宙观是由原始盖天说发展而来。宋玉《大言赋》所说"方地为车，圆天为盖"亦可视为对盖天说的认同。楚漆器中的天极纹正是这一思想的具体呈现。天极纹在楚漆器纹饰中常见有两种表现形式：一是宝盖图形，是先民对天球的中心处天极"璇玑"结构的想象，《周髀算经》下卷载："凡日月运行，四极之道。极下者，其地高人所居六万里，滂沱四隤而下。天之中央，亦高四旁六万里。"其意即从天盖的侧面看，"璇玑"剖面是"凸"字形结构。这种图形在新石器时代文物中较常见，楚人器物应是对那一时期纹样的遗承（见图 3-16-1）。二是表现天盖旋转的天极图形，这一类图形多为圆形适合纹样，是对青铜器圆涡纹的进一步发展，常见于楚漆器的顶盖处或圆盘中央处，圆形顶盖本身也是对天盖的一种模拟。这一类纹样正中往往有一圆点，意指北极星（或太一），四周有三组或四组拟态的云气、北斗甚或龙凤做逆、顺时针旋转，动势强烈（见图 3-16-2）。这正是楚艺术恣肆灵动风格形成的源头。

（二）太阳纹

太阳纹在楚漆器中出现的频次较高，盖因楚人有着浓重的太阳崇拜情结，崇火尚赤，并把民族的祖神多归于日神和火神。湖北江陵九店东周墓出土有1件漆奁（出土编号：712：16）[1]，盖顶饰以旋转式流云纹间太阳纹（见图 3-16-4）。盖顶太阳纹图案计有 3 个，每个太阳纹都由图案中央的大圆点和绕其周围的七八个小圆点组成，正是 A 型 II 式以圆点组合表现太阳这一史前图式的孑遗。楚漆器中的太阳纹常常与凤纹、扶桑木纹共生，是对上古神话题材的反映。《鹖冠子·度万篇》载："凤凰者，鹑火之禽，阳之精也。"鹑火是天文意义上的楚国分野，凤、日均象征南方方位，楚漆器中常以凤喻太阳，凤日

---

[1]　湖北省文物考古研究所.江陵九店东周墓 [M].北京：科学出版社,1995:285.

组合，也是基于这一认识。而漆奁上的流云纹正是简化的凤鸟纹。同时，以十日居于扶桑以及后羿射日的传说也是楚漆器喜用的题材。湖北随州曾侯乙墓出土有1件箱盖上阴刻"紫锦之衣"字样，并绘有扶桑树、太阳、鸟、兽、蛇和人持弓射鸟等形象的衣箱[1]（见图3-16-3）。学者普遍认为，衣箱盖面上枝头末端绘有太阳的树是扶桑，持弓射鸟的人是后羿，衣箱画面正是《淮南子·本经篇》所记"后羿射日"神话的图绘[2]。

1

2

3

4

1. 江陵天星观2号墓凤鸟莲花漆豆豆盘；2. 马山1号墓夹纻胎漆盘盘心；
3. 曾侯乙墓漆木衣箱"紫锦之衣"盖面；4. 江陵九店东周墓漆奁盖面
图 3-16　楚漆器上的天极纹、太阳纹
（注：本图像由雷思琪、祝子金摹绘）

值得注意的是，衣箱盖面的左下角还用红漆书写了20字，饶宗颐先生考释为："民祀隹坊（房），日辰于维。兴岁之四（驷），所尚若东（陈），经天（琴

---

[1] 随县擂鼓墩一号墓考古发掘队.湖北随县曾侯乙墓发掘简报[J].文物,1979（07）:1-24+98-105.

[2] 张茜.由漆衣箱上的后羿射日图引发的关于楚漆器图像的思考[J].美与时代（上）,2013（04）:58-60.

瑟）尝（常）和。"[1][2] 字面大意为：民众祭祀房星，日月合辰于维；岁首的天驷（房星）啊，崇尚一如陈年，人间琴瑟常和。有学者考证，这段漆文所记星象即《国语·周语》中的"农祥晨正"，是以立春时节为岁首，农人祭祀房星以祈求丰年这一活动的反映[3]。在衣箱盖面的中部与左端，还绘有大面积蘑菇状的 13 个云纹。这种蘑菇云图像与甲骨文"𢏱"字形十分相似。据丁山先生考证，"𢏱"当是"雺"字，是"上天火神"、古代"房心二宿的专名"[4]。也有学者据此认为，蘑菇云图像的形态是马冠（马髦前的蘑菇状金雺），借此象征"辰马"或"天马"之意，证明当时确实存在房或房心崇拜的习俗[5]。虽然曾侯乙墓是曾国国君的墓葬，但在曾侯乙时期，曾国早已是楚国的附庸，曾文化更是深受楚文化的浸染[6]。因而，曾侯乙"紫锦之衣"漆箱图文所呈现的天体崇拜习俗，亦能折射出楚人的器物观与天文观。

（三）八角星纹

八角星纹是一种曾流行于新石器时代诸文化器物上的八角折线封闭纹样。1987 年在安徽省含山县凌家滩村出土的玉版玉龟曾轰动一时，其玉版正面中心即刻着这种八角星纹。学者对八角星纹内涵及渊源的研究主要有以下观点："太阳崇拜、四鱼相聚族徽、'巫'字、'贞'字、表示方位、原始式盘、原始日晷、织机部件、花蒂、龟甲囊绳索捆绑、原型为龟、天圆地方、九宫等"[7]。但正如我们前章所言，其最初的意义源自先民利用太阳辨方正位的行为，故其具有天文方位的内涵是确定的。楚漆器中的八角星纹，可分为两类，一类被拆解为左右或上下的方位图形，形式上有做二方连续的首尾相连，或是因为在纹样流变过程中逐渐失去了象日的初义〔见图 3-17-1），一类则完整地隐藏于类三角形

[1]　饶宗颐.曾侯乙墓匫器漆书文字初释[A].山西省文物局考古研究所.古文字研究第十辑[C].中华书局,1983:189.

[2]　饶宗颐.涓子《琴心》考——由郭店雅琴谈老子门人的琴学[J].中国学术,2000（1）:11.

[3]　王晖.从曾侯乙墓箱盖漆文的星象释作为农历岁首标志的"农祥晨正"[J].考古与文物,1994（02）:94-96.

[4]　丁山.中国古代宗教与神话考[M].上海：龙门联合书局,1961:53.

[5]　王育成.曾侯乙漆箱图案与史前宗教文化研究[J].中国历史博物馆馆刊,1994（01）:26-37.

[6]　笔谈《湖北随县曾侯乙墓出土文物展览》[J].中国历史博物馆馆刊,1980（00）:8-22.

[7]　肖湾.中国史前八角星纹的图像分析与阐释[D].吉林大学,2017:78.

纹样中。湖北黄州楚墓出土有1件漆方豆（WM18：36），方形盘，子母口承方盖，盖顶用朱色绘菱形纹、三角纹和卷云纹[1]（见图3-17-2）。如果我们将盖顶方形凸起四边各有的2个尖角向外的三角纹连接起来，就可以得到1个完整的非标准态的八角星纹。但类似形态的八角星纹，也曾出现在大汶口文化彩陶上。过去我们认为，史前八角星纹的余绪止于殷墟出土的青铜弓形器上。现在看来，楚人炙热灵动的艺术创想也离不开历史的积淀。

1   2   3

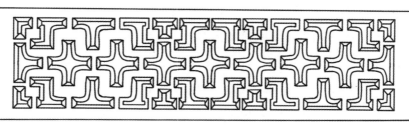

4

1.曾侯乙墓漆木盖豆；2.黄州楚墓漆方豆（WM18：36）盖面；
3.襄阳余岗楚墓出土的漆木虎座凤架鼓（M128：30）；4.江陵九店 M711 笭床
图 3-17　楚漆器上的八角星纹、十字纹
（注：本图像由乔星星摹绘）

（四）十字系纹样

十字形结构的纹样具有强烈的方位指向性，结构形态稳定，形式肃穆，是楚人比较钟情的一类纹饰。其在楚人的漆器上主要有两种存在形式，一种是处于单元图像的中心位置，典型器物如湖北襄阳余岗楚墓出土的漆木虎座凤架鼓（出土编号：M128：30）[2]。十字形结构的纹饰位于鼓面的中心，中央饰以涡纹，

[1]　黄凤春，洪刚，刘焰.湖北黄州楚墓 [J].考古学报,2001（02）:227-298.
[2]　襄阳市文物考古研究所.余岗楚墓 [M].北京：科学出版社,2011:179.

双钩的十字四臂分指上下左右，其间饰以对凤纹，最后又在鼓面边缘的圆环中再饰以几何化的云凤纹（见图 3-17-3）。虎座鸟架鼓，是楚墓特有的典型随葬乐器，其使用者往往是楚人中身份较尊贵者。其基本配置为双凤、双虎、一鼓，整器构图为"双凤负日（圆鼓）"，与河姆渡新石器时代遗址所出牙雕上的"双凤朝阳"图像似有异曲同工之妙。另一种则以连续排列的形式组成大面积的图形，如楚墓所出的一些笭床即以十字形为基本图像单元（见图 3-17-4）。此外，楚漆器中的十字系纹样除了上述的几何化应用，也有与天盖纹并存而构成类似神圣符号形态的"◇"形的变异（见图 3-16-1）。这种"◇"形纹样，也曾见于商周青铜器兽面（龙）纹的额心。有学者认为，楚人以"◇"形象征天极中心的北极星[1]。我们认为，"◇"形常见有四边内凹的形态，很可能仍是由十字形变异而来。在湖北荆门包山 2 号墓出土的 1 件漆绘皮革盾的盾柄上，就有明显接近十字形态的四边内凹的"◇"形。另外，一些楚式漆木耳杯内底的柿蒂纹也属于变异的十字系纹样。

　　此处，我们还要单独介绍一件特殊的楚系漆木器。它作为中国古代天文学二十八宿体系最重要的考古学实证，显然具有极其重要的科学价值和历史价值。它就是曾侯乙墓出土的另一件箱盖上围绕北斗标有二十八宿的名称位置，旁边画有青龙、白虎图像的漆木衣箱[2]（见图 3-18）。一般来说，这件漆箱上的图文按箱体部位可分为 4 组：盖面、右档、正侧、左档。此衣箱自出土以来，学者们围绕箱上的图像、文字多有论辩，其盖面图像的内涵、意义目前基本已被厘清。衣箱盖面图像以黑漆髹底上绘红彩，又被学者称为"二十八宿青龙白虎图"[3]。图像中心处绘北斗，并环绕北斗按顺时针方向书写有二十八宿古代名称：角、阬（亢）、氐、方（房）、心、尾、箕、斗、牵牛、伏女、虚、危、西营、东营、圭、娄女、胃、茅（昴）、縪（毕）、此隹（觜觿）、参、东井、与（舆）

[1]　张庆,方敏,杨朝辉.楚国丝绸中的菱形纹与北极星研究——一种基于古天文学的阐释[J].丝绸,2019,56（07）:93-103.

[2]　随县擂鼓墩一号墓考古发掘队.湖北随县曾侯乙墓发掘简报[J].文物,1979（07）:1-24+98-105.

[3]　王健民,梁柱,王胜利.曾侯乙墓出土的二十八宿青龙白虎图像[J].文物,1979（07）:40-45+97+101.

鬼、酉（柳）、七里（星）、长（张）、翼、车[1]。也有学者据《周礼·春官·保章氏》所载 "星土" 一词认为，北斗由 "土" "斗" 二字组成，"土" 指土圭，"斗" 即北斗，"土圭之所在为地之中，斗之所在为天之中，土、斗重合是古人所设的天地之中"[2]。在阮（亢）宿下书有 "甲寅三日" 四字，多数学者认为有指示月份、日期的意义，有学者推演为 "楚惠王五十六年（前 433 年）三月初三日甲寅"[3]。在二十八宿文字两边，右侧绘一龙形，左侧绘一虎形，分别代表东宫青龙和西宫白虎。龙头朝下，其头、尾各有 2 字，李零先生释为 "后匫之匫"[4]，当是器名。虎首朝上，虎腹向外，腹下有一火焰状图形。关于这个火焰状图形的含义，学者意见并未统一，主要观点有：大火说[5]、太阳说[6]、新月说[7]、岁星说[8] 等。

　　漆箱右档、正侧、左档的三组图像，由数量不等、大小不一的圆点和一些奇异的图形组成。这三组图像究竟象征什么，迄今仍无定论，但学者们都基本认可其与天象有关。冯时先生较早全面分析了这三组图像，他认为右档（青龙侧）图像可分三区，中间有 "火" 字的是主区，三个圆点代表心宿三星，被 "火" 字框住的大圆点就是心宿二（大火星），左下和右下两区的圆点分别是尾宿距星和房宿距星；左档（白虎侧）图像可分四区，中间的是主区，绘觜、参六星和觜蟜之象，右区一星为毕宿距星，左上二星为井宿，左下一星为天狼；正侧图像可分主副两区，主区六星为北宫危、虚二宿，两只兽形为北鹿之象，副区一星为婺女距星；同时，冯先生还认为盖面北斗图像特意延长的部分，分别指向心、觜、危、张四宿，这三组图像正好与之对应，并合于《汉书·律历志》所记大火、实沈、玄枵（十二次中的三次）所辖星宿[9]。武家璧先生认为，右档图像描绘的是白日落入草丛，是 "莫"（暮）字的象形，两侧各有两星，当是

[1] 李零. 曾侯乙墓漆箱文字补证 [J]. 江汉考古,2019（05）:131–133.

[2] 刘信芳,苏莉. 曾侯乙墓衣箱上的宇宙图式 [J]. 考古与文物,2011（02）:49–54.

[3] 张闻玉. 曾侯乙墓天文图像 "甲寅三日" 之解释 [J]. 江汉考古,1993（03）:66–68.

[4] 李零. 曾侯乙墓漆箱文字补证 [J]. 江汉考古,2019（05）:131–133.

[5] 庞朴. 火历钩沉——一个遗失已久的古历之发现 [J]. 中国文化,1989（01）:3–23.

[6] 王小盾. 火历论衡 [J]. 中国文化,1991（02）:197–203.

[7] 武家璧. 曾侯乙墓漆箱天文图证解 [J]. 考古学研究,2003（00）:738–748.

[8] 钟守华. 曾侯乙墓漆箱岁星纹符和年代考 [J]. 考古与文物,2005（06）:38–41+64.

[9] 冯时. 中国早期星象图研究 [J]. 自然科学史研究,1990（02）:108–118+197.

营室和东壁，为"日在营室"天象；左档图像中的兽形头尾可合为""形，即
"矢"字的象形，星象为文献记载中的"弧矢射狼"，为"狼星昏中"天象；
正侧图像绘有四兽，当为天驷的象形，图上星点为房星及其邻近的日星、钩钤、
键闭诸星，为"房宿旦中"天象[1]。此外，刘信芳先生释右档图像为东方之神"芒"，
正侧图像为南方之神"且"，左档图像为西方之神"弆兹"，后侧黑漆无纹为
北方之神"玄冥"；并认为"该衣箱的画面是按照天地以及四方的相对位置构
成的"，是"当时人们认识宇宙的图解"[2]。曾侯乙墓的两件漆木衣箱，反映了
曾人和楚人对宇宙结构、天文规律的理解，当是确论无疑。

1. 曾侯乙墓二十八宿漆木衣箱盖面；2. 左档；3. 正侧；4. 右档

图 3-18　曾侯乙墓漆木衣箱图像

（注：本图像由乔星星摹绘）

[1]　武家璧. 曾侯乙墓漆箱天文图证解 [J]. 考古学研究,2003（00）:738-748.
[2]　刘信芳,苏莉. 曾侯乙墓衣箱上的宇宙图式 [J]. 考古与文物,2011（02）:49-54.

作为楚文化思想在器物上的投射，楚漆器纹饰上的"天体星象纹"生动记录了楚人对周遭世界的热切探求和追索。他们将族群历代累积的天文学知识，配合以匠心巧思绘制于彝器，并埋藏入亡者的世界，更多是寄望于帮助墓主人顺利升天，与祖灵相会于星辰之间的天界以得永生。"天体星象纹"也并非只见于楚人的织绣和漆器，在楚金属器、玉石器上同样可见。从屈原的《天问》中，亦反映出楚人对物质世界运转规则的神话阐释的疑惑与诘问。正是因为楚人这种较真的"科学精神"，再加上楚王族的天文世家背景，楚人器物被饰以大量的"天体星象纹"就不难理解了。

第五节 西南铜鼓上的太阳

　　铜鼓，是中国西南少数民族创造的一种富有传奇色彩的铜制器具。现有研究表明，它约从公元前 7 世纪前后产生，一直流传至今，并广泛分布于中国云南、贵州、广西、广东、海南、湖南、重庆、四川等 8 省（区、市），以及除菲律宾以外的其他东南亚国家[1]。因此，铜鼓文化是一种历史悠久的超越国界的多民族共享的区域文化。中国是世界上发现和保存铜鼓最多的国家，也是现存有关铜鼓著述最多的国家[2]。然而，对铜鼓的系统性学术研究，最先兴于 19 世纪末、20 世纪初的西方学者中，其中尤以奥籍学者弗朗茨·黑格尔（Franz Heger）在1902 年出版的《东南亚古代金属鼓》一书影响最大。20 世纪 30 年代，一些中国学者相继发表铜鼓著述，铜鼓研究开始得到重视。中华人民共和国成立以后，考古发现的铜鼓实物，使铜鼓研究脱离了单纯的文献考证，又通过一段时期的积累，终于在 80 年代迎来了中国铜鼓研究的一次高潮。许多曾经困扰铜鼓研究者的问题，在这一时期都有了跨越式的突破。

　　首先，是铜鼓的起源问题。铜鼓究竟源自何物？过去有"鼓与鼓架结合说""烹饪器却置说""铜鼓和錞于有关说"等三种观点，冯汉骥先生认为是从一种实用器（铜釜）发展而来的[3]，这一观点已从云南楚雄发现的早期铜鼓上得以证实。雷从云先生列举了 5 面年代约为春秋中期的万家坝鼓给予"铜釜说"补证，并指明了三处要点：其一是出土时均与铜釜共存，且外形相似，演进轨迹明显；其二是万家坝 23 号墓出土的 4 面铜鼓，鼓面和鼓壁有明显的烟熏火燎痕迹，仍

[1] 蒋廷瑜.铜鼓研究一世纪 [J].民族研究,2000（01）:30-40+110-111.

[2] 苏和平.试论我国南方少数民族的铜鼓艺术 [J].西北民族大学学报（哲学社会科学版),2005（06）:65-68.

[3] 冯汉骥.云南晋宁出土铜鼓研究 [J].文物,1974（01）:51-61.

有炊具之用；其三是 23 号墓有 3 面鼓的内壁有成组的装饰花纹，只在倒置鼓的时候才能看见[1]。目前铜鼓源自炊具一说，已成共识。而在弄清楚铜鼓的早期形态后，铜鼓源自何处的问题自然也有了答案。学者基本认可铜鼓起源于云南中部偏西地区（早期铜鼓的发现地）。其次，是铜鼓的族属问题。过去笼统地认为铜鼓出自中国南方蛮夷之手，现有研究表明，早期铜鼓的主人是我国古代活动在这一地区的濮族（滇人亦属古代濮族系统[2]），秦汉以后，濮（越）系统的壮、布依、水、侗等民族和荆蛮系统的苗瑶也都使用铜鼓[3]。再次，是铜鼓的功用问题。早期的铜鼓兼做炊具使用，并不是单纯的乐器。有学者认为，铜鼓如中原的铜鼎一般，被视作社会身份、财富的象征，被赋有礼器和重器的作用，它既是 "炫耀统治阶级权势的礼器，用以祭祀供陈列之用和战时发号施令，也兼有乐器之用"[4]。此外，中国学者在铜鼓分类的问题上，也打破了一直以来由黑格尔确立的 4 个主要类型和 3 个过渡类型。特别是张世铨先生首倡用标准器分类的方法，将铜鼓分为万家坝、石寨山、冷水冲、遵义、麻江、北流、灵山、西盟等 8 式[5]，得到了大多数学者的认可，本书亦从之。其中，万家坝型铜鼓的流行年代相当于中原东周时期。

一、东周时期的西南铜鼓

铜制的鼓具，在先秦时期并不为西南濮族独有。中原地区也曾发现铜鼓，年代最早者可溯至商代。1977 年 6 月，湖北崇阳县汪家咀发现了一件铜鼓，通高 75.5 厘米、重达 42.5 公斤。鼓身如切去两头的橄榄，上宽 49 厘米、下宽 39 厘米，两侧饰云雷纹和乳钉纹。鼓面为椭圆形，素面，竖径 39.5 厘米、横径 38 厘米，边缘饰三周乳钉纹[6]。据说，《商周彝器通考》还著录有一件形制相近的

[1] 雷从云. 关于铜鼓起源的认识 [A]//. 古代铜鼓学术讨论会论文集 [C]. 文物出版社,1982:48-57.

[2] 童恩正. 近年来中国西南民族地区战国秦汉时代的考古发现及其研究 [J]. 考古学报,1980（04）:417-442.

[3] 姚舜安. 中国南方古代早期铜鼓的族属 [J]. 广西民族学院学报（社会科学版）,1980（02）:6-11+5.

[4] 蒋炳钊. 从铜鼓的社会作用探讨铜鼓的起源 [A]//. 古代铜鼓学术讨论会论文集 [C]. 文物出版社,1982:40-43.

[5] 张世铨. 论古代铜鼓的分式 [A]//. 古代铜鼓学术讨论会论文集 [C]. 文物出版社,1982:95-107.

[6] 崇文. 湖北崇阳出土一件铜鼓 [J]. 文物,1978（04）:94+104.

铜鼓，后来流转到日本，学者判断崇阳鼓年代上限可到商代中期，外流鼓可定在商代后期[1]。另《晋书·赫连勃勃传》也曾记载赫连勃勃"铸铜为大鼓"，但现已不存。与中原和北方铜鼓不同的是，西南铜鼓形制极具特色，装饰瑰丽多彩，且至今传承不绝，存世数量也大，并形成了格外鲜明、鲜活的铜鼓文化。

（一）铜鼓的基本形制

西南铜鼓浑身皆铜、体如圆墩、平面曲腰、中空无底、侧有四耳[2]，是为不同时期不同类型铜鼓的共性。一般来说，铜鼓分为鼓面与鼓身。鼓面是受击部分，鼓身是共鸣腔，这一点与一切鼓类乐器相同。鼓身又称胴，由上而下可分成胸、腰、足三段（见图3-19-1）；各不同部位饰以不同或相同的花纹图案。如广西古代铜鼓常见的纹饰有太阳纹、云雷纹、翔鹭纹、钱纹、羽人纹、立体蛙饰、骑士、龟、牛马、莲花纹等十三种[3]，出现于不同时期和铜鼓的不同部位。一般认为，由于铜鼓铸造的年代、地区或民族不同，不同类型的铜鼓会在鼓面的大小、鼓身曲线结构、纹饰的布局和题材以及立体装饰的运用上存在差异。诚然，也正是这些差异才造就了异彩纷呈的铜鼓文化。

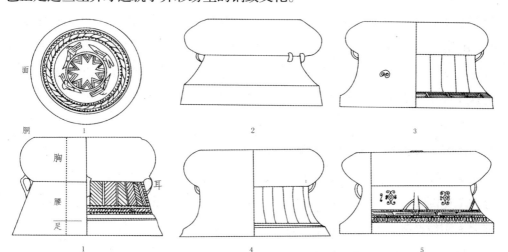

1.铜鼓的基本形制；2.楚雄大海波M1：11号鼓；3.楚雄万家坝M23：158号鼓；

4.楚雄万家坝M1：12号鼓；5.云南省曲靖八塔台M1：1号鼓

图3-19 西南铜鼓的基本形制、万家坝型铜鼓图像

（注：本图像由雷思琪摹绘）

[1] 杜乃松.从湖北崇阳出土的兽面纹铜鼓谈起[J].中原文物,1983（02）:31-33.

[2] 中国古代铜鼓研究会.中国古代铜鼓[M].北京：文物出版社,1988:1.

[3] 洪声.广西古代铜鼓研究[J].考古学报,1974（01）:45-90+188-191.

（二）万家坝型铜鼓

万家坝型铜鼓是中国古代铜鼓研究会认定的一种最早的铜鼓类型，该型以中国云南省楚雄县万家坝古墓群出土的铜鼓为标准器。其形制特点是：鼓面小，鼓胸膨大，鼓腰上小下大，足短而径宽，整器矮小而略扁，胸腰附小扁耳两对。万家坝型铜鼓的器壁较厚，器表粗粝，花纹简单稚拙，显示出铸铜工艺水平不足的早期特点。早期的部分鼓通体光素无纹，鼓面装饰太阳纹的也有无芒的情况，个别鼓的太阳纹外有一道晕圈；鼓身的胸、足部一般无纹饰，仅在腰部用单线纵向分格，格数不一，格下饰一周雷纹；靠近足沿的内壁有的铸有如意云纹、菱形格子纹和大尾四足爬虫纹。[1]

万家坝型铜鼓按年代可分为早期鼓、中期鼓和晚期鼓三类。早期鼓是万家坝型铜鼓的原始形态，年代最早，典型器楚雄大海波 M1：11 号鼓（见图 3-19-2）。此鼓 1960 年 3 月出土于楚雄县大海波水电站，高 27 厘米、面径 26.5 厘米、足径 40 厘米、壁厚 0.18 厘米 [2]。鼓身有 2 道合范线，通体光素无纹，铜色紫红；鼓面小于胴部，胴部突出，最大径偏下；腰部收缩程度大；足外侈，内沿有折边；4 个由扁平窄条构成的半环耳，两两装于胴腰之间。中期鼓典型器楚雄万家坝 M23：158-161 号鼓。这 4 面鼓胴径最宽处偏下，底内沿都有折边。M23：158 是这 4 鼓中最大者（见图 3-19-3），面径 46.5 厘米、足径 70 厘米、胴径 65 厘米、腰径 51 厘米、高 40 厘米、壁厚 0.5 厘米。鼓面正中太阳纹凸出，无芒，无晕；腰部纵分 16 格，腰足交界处有云雷纹 1 周；鼓内壁饰有 2 个对称的卷云纹；4 扁耳；鼓身见 2 道合范线，外有烟熏痕迹。晚期鼓典型器楚雄万家坝 M1：12 号鼓（见图 3-19-4）。M1：12 出于 1 号墓的腰坑中。胴体较高，足内无折边，鼓面太阳纹凸起，无芒，无晕，腰部纵分 18 格，近足处有凸弦纹 2 道。4 扁耳，鼓身见 2 道合范线。面径 46 厘米、胴径 59 厘米、腰径 45.5 厘米、足径 64 厘米、高 38.5 厘米 [3]。经社科院考古研究所、北大历史系实验室测定，万家坝 M1 棺

[1] 中国古代铜鼓研究会.中国古代铜鼓[M].北京：文物出版社,1988:33.

[2] 邱宣克,王大道,黄德荣,等.楚雄万家坝古墓群发掘报告[J].考古学报,1983（03）:347-382+409-418.

[3] 北京大学历史系考古专业碳十四实验室.碳十四年代测定报告（续一）[J].文物,1978（05）:75-76.

中国社会科学院考古研究所实验室.放射性碳素测定年代报告（五）[J].考古,1978（04）:280-287+243.

木年代为 2375±80 年或 2310±80 年、2350±85 年；M23 棺木年代为 2405±80 年或 2340±80 年、2640±90 年 [1]。

综上所述，万家坝型铜鼓约产生于春秋早期，流行至战国早期，前后延续了三四百年。早期鼓光素无纹，个别饰太阳纹；中期鼓的腰部已形成分格，格间无纹，但内壁饰有几何纹饰和爬虫纹，鼓面有太阳纹；晚期鼓鼓面有太阳纹和芒，内壁无纹，鼓身无烟熏痕迹，似乎已完成向礼器的转化。

（三）石寨山型早期铜鼓

石寨山型铜鼓以中国云南省石寨山古墓群出土铜鼓为标准器。相较万家坝型，石寨山型铜鼓鼓面增大，胸径最宽处上移，足沿折边消失，体形略有增高，铸铜工艺进步，同样可分为早期鼓、中期鼓和晚期鼓三类。其中，早期鼓年代约在战国时期，纹饰比较简单，仍较多保留了万家坝型中晚期鼓的特征。典型器为云南省曲靖县珠街八塔台出土的 M1：1 号鼓（见图 3-19-5），面径 45.6 厘米、身高 23.3 厘米、胸径 56.6 厘米、腰径 43 厘米、足径 60 厘米。其鼓面较万家坝型稍广，胸部最大径在胸中部偏上；鼓面太阳纹光体呈球面，阳线三角形光芒；有 2 晕，外饰雷纹、四足爬虫纹；鼓腰沿用万家坝型的纵格，以双行阳线分成 6 格，格间饰菱形网纹；腰下部再饰斜线纹、云雷纹、点纹、圆圈纹带，较万家坝型有所发展。也有学者认为，曲靖八塔台出土的 M1：1 号鼓仍属于万家坝型铜鼓，应在万家坝型原有三式基础上增加一式形成四式，并认为石寨山型铜鼓是在它的基础上发展而来的，年代大约为战国晚期 [2]。

石寨山型中期鼓的标准器主要来自晋宁石寨山古墓群中的Ⅰ、Ⅱ型墓和江川李家山古墓群中的Ⅰ型墓。在江川李家山Ⅰ型墓中，与铜鼓伴出的铜器有贮贝器、铜狼牙棒、铜啄、铜伞、铜枕，以及用大量海贝随葬，具有明显的滇文化特色。滇池地区接受汉文化主要是在武帝元封二年（前 109 年）"置益州郡，赐滇王印"以后，由此可见，Ⅰ型墓的年代应在武帝以前，其上限或可早到战国末 [3]。鉴于其年代已超出先秦范畴，我们暂不将石寨山型中期鼓及其后的铜鼓图像纳入本书的考查范围。

[1] 中国古代铜鼓研究会. 中国古代铜鼓 [M]. 北京：文物出版社,1988:36-37.

[2] 李昆声,黄德荣. 论万家坝型铜鼓 [J]. 考古,1990（05）:459-466.

[3] 张增祺,王大道. 云南江川李家山古墓群发掘报告 [J]. 考古学报,1975（02）:97-156+192-215.

二、先秦铜鼓上的太阳纹

铜鼓鼓面中心饰以太阳纹，是西南铜鼓纹饰的一大特色。除了早期形态的部分铜鼓光素无纹外，几乎所有铜鼓鼓面中心都有一突出的圆面，并饰以太阳的形象。鼓是打击乐器，鼓面尤为重要，故装饰首先从鼓面开始。据学者研究，鼓心处隆起的太阳纹，不仅具有装饰美感，而且便于打击和定音，有助于鼓声的扩散，并对鼓心受击处起到支撑防陷的作用[1]。故而，铜鼓上的太阳纹，集宗教、装饰、实用的三大意义为一体，令人称绝。

（一）先秦铜鼓太阳纹的分类

学界习惯将铜鼓鼓面中心凸起的圆面称作"光体"，有的在光体外加饰"光芒"，环绕其外的纹饰又可分成若干圈带，称之为"晕"或"晕圈"，晕间可再填饰纹样。先秦时期的西南铜鼓尚处于初步发展阶段，鼓面的装饰主要集中在鼓面中部，秦汉时期的石寨山型铜鼓鼓面才开始出现满饰。据学者统计，已知万家坝型铜鼓（包含中国古代铜鼓研究会1988年认定的石寨山型早期铜鼓）62件：中国51件，其中云南47件（含7件传世品）、广西3件、四川1件，越南8件，泰国3件（均为传世品）[2]。由于这62件铜鼓有部分光素无纹，部分鼓的图像没有公布，还有部分鼓没有发布鼓面图像，所以我们共只收集到其中25件鼓的鼓面图像。包括万家坝型早期鼓3件，中期鼓6件，晚期鼓8件，石寨山型早期鼓（万家坝型Ⅳ式）7件，特型鼓1件。依据其图形特征，我们将这批先秦铜鼓上的太阳纹分为4型：

Ⅰ型，圆形光体，无芒，无晕。此型是最基本的太阳纹形态，仅有圆饼状光体（见图3-20-1）。共见有9件，其中早期鼓3件，中期鼓3件，晚期鼓1件，石寨山型早期鼓2件。其后的石寨山型铜鼓有鼓面光素无纹者，却未见有此型。

Ⅱ型，光体外绕同心圆纹，其外接三角形光芒（见图3-20-2）。见有3件，其中中期鼓1件，晚期鼓2件。此型在其后的石寨山型铜鼓中可见。

[1] 潘世雄. 广西铜鼓纹饰的意义[A]//.古代铜鼓学术讨论会论文集[C].文物出版社,1982: 186-191.
[2] 李昆声,黄德荣.中国与东南亚的古代铜鼓[M].昆明：云南美术出版社,2008:40.

Ⅲ型，光体外绕阳线三角纹，其外接弦纹（圆圈）。可分两式，共计3件。一式无晕，见有中期鼓1件（见图3-20-3）。一式有晕，见有2件，其中中期鼓1件，石寨山型早期鼓1件（见图3-20-4）。此型在其后的石寨山型铜鼓中常见。

Ⅳ型，光体与光芒连铸。可分两式，共计9件。一式无晕，见有5件，其中晚期鼓4件（见图3-20-5），石寨山型早期鼓1件。一式有晕，见有4件，其中晚期鼓1件，石寨山型早期鼓3件（见图3-20-6）。此型在其后的石寨山型铜鼓中属于主流。

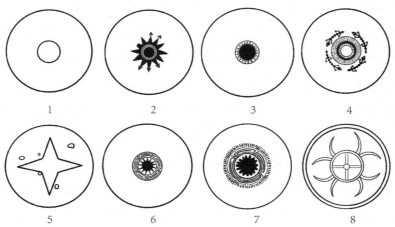

1. Ⅰ型：云南姚安县营盘山鼓（早期）；2. Ⅱ型：广南县者偏鼓（晚期）；3. Ⅲ型Ⅰ式：楚雄万家坝 M23：161 号鼓（中期）；4. Ⅲ型Ⅱ式：曲靖八塔台 M1：1 号鼓（石寨山早期）；5. Ⅳ型Ⅰ式：祥云大波那 M1：19 号鼓（晚期）；6. Ⅳ型Ⅱ式：越南茂东鼓（石寨山早期）；7. Ⅳ型Ⅱ式：越南松林Ⅰ号鼓（石寨山早期）。8. 特型：四川盐源鼓

图 3-20   先秦铜鼓太阳纹分类图像

（注：本图像由杨姣摹绘）

特殊型，双线十字、同心圆，外饰牛角状光芒。仅见 1 件（见图 3-20-8），为四川省凉山州博物馆收集，发布者认为其年代上限可达战国 [1]。此鼓的形制与万家坝型差异很大，胸、腰、足无纹饰，制作工艺粗糙。

（二）先秦铜鼓太阳纹的渊源

我国西南地区进入青铜时代的时间相较中原地区要晚。云南约在春秋时期进入青铜时代，但社会形态仍处于一种原始社会末期向奴隶社会过渡的过程，

[1] 凉山州博物馆,西昌市文管所,盐源县文管所.盐源近年出土的战国西汉文物 [J]. 四川文物,1999（04）:23-32.

有学者谓其“文化的滞后性”[1]。童恩正先生曾揭示了铜鼓源地——滇中高原活跃一时的古滇国社会形态具有强烈的“酋邦”特征，如拥有专门的决策机构却无专职的官僚机构，有政治中心却无城市，社会等级分化明显，存在宗教仪式和权威的象征物——铜鼓，而在古滇国青铜器上记录的各种重要的宗教仪式里，都有铜鼓置于显著的地位[2]。

关于古滇国的起源，目前仍谜团重重，虽然《史记》曾述“庄蹻王滇”，但楚文化对滇文化的影响在考古学视野下并不明晰。近来有学者关注到古蜀青铜文化与滇青铜文化有颇多相近的特征，提出古蜀国青铜铸造技术的南传，以及三星堆青铜文化对滇国青铜文化产生了重要影响的观点[3]。这通过对比先秦铜鼓Ⅱ、Ⅲ型太阳纹和三星堆青铜器太阳纹，可窥得些许端倪，且三星堆祭祀坑考古报告在定名太阳形器时，也言明因其形似“我国南方地区出土铜鼓上表示太阳的符号”[4]。三星堆青铜文化的鼎盛期在晚商，时间上要比云南进入青铜时代要早。古蜀国在地理位置上与古滇国毗邻，在文化交流上确实比中原文明方便许多。三星堆遗址和滇文化青铜墓葬又都出土了大量海贝，滇文化5种类型的贮贝器中，有鼓形的，也有两件铜鼓叠铸的，更有直接用铜鼓装贝的，有学者认为这是一种功能上的借用，体现了滇文化中权力和财富相统一的观念[5]。古蜀青铜文化在造型上偏向写实，善于塑造人物雕像，而古滇国青铜器上各型栩栩如生的人物造像正是其青铜文化的一大特色。

值得注意的是，滇文化中有一种被称为铜扣饰的一种铜制装饰品，有学者认为是北方草原文化、斯基泰文化影响下的结果[6]，但也有学者敏锐察觉到其与我国过去被考古界称作泡饰、铜泡、牌饰或镜形饰等的一类常见圆形青铜饰物

[1] 樊海涛.试论云南青铜时代与青铜文化[C]//.西南地区青铜器研究与保护学术研讨会论文集.[出版者不详],2019:65-72.

[2] 童恩正.中国西南地区古代的酋邦制度——云南滇文化中所见的实例[J].中华文化论坛,1994（01）:83-98.

[3] 黄剑华.古蜀青铜文化对滇文化的影响[J].藏羌彝走廊研究,2018（02）:174-184.

[4] 四川省文物考古研究所.三星堆祭祀坑[M].北京:文物出版社,1999:235.

[5] 肖明华.论滇文化的青铜贮贝器[J].考古,2004（01）:78-88+2.

[6] 白鸟芳郎,青山.从石寨山文化中看到的斯基泰文化的影响——种族、民族的交流及其途径[J].民族译丛,1980（04）:49-54+60.

有关，且滇国铜扣尤以圆形最为普遍[1]。

1. 三星堆圆形饰（K2③：39）；2. 云南李家山墓地铜扣（M68X1：14-5）；

3. 云南石寨山墓地铜扣（M6：16）；4. 云南石寨山墓地铜扣（M13：64）；

5. 云南曲靖八塔台青铜时代墓地无胡圆穿铜戈（M41：21）

图 3-21　三星堆圆形饰、古滇国铜扣饰、无胡圆穿铜戈图像

（注：本图像由乔星星摹绘）

　　三星堆遗址也出土有圆形铜泡饰，已发布的计有 30 件，其中有纹饰的 7 件就有 6 件与太阳有关：K2③：39 所饰太阳纹与铜鼓Ⅱ型太阳纹基本一致，K2②：70-5 饰圆涡纹，K2③：103-22、K2③：115-7 饰前节我们讨论过的简化太阳神人面，K2②：79-62、K2②：150-4 饰同心圆纹[2]（见图 3-21-1）。古滇国的圆形铜扣，多装饰有与铜鼓类似的光体、芒和晕，特别是云南玉溪江川李家山墓地的 M68X1：14-5、云南昆明晋宁石寨山墓地的 M6：16，直接以红玛瑙嵌为光体，把对太阳形象的直观性表达推向了极致（见图 3-21-2、3）。晋宁石寨山墓地还出土有 1 件异形舞人铜扣饰 M13：64（见图 3-21-4），扣饰生动刻画了 4 位腰挂圆扣饰，头戴满饰圆形符号并插有 5 面圆形饰的尖帽，手

[1]　杨勇 . 云贵高原出土青铜扣饰研究 [J]. 考古学报 ,2011（03）:327-352.

[2]　四川省文物考古研究所 . 三星堆祭祀坑 [M]. 北京：文物出版社 ,1999:298+300.

拿摇铃忘情摇摆的舞者（巫师）。我们甚至还可在舞者衣物多处部位发现更多的小型圆形饰，这似乎是一场与太阳或与天有关的祭祀仪式，充溢着狂热的巫术氛围。

多数研究铜鼓的学者，都不曾反对铜鼓太阳纹折射出太阳崇拜的可能。但西南铜鼓的主人为何崇拜太阳，甚至古滇国青铜文化还表现出一种格外的崇信，却又有些语焉难详。有学者在分析铜鼓Ⅰ型太阳纹时，认为"它原是浇铸铜鼓时浇灌铜液的浇冒口留下来的残痕，经过打磨修饰后成为一个圆饼形的纹样"[1]。似乎是为了处理好这块铸铜浇注口，铜鼓的主人才选择了太阳纹的形式。有学者更是指出，"事实是先有铜鼓的光体注口疤痕，然后才逐渐和太阳崇拜的观念联系了"[2]。既如此，古人为何不将浇注口留在别处，为何一定要留在鼓面中心呢？铜鼓浇铸时是正置、侧置还是倒置？真的是浇铸工艺问题开出了无心之花？事实是，我们过去以汉族典籍中的只言片语试图去解释古代西南民族的太阳崇拜现象，过于苍白和无力了。学者们也总宁愿从浩如烟海的史籍中寻那些虚无缥缈的证据，而刻意忽视了那些最直观的出土文物图像。古滇国青铜器，特别喜爱在圆形器上饰以太阳的形象，甚至连兵器上的圆形穿孔也不放过。有一类无胡圆穿铜戈，八塔台青铜时代墓地出土有35件，在戈援后的圆形大穿孔周围不饰以光芒纹的极少见（见图3-21-5）[3]。或许只有发自内心的崇信，又或者是生产生活的迫切需求，才令古滇人如此着迷于发展出繁多的太阳形装饰。云贵高原属于喀斯特地貌，石灰岩广布，地表土层不保水，人畜饮水、农作物用水，对雨水的依赖性很大。有学者认为，我国西南地区有多雨水、多云雾、光照相对缺乏的自然地理特点，人民渴望阳光普照的同时又担心过于炎热带来干旱，再加上巫术盛行，太阳崇拜与政治、巫术因素已密不可分，相辅相成[4]。我们认为，再结合铜鼓源地族群的酋邦社会形态，本地土著的信仰传统，以及汉地太阳为君权象征思想的输入等等，正是这诸多因素共同催生出了西南铜鼓上绚烂的太阳之花。

[1] 蒋廷瑜,廖明君.铜鼓文化[M].杭州:浙江人民出版社,2007:99.
[2] 李伟卿.铜鼓及其纹饰[M].昆明:云南科技出版社,2000:84.
[3] 云南省文物考古研究所.曲靖八塔台与横大路[M].北京:科学出版社,2003:46-47.
[4] 徐赛凤.浅谈西南地区的太阳崇拜[J].北方文学,2017（11）:150-151.

本章小结

按照王震中先生对先秦国家形态演进模式（邦国—王国—帝国）的划分，邦国大量产生于龙山时代的黄河长江流域，自夏王朝始，古代中国进入了国家形态中的王权、王制、王国阶段，历经夏商周春秋，到战国时则属于由王制向帝制、由王国向帝国的转变时期，从秦汉开始中国历史进入了帝制帝国时代[1]。然而我们也看到，早期王国的影响力是受限的，夏商两代王国虽不断发动对诸方国的征伐，晚商仍可见到成都平原辉煌且殊异的古蜀国青铜文化，甚至春秋战国时期的滇中高原，仍还处于中心聚落向邦国演进的过程中。而在夏商周时期不同地域不同社会形态下，出土文物上的"天体星象纹"的风格形态差异很大，似乎又表明了不同社会形态下的政治因素可能对器物纹饰产生影响。

整体来看，夏商周三代中原地区出土的"天体星象纹"几乎不见有对天体星象的直观性表达，这一点在夏商周青铜器上表现得格外明确，其图像规整统一，注重器型与纹样的协调，围绕器物中轴线而展开的纹饰布局，结构清晰而有序；四川盆地的三星堆——十二桥青铜文化中的"天体星象纹"在表达上则趋向写实，虽然也使用一些来自中原青铜器上的天体星象符号，但在太阳及其相关物象纹饰的表现上显得格外直观而炽烈；楚文化是中原文化与南方蛮夷文化交融碰撞出的一朵奇葩，多情而不羁的楚人用流动的旋式调和了自由与秩序，并以新的物质载体表现了新的"天体星象纹"；古滇国青铜文化的发生和发展要晚于上述地区，但后发优势帮助古滇人的青铜艺术快速走向辉煌，在器物纹饰造型上，

---

[1]　王震中. 邦国、王国与帝国：先秦国家形态的演进[J]. 河南大学学报（社会科学版）,2003（04）:28-32.

滇系青铜器显得更为直观写实,极富地域民族色彩,他们还将太阳纹固化在宗教、战争、财富的象征物——铜鼓之上,使其成为民族精神符号,这一创举更是造就了承续至今的中国——东南亚铜鼓文化。由上可见,愈是远离夏商周三代王畿之地和政治中心,在器饰纹样的表达上愈加直观和自由。这种现象与夏商周三代一脉相承的社会形态不无关系。

地处中原的夏王朝,最先迈入王国阶段,一般认为王权有三大来源:宗教祭祀权、军事指挥权和族权[1]。其中特别是宗教祭祀权,属于一种意识形态权力,在国家形成的过程中往往处于核心地位。世界范围的早期国家,往往呈现神权与世俗权力合一的特征,比如,古埃及的法老被视为神王,周朝的君主被称为天子。实际上早在夏朝之前,中原的邦国曾经经历过一次极为重要的宗教改革,即《国语·楚语》中观射父所云帝颛顼 "绝地天通"。徐旭生先生在《中国古史的传说时代》一书中曾对 "绝地天通" 有精辟的论述,"绝地天通" 的本质是社会形态和宗教形式发展到一定阶段的产物,是 "把宗教的事业变成了限于少数人的事业,这也是一种进步的现象"[2]。国家形成前的聚落从部族到部族联盟,再到邦国,其所辖制的人口和土地是呈几何级数式递增的。在聚合的过程中,巫觋这一特殊的史前社会集团,如果不加以协调和分化,将会对统治集团的整合产生严重的干扰。

巫觋集团是人类历史上最早一批知识分子,"很多后世分化出来的独立的科学,如天文、历算、医学、法律、农技、哲学、历史,以及文学和艺术的各种形式,包括诗词、歌咏、音乐、舞蹈、绘画、神话传说等,当时都是由巫所掌握"[3]。巫还负责提供对灵魂世界和现实世界一切疑难的解答,其表现形式是祭祀神灵并转达神灵的意志,相当于神的代言人,其实质当然是为其个人或利益集团服务的。当神的代言人过多且产生利益冲突时,其结果可想而知。帝颛顼正是察觉到 "人人祭神,家家有巫" 的不利影响,"乃命南正重司天以属神,命火正黎司地以属民",实为将对天地大神的祭祀权和神意传达权集中到少数

---

[1]　王震中.祭祀、战争与国家[J].中国史研究,1993(3):57-69.

[2]　徐旭生.中国古史的传说时代[M].北京:文物出版社,1985:84.

[3]　童恩正.中国古代的巫[J].中国社会科学,1995(05):180-197.

的大巫手中，以此削弱大量小氏族巫师的宗教发言权，最终使宗教成为其统治的助力。其后出现的夏商周三代王朝，也是这次"绝地天通"改革的受益者和深化者。统治阶层把控和分化巫觋集团，当然也会产生知识的垄断，何况是与其统治基础息息相关的天文历算知识。受其影响，夏商周青铜器上的"天体星象纹"转向一种隐性的非直观表达才是合理的。

古蜀国和古滇国在各自相对封闭的地理单元内，或许还没有经历上述"绝地天通"的宗教阶段，所以它们的"天体星象纹"及其对设想中的宇宙运作形态的摹绘才那么直观。楚人则是在长期与巫风浓郁的蛮夷杂糅共处过程中，形成了不同于中原王朝的文化风貌。春秋战国时期，技术进步带来了生产力的解放，新兴的封建地主阶级崛起，"礼崩乐坏"并伴随知识的普及，尤其天文历算的发展最终使得"天体星象纹"失去了隐性表达的必要。所以不久后，西汉帛画、汉画像石上的具象"天体星象纹"，汉墓穹顶的天文星图便纷纷涌现出来。

尾　声

　　基于对早期中国天文学高度发达的认识，我们坚定地认为，在先秦漫长的历史时空里，我们的祖先一定会在有意无意中留下一些相关的鲜明的印记。对先秦时期一类具有天文学内涵纹样的甄别和梳理，既是我们了解和认知早期中国艺术图像的朝圣之旅，亦是我们学以致用的为学之道。在对先秦"天体星象纹"的追索过程中，我们充分运用了天文考古学的理论成果，并尝试探索了其背后所隐含的祀天仪式的宗教功能及社会形态问题。如我们在引言中所说的，先秦"天体星象纹"的视觉语言形态及其内涵整体呈现动态发展。这种动态的发展特征成因非常复杂，不仅仅是历法的进步，信仰体系的革新，政治因素的参与，它或许与我们的祖先很早就将世间万物视作一个联动的有机整体有关，很难以西式学理"剥葱头"的方法来一一举证。但如果单独从艺术图像的承续衍化谱系来总括，尽管存在许多的断点和佚失，大体上我们觉得还可以一试，这也将是这个"尾声"的主要工作。另外，在这几年不间断接触大量先秦"天体星象纹"的过程中，我们发现某些图式跨越了极大的地理区隔和广阔的时间维度反复涌现，也令我们产生了一些粗浅的猜测和想法，将一并在"尾声"中略做探讨。

第一节　先秦"天体星象纹"衍化谱系

准确来说，先秦是一个无比巨大的时间区段。时至今天，我们也仅仅揭开了蒙在先秦"天体星象纹"上的面纱一角。或许在不远的将来，新的考古学成果就会完全颠覆我们现在的认知。尽管如此，我们仍希望能对目前所做的工作进行一次全面的检视，并渴望通过一种类似于俯瞰的广阔视野，清晰把握先秦"天体星象纹"的生发脉络。这就需要借助"谱系"的概念，以及福柯谱系学的视野，来宏观观照先秦"天体星象纹"产生和传承传播的谱系结构。在先秦"天体星象纹"图像谱系的建构过程里，我们一方面会关注其同源性、连续性与一致性的特征，以体现中国传统思想中对"统"与"同"的追求[1]；另一方面，我们也要注意探索其发生及变迁的偶发性与关系性，并试图结合社会形态背景加以联想。先秦"天体星象纹"谱系的建立仍将从太阳图像开始。

最早的"天体星象纹"是表现太阳的图像，如距今约40000年的小孤山穿孔蚌壳饰，距今约9000年的贾湖陶罐上的太阳刻画符。初民对太阳形象的描摹来自他们的"心象"，图像主要表现圆形的太阳光体（自然物象）和光芒。由于对太阳光芒的印象，来自人的视感和体感，并没有稳定的视觉形态，所以初民对光芒的表现是不确定的，这也是早期太阳芒线形式多变的原因。此外，太阳的色泽很早就被初民与红色联系起来，并形成了一种联想定式。总的来说，早期确立下来的这一类太阳图像，主要还是表现太阳的自然属性，可对应于太阳崇拜的自然物崇拜时期。

---

[1] 谭萌. 作为民俗学方法论的谱系学 [J]. 湖北民族学院学报（哲学社会科学版）,2018,36（02）:20—24.

到距今约 7800 年的高庙文化时，太阳图像的形式逐渐变得丰富起来。这其中，最大的变化来自"＋"符号的参与，以及高庙人对太阳运行方式的想象。高庙文化陶器图像显示，高庙人的神灵由神鸟托举，鸟翼上仅见的太阳纹、八角星纹、獠牙兽面纹，实际上都是太阳神的象征。太阳纹是对太阳光热辐射的自然属性的赞颂，八角星纹是对太阳帮助人们获知四面八方的感恩。獠牙兽面纹一方面是高庙人结合太阳与新月、旧月形态的创想；另一方面也是太阳神灵生命体化的表现，太阳被赋予了自然界猛兽般的尖牙利齿，象征着太阳神灵凛然不可冒犯的威严及其酷烈的惩戒。在这一图像系统中，月被隐喻为处刑工具，月牙即太阳之獠牙，象征死亡，这或许是"日为德，月为刑"最古老的阐释。高庙文化石质人头像额部的月牙形印记，也可能暗示了其"惩戒者"的身份。同时，太阳神灵的生命体化，也为人格化太阳神的到来铺平了道路。

距今 7000 年的城背溪文化有太阳神人石刻，人格化太阳神逐渐从高庙文化里的隐约表达变得清晰起来。同期的河姆渡文化，更为强调太阳与鸟的关联，太阳的形象被置于双鸟之间，还有鸟腹、鸟目处，进而延展到其他动物的眼部和腹部，展现出先民对"日至而万物生"有深刻的认识，太阳育生万物的内涵由此萌发。双墩文化陶器上的日月图形刻符，则提示了先秦"天体星象纹"开始步入早期文字符号时代。稍晚些的凌家滩文化，进一步发展了首现于高庙文化的八角星纹，凌家滩玉鹰展现了太阳与鸟、与家猪（定居农牧生活的标志）的密切关系，玉龟和玉版则反映了凌家滩先民以太阳为中心的天地模型建构与思考。此时，西辽河流域的赵宝沟文化先民在磨光的陶器上，精细刻画了鹿首、猪首和神鸟的图像，结合此地更早些的兴隆洼文化堆塑龙，很可能对后世四陆星宫之象"四灵"的形成有较大的启迪意义。而距今约 6500 年前后，仰韶文化西水坡遗址 45 号墓的蚌塑龙虎星象，则展现了中华先民早期对星空星座的认知成果，中宫北斗、东宫苍龙和西宫白虎是最先被确立的天区表征。

距今约 6000 年前后，太阳图像已广布于我国各区域的考古学文化之中。其中尤以长江下游的良渚文化和黄河下游的大汶口文化对太阳的崇信表现得最为突出。良渚文化一方面承续了早期长江流域文化对太阳鸟的认知，进而呈现出对鸟的崇信，其中鸟柱图像被视为立杆测影之杆的纪实；另一方面，玉琮上的神人兽面纹应是新石器时代南方文化的集大成者，鸟、太阳、月亮（獠牙）、神人等形象被巧妙地组织在一起，呈现出极其复杂的宗教意味。良渚神人头饰的"介"字形冠，既用整体的宝盖形表现了天穹的形态，又用密集的放射状线条昭示了其太阳神的身份；神人双手处的多重同心圆图像，既是日月（太阳神的日夜两种形态）又是兽目（下部兽面獠牙纹的双目）。良渚文化以玉璧、玉琮象征和礼祭天地的方式，更是对后世产生了深刻影响。大汶口文化彩陶则在器表图绘了各式太阳图像，红色圆饼是普遍的形式，圆心和方心的八角星纹是进一步的承续与发展，绕器一周带有锯齿状光芒并以曲线连接的太阳图像则生动表现了太阳循环运动，这一图式辐射影响了广阔的时空。大汶口文化大口尊上的"日月山"（亦有学者释为"日鸟火"）符号，或与《山海经》记述的"日月出入"之山和"天枢"有关。奇妙的是，大口尊虽见于大汶口文化，但尊上不仅有"日月山"刻符，同时还有良渚文化玉器上的鸟柱刻符，这两种图像对中部地区后起的龙山文化和石家河文化均产生过较大影响。

距今约5000年前后，在仰韶文化庙底沟类型的彩陶上，先民将鸟日组合图像的变化形式发展到了极致；而在仰韶文化晚期的郑州大河村，我们又看到了具象的日、月、星图像的复归；同属仰韶文化晚期的洪山庙陶缸上，更为写实的日月同辉图像也出现了，以红色填绘太阳，以银白填绘月亮。更重要的是，洪山庙的日月同辉图像第一次明确以弯月形态描绘月亮，并将日月图像分置缸体两壁。这提示我们，日月分属阴阳的二元对立思想已经出现，月亮可能已经不再是太阳的附属物，其地位有了空前的提升。而在黄河上游的甘青地区，马家窑文化彩陶的高度发达使得先民们迸发出无与伦比的创作热情，太阳、鸟、蛙、鱼、人的形象交织在他们创作的陶器上，对太阳的崇拜、对生命繁衍的渴求以及对天穹形态的想象都是他们的灵感源泉。但对圆形太阳图像的创设，始终是马家窑文化彩陶的主线，并持续影响了本地区夏商时期的辛店文化。

距今约4000年左右，中原地区率先从邦国迈入王国阶段，由此拉开了华夏青铜文明的时代序幕。受统治阶级"绝地天通"垄断宗教祭祀权和人君"敬授民时"使天文历法相关知识需要保密的影响，夏商周三代的"天体星象纹"更多是以隐喻的状态存现。曾经象征太阳的鸟、象征东西星宫的龙虎、象征月亮的蛙和象征天地形态的龟，仍然活跃在青铜器装饰纹样中，但都极少与具体的天体星象形态并置。这种情况，一直延续到春秋战国时期才被打破，《甘石星经》和曾侯乙二十八宿衣箱的出现即是明证。同时，我们又看到夏商周三代青铜礼器的装饰和造型，仍秉持着"法天象地"的原则，特别是器物高处和中心处的纹饰始终反映了时人对天的认知。太阳本是天的象征，但随着商人奉祖灵为帝、周人视天之意志为上帝，太阳在三代崇信体系中的地位日益下滑。至帝俊之妻羲和生十日传说文本的出现，以及战国"兵避太岁"戈上司日月之神形象的传播，说明太阳神早已失去至高神的位置了。而处于三代边地的甘青高原、四川盆地、云贵高原，太阳图像仍然盛行。盛于晚商时期的三星堆文化，制作了巨大的青铜太阳神树和太阳神坛，将神话传说中的扶桑若木具现为宗教神器。兴于战国的滇文化先民更是将太阳图像随身佩戴，并将太阳形象固化于权力与财富的象征物——铜鼓之上，图绘于石崖峭壁之间。

在另一个暂时还不能完全与上述时段一一对应的体系中，岩画也以其特有的表达方式展现了先民创作的"天体星象纹"。历经无尽岁月的风雨侵蚀以及许多外来因素的破坏，至今仍得以清晰保留的岩画要么处于人迹罕至之处，要么得益于制作者当时的至诚之心。印度学者吉日拉吉·库马尔曾用实验考古的方法对达拉奇——查丹岩洞的岩画进行了复刻实验，"他们观察到需要敲击将近 3 万次，并集中精力连续工作 2 天才能创造出一个小型凹穴"[1]。而早期岩画中多见的同心圆图形，沟槽底部迄今仍深达 5 厘米左右，部分岩画点的图像几乎布满平整的石壁，其创作难度和劳动强度可想而知。没有至诚的虔心信仰，或者酷烈的监督，或者数代人的持续努力，那些规整深刻的早期岩画几乎不可能出现。而岩画中的"天体星象纹"仍是以太阳图像为中心的，并且几乎都与圆形有关。这些圆形图像有的磨刻有长短不一的芒线，有的与考古发现的器物纹样基本一致，但其中的人面太阳神像却是对文物图像体系最重要的补充。典

---

[1]　吉日拉吉·库马尔,张嘉馨,肖波.印度岩画概况及其研究 [J].内蒙古大学艺术学院学报,2016,13（02）:14-30.

型的人面太阳神像主要见于贺兰山、阴山一线，人面被镌刻于太阳光体内，部分神像的双目也刻成太阳形态，人面外多有放射状的芒线。人面太阳神像岩画，让我们隐约触及远古先民未知的精神世界，了解并理解他们在恶劣的环境中艰难求存时虚构保护神的迫切，这种类人的神灵形态虽是虚拟，却将有助于他们沟通上的便利，并以此获得心理上的慰藉。此后，先民又进一步将祖先灵融入太阳神祇的神格，以期许用血缘的连接获得神灵更多的恩泽和青睐。由此，作为自然物的太阳，便开始逐渐丧失其唯一至上神的位次了。

岩画中的星月图像相对太阳要少得多，并且在不少被释读为星象图的岩画上，星星和月亮的图形都是大小不一的圆凹穴、"⊙"形和多重同心圆，就好似现代星图以大小不一的圆点代表不同星等的星星一样。蔚为壮观的史前岩画图像几乎是各种圆形图案的集中展览地，我们尚不清楚先民最初是如何发现和认知"圆"这一几何图形的，但很可能受到过太阳和满月形态的启发。圆，是一种特殊的几何图形，在平面上是围绕一个点并以一定长度为距离旋转一周所形成的封闭曲线，它既轴对称又中心对称，具有高度谐和的美感，今人更喜其圆满无碍的内涵。而在先秦，古人对这一图形的表述还用到另一个"圜"字，如《墨子·经上》云："圜，一中同长也。""圜"与"圆"都未见于甲骨文，但甲骨文中有"员"字，其字形"𤶃"（合20592）为鼎口上方有一圆圈，似俯视铜鼎看到圆形鼎口之意，故其"以圆形鼎口意谓浑圆无缺，本义为圆形"[1]。"圆"由"员"字发展而来，古人却又另造"圜"字，可见"圆""圜"有别。《说文解字》云："圜，天体也。"又释"圆"，"圜全也。全集韵、类篇作合。误字也。圜者天体。天屈西北而不全。圜而全、则上下四旁如一。是为浑圜之物。"可见，"圜"之一字，本是古人用以形容天的体貌形态，其所谓"天体"并非现代科学对宇宙星体的统称。以此来看，"圜"，是古人对天之视觉事物的总括；"圆"，则是先秦"天体星象纹"的图像根底。

---

[1] 李土生. 土生说字精解 [M]. 北京：中央文献出版社,2012:758.

第二节　一个猜想：史前中国的天文图像共识体系

近年来，首倡以"四重证据法"（一重证据指传世文献；二重证据指出土文献；三重证据指人类学的口传与非物质文化遗产；四重证据指考古实物和图像[1]）开展文化人类学研究的叶舒宪先生，再次提出将文化传统以文化的符号媒介（文字）为基准，分为"大传统"和"小传统"两阶段，即以始于无字时代的传统为大，文字记录的传统为小，并以玉璧为例，将玉璧的发生、传播与流变视为大传统的一级编码，将"璧"与"辟"的字形和语义分析看作小传统二级编码，将璧在中国文化文本中多方面的符号衍生现象称为文化符号的"再编码"[2]。读之深以为然，甚是佩服。加之玉璧本与我们粗浅的猜想颇有关联，此处不妨借用叶先生的理论方法略做探讨。不过，我们将先做"小传统"的讨论。

玉璧，是《周礼·春官·大宗伯》所载"以玉作六器，以礼天地四方"中的礼天之器。关于玉璧的形制，《尔雅·释器》载："肉倍好谓之璧。"郭璞注："肉，边；好，孔。"即玉璧的外圆称"肉"，内部圆孔称"好"，若将"好"视为圆点，则其形制与甲骨文"日"字基本一致。关于玉璧的取象，多数学者认同玉璧象征太阳在天上运行的轨迹，涵括了天与日的两个概念，也有学者认为玉璧主要仿自东升西落的太阳，其内涵有两点：一是太阳每天东升，象征着一种永恒与再生；二是清晨从地平线升起，具有一种向上的强大旋托力；故"玉璧功能主要是借助太阳向上托起的巨大力量，使墓主人的灵魂进入永恒与再生"[3]。许慎《说文解字·玉部》载："璧，瑞玉圜也。"也认为璧乃瑞玉所制的象天之器。

[1]　叶舒宪.物的叙事：中华文明探源的四重证据法 [J].兰州大学学报（社会科学版）,2010,38（06）:1-8.

[2]　叶舒宪.玉璧的神话学与符号编码研究 [J].民族艺术,2015（02）:22-30.

[3]　郑建明.史前玉璧源流、功能考 [J].华夏考古,2007（01）:80-87.

我们也认同玉璧是由象日发展出象天的内涵的。

前文曾叙，"圜"字在《说文解字》中被释作"天体"，我们很好奇许慎眼中的"天体"究竟是何形貌，便又将《说文解字》中涉及"圜"的条目整理一二，除"圜"与"璧"外，计得23条，其文用"圜"字表述时大致有如下情形：

其一，用"圜"描述类圆球状的事物：

玑，珠不圜也。

团，圜也。

丸，圜，倾侧而转者。

抟，圜也。

其二，用"圜"描述类圆形的事物：

等，圜竹器也。

簋，黍稷圜器也。

槤，圜案也。

椑，圜榼也。

圆，圜全也。

豹，似虎，圜文。

盧，阶也。脩为盧，圜为蟥。

娃，圜深目兒。或曰吴楚之间谓好曰娃。

其三，用"圜"描述类圆柱状（或截面为圆形）的事物：

囷，廩之圜者。从禾在口中。圜谓之囷，方谓之京。

鬴，鼎之圜掩上者。

卮，圜器也。一名觛。

鋞，温器也。圜直上。

镟，圜炉也。

劎，圜采也。

其四，用"圜"描述上部类半圆状的事物：

闺，特立之户，上圜下方，有似圭。

圭，瑞玉也。上圜下方。

其五，"圜"用作动词，即使事物改变为圆形或呈环绕状：

籚，以判竹圜以盛谷也。

鈕，吮圜也。

军，圜围也。四千人为军。从车，从包省。军，兵车也。

由上可知，在许君眼中，"圜"的形态在平面上是一种类圆形，在空间中是类圆球形态的。但"圜"也是不完整的，太完整就是"圆"和"丸"了，所以一段半圆的弧也是"圜"，他还用"圜"描述一种环绕的状态。成书于秦统一六国前夕的《左氏春秋》有《圜道》一篇，则将"圜"的境意与"道"相结合。《圜道》篇更多将"圜道"视为天地万物的永恒之道，表征为周而复始的循环之道，并列举了日夜交替、月躔二十八宿、四时循环、生命生长衰亡过程、水循环的水汽输送和径流输送环节等自然界的"圜道"现象。故"圜"字还当有循环之义，"圜道"为循环的轨迹。此外，《易经·说卦》云："乾为天，为圜。"《楚辞·天问》亦诘问："圜则九重，孰营度之？"可见，至迟在战国时期，以"圜"代指天体或天体的运转轨迹是当时相当普遍的认识。

天文学家一般认为，我国古代对天地运转模型的讨论，主要是"汉代论天三家"，其中盖天说可能起源于周初，浑天说产生于汉武帝时期，宣夜说可能出现于东汉初期[1]。这也意味着盖天说是我国最古老的一种宇宙观，其代表性的文献资料主要是《周髀算经》。《周髀算经》云："天象盖笠，地法覆槃。"是认为天如半球形的盖笠，地似反扣的承盘，天与地是两块不知边际相互平行的曲面。实际上，这大约是身处北半球的人在彼时可探索的较大地理单元内，所能得到较为科学的天地形态印象了（这两块曲面不断向外延伸最终会呈现为圆球态）。《周髀算经》原作者为更系统清晰地表述盖天说，曾绘有"日高图"和"七衡图"[2]。其中"日高图"，图解了"畴人"如何运用勾股定理通过观测日影来进行天文计算；"七衡图"，则详细描绘了盖天理论指导下的太阳周年视运动规律。所谓"七衡"，是以北天极为圆心的 7 个等距的同心圆，代表了不同节气的太阳环周运行轨迹，内衡为夏至日，外衡为冬至日，中衡为春（秋）分日，太阳每年在内外衡之间往复一次，持续做不间断的循环旋转运动（见图4-1-1，观测者位于内衡与北极之间）。我们如果按其描述将太阳运动轨迹连起来，就会得到一张无比细密的双旋等距螺线图（见图4-1-2）；而我们若将"七

[1] 陈遵妫.中国天文学史[M].上海：上海人民出版社,2016:1307.

[2] 曲安京.黄道与盖天说的七衡图[J].自然辩证法通讯,1994（06）:55-60.

衡图"按盖天说描述的北极高而四边低的立体形态重绘，又会发现其与现代地球侧视图下的赤道圈、南北回归线颇为相似（见图 4-1-3，现在我们知道阳光在冬至日直射南回归线，春、秋分直射赤道，夏至日直射北回归线；盖天说则认为冬至日太阳运行于外衡，太阳距离人的距离最远，所以高度低气温也低）。值得注意的是，此状态下的"七衡图"与我们更为久远的"大传统"图像又似乎有了重合的迹象。

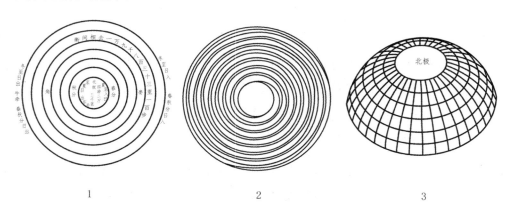

1. 七衡图；2. 太阳在七衡图上的运行轨迹；3. 立体化的七衡图；

图 4-1 七衡图、七衡图上的太阳运行轨迹设想图

（注：本图像由吴逢睿摹绘）

新石器时代晚期，曾出现一种大范围流传的彩陶纹样，王仁湘先生将其称作"旋纹"，并根据旋臂的特点与数量，还有旋纹的组合方式，将旋纹划分为单旋、双旋、混旋、叠旋和杂旋等 5 种（见图 4-2）；据不完全统计，在距今约 6000 年以后，黄河流域的仰韶文化晚期的庙底沟、西王村、大河村，大汶口文化，马家窑文化半山、马场，长江流域的屈家岭文化，石家河文化，崧泽文化，良渚文化，闽江流域的昙石山文化，台湾的凤鼻头文化都先后发现有不同类型的旋纹；王先生还认为，旋纹常伴生类似太阳鸟的图形，故其很可能是太阳崇拜的衍生图案形式，并推论"旋纹涉及中国史前时代已经形成的一个传布极广的认知体系，这很可能是一个宇宙认识体系，或者可能直称为宇宙观体系"[1]。其言甚是。

[1] 王仁湘.关于史前中国一个认知体系的猜想——彩陶解读之一 [J].华夏考古,1999（04）:32-57.

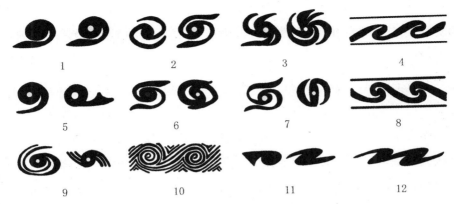

图 4-2　新石器时代的旋纹

（注：本图像由乔星星摹绘）

我们如果将史前绘有旋纹的器物图像，与"七衡图"上太阳运行的轨迹略做比照，就会发现所谓"旋纹"与"七衡图"分明就是同一宇宙认识体系下的产物。先民不过是将器物中央耸立的颈、口视作北极，将器物的肩、腹视作太阳运行的轨迹——"七衡"，如此一来，整器就成为立体形态下的"七衡图"（见图4-3）。在先民看来，将时人对天地运转的最新思维成果再现于祭器，并以此"七衡图"敬祈天神，对沟通天人的终极理想可谓大有裨益。

1. 立体形态的"七衡图"；2. 甘肃广河地巴坪马家窑文化彩陶壶

图 4-3　新石器时代的"七衡图"

（注：本图像由吴逢睿摹绘）

由此而观之，旋纹中的双旋，应该是对太阳由外衡（冬至）运转到内衡（夏至）又返回到外衡的，这一整个太阳年的太阳运动轨迹的意象化表达。旋纹中其他较复杂的图式，则是加入了对黄道（太阳绕天极运动的轨迹）上其他的标志性象征物，最典型的如托负太阳的鸟，如月亮、星象等。马家窑文化彩陶上的四大圆圈纹,则是描绘了太阳绕天极运动过程中的4方位置模型。史前陶器上的旋纹,有一个最大的共性,就是一定会以二方连续的形式绕器一周。那么,我们在史前陶器上常常见到的宽带纹、弦纹这类绕器一周的纹样,也就很可能就是对天盖上黄道的界定。这种以器口为中心,层层向外、向下环绕的构图形式,正是盖天说所描述的天盖运转图式。这一推论若可确,我们就会发现夏商周时期的圆体青铜器仍是继承了这一图绘天体的"大传统"的。圆涡纹,这一青铜器上最典型最常见的"天体星象纹",更就是这个"大传统"图像的直接继承者。与圆涡纹伴飞的龙凤,是黄道二十八宿星象的标志性象征物。圆涡纹里那旋动的"小勾子",不过是俯视旋纹(这也是立体"七衡图"正确的观看角度)所获得的视觉经验的简化(见图4-4)。

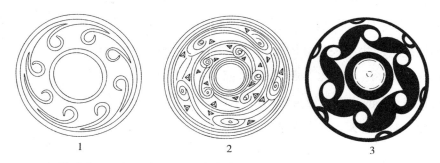

1. 圆涡纹;2. 浙江海宁小兜里遗址陶豆;3. 海宁小兜里遗址彩绘器盖

图4-4　涡纹、新石器时代的旋纹

(注:本图像由吴逢睿摹绘)

综上所述,我们认为盖天说所阐述的太阳绕北天极运转的图示,在新石器时代既已流传并成共识,夏商时更是得以进一步完善。《周易》云:"夫大人者,与天地合其德,与日月合其明,与四时合其序,与鬼神合其吉凶。"这是在周人看来,人间的一切都应与天地宇宙同构,如此方能"天人相应""协和万邦"。周人所制的礼器正是这一图绘天体"大传统"的实践成果,他们更是从这一图式中体悟出北极以静制动,被日月环绕、群星拱卫的"伟大",从而发展出一套与之对应的层层递进、等级严苛、森然有序的礼法社会制度。而对于生活在新时代的人民来说,我们从先秦"天体星象纹"中更多体悟到的是:自然的和谐之美,天体的秩序之美,纹样的巧思之美。

参考文献

一、古籍

[1]（唐）段成式.酉阳杂俎[M].济南：齐鲁书社,2007.

[2]（宋）李昉等.太平御览[M].北京：中华书局,1960.

[3]（清）阮元（校刻）.十三经注疏（下册）[M].北京：中华书局,1980.

[4] 佚名.周易[M].郭彧,译注.北京：中华书局,2010.

[5]（唐）徐坚.初学记[M].北京：中华书局,1962.

二、专著

[1][美]O.A.魏勒.性崇拜[M].史频,译.北京：中国文联出版公司,1988.

[2][英]爱德华·泰勒.原始文化[M].连树声,译.桂林：广西师范大学出版社,2005.

[3][美]艾兰.龟之谜：商代神话、祭祀、艺术和宇宙观研究.增订版[M].北京：商务印书馆,2010.

[4] [美] 丹·布朗. 失落的秘符插图珍藏版 [M]. 朱振武，文敏，于是. 上海：上海文艺出版社,2015.

[5] [日] 焦万尼·巴蒂斯达·林巳奈夫. 神与兽的纹样学：中国古代诸神 [M]. 北京：生活·读书·新知三联书店,2009.

[6] [德] 路德维希·费尔巴哈. 费尔巴哈哲学著作选集 [M]. 荣震华，王太庆，刘磊，译. 北京：商务印书馆,1984.

[7] [英] 弗雷德·里赫·麦克斯·缪勒. 比较神话学 [M]. 金泽，译. 上海：上海文艺出版社,1989.

[8] [英] 特伦斯·霍克斯. 结构主义和符号学 [M]. 霍铁鹏，译. 上海：上海译文出版社,1998.

[9] [俄] 维克多·卡拉什尼科夫. 不可思议：世界之初与魔法秘境 [M]. 傅文宝，译. 西安：陕西人民出版社,2010.

[10] （俄）雅科夫·伊西达洛维奇·别莱利曼. 趣味天文学 [M]. 项丽，译. 北京：中国妇女出版社,2015.

[11] 北京大学考古学系，中国社会科学院考古研究所. 华县泉护村：1997 年考古发掘报告 [M]. 北京：科学出版社,2003.

[12] 陈佩芬. 陈佩芬青铜器论集 [M]. 上海：中西书局,2016.

[13] 陈兆复，邢琏. 世界岩画 I·亚非卷 [M]. 北京：文物出版社,2010.

[14] 陈兆复. 古代岩画 [M]. 北京：文物出版社,2002.

[15] 陈遵妫. 中国天文学史（第一册）[M]. 上海：上海人民出版社,1980.

[16] 陈遵妫. 中国天文学史 [M]. 上海：上海人民出版社,2016.

[17] 成都市文物考古研究所，北京大学考古文博院. 金沙淘珍 [M]. 北京：文物出版社,2002.

[18] 程刚. 钱币史 [M]. 沈阳：辽宁少年儿童出版社,2002.

[19] 邓宏海 . 中国天学的起源和进化：人类与授时工具协同进化十万年史 [M].
合肥：安徽教育出版社 ,2015.

[20] 邓军海 . 远古器物美学研究 [M]. 武汉：武汉大学出版社 ,2019.

[21] 丁山 . 中国古代宗教与神话考 [M]. 上海：龙门联合书局 ,1961.

[22] 冯时 . 天文学史话 [M]. 北京：社会科学文献出版社 ,2011.

[23] 冯时 . 中国天文考古学 [M]. 北京：社会科学文献出版社 ,2001.

[24] 冯时 . 百年来甲骨文天文历法研究 [M]. 北京：中国社会科学出版社 ,2011.

[25] 冯天瑜 . 上古神话纵横谈 [M]. 上海：上海文艺出版社 ,1983.

[26] 盖山林 . 阴山岩画 [M]. 北京：文物出版社 ,1986.

[27] 广西壮族自治区文化厅 , 崇左市人民政府 . 左江花山岩画文化景观 [M].
南宁：广西科学技术出版社 ,2017.

[28] 郭宝钧 . 商周铜器群综合研究 [M]. 北京：文物出版社 ,1981.

[29] 郭廉夫 , 丁涛 , 诸葛铠 . 中国纹样辞典 [M]. 天津：天津教育出版社 ,1998.

[30] 郭沫若 . 中国史稿（第一册）[M]. 北京：人民出版社 ,1976

[31] 国家文物局 .1999 年中国重要考古发现 [M]. 北京：文物出版社 ,2001.

[32] 何新 . 诸神的起源 [M]. 北京：北京工业大学出版社 ,2007.

[33] 和士华 . 仰韶文化中的天文星象符号 [M]. 北京：中国社会科学出版
社 ,2016.

[34] 河南省文物考古研究所 . 汝州洪山庙 [M]. 郑州：中州古籍出版社 ,1995.

[35] 河南省文物考古研究所 . 舞阳贾湖 [M]. 北京：科学出版社 ,1999.

[36] 贺刚 . 湘西史前遗存与中国古史传说 [M]. 长沙：岳麓书院 ,2013.

[37] 贺吉德 . 贺兰山岩画研究 [M]. 银川：宁夏人民出版社 ,2012.

[38] 湖北省博物馆 . 随县曾侯乙墓 [M]. 北京：文物出版社 ,1980.

[39] 湖北省荆州博物馆 . 荆州天星观二号楚墓 [M]. 北京：文物出版社 ,2003.

[40] 湖北省荆州地区博物馆 . 江陵马山一号楚墓 [M]. 北京：文物出版社 ,1985.

[41] 湖北省文物考古研究所 . 江陵九店东周墓 [M]. 北京：科学出版社 ,1995.

[42] 湖南省博物馆 , 中国科学院考古研究所 , 文物编辑委员会 . 长沙马王堆一号汉墓发掘简报 [M]. 北京：文物出版社 ,1972.

[43] 黄宣佩 , 张明华 . 崧泽新石器时代遗址发掘报告 [M]. 北京：文物出版社 ,1987.

[44] 贾兰坡 . 中国大陆上的远古居民 [M]. 天津：天津人民出版社 ,1978.

[45] 蒋廷瑜 , 廖明君 . 铜鼓文化 [M]. 杭州：浙江人民出版社 ,2007.

[46] 荆沙铁路考古队 . 湖北省包山楚墓（上）[M]. 北京：文物出版社 ,1991.

[47] 郎树德 . 甘肃彩陶研究与鉴赏 [M]. 兰州：甘肃人民美术出版社 ,2012.

[48] 雷圭元 . 中国图案美 [M]. 长沙：湖南美术出版社 ,1997.

[49] 李洪甫 . 太平洋岩画：人类最古老的民俗文化遗迹 [M]. 上海：上海文化出版社 ,1997.

[50] 李昆声 , 黄德荣 . 中国与东南亚的古代铜鼓 [M]. 昆明：云南美术出版社 ,2008.

[51] 李玲璞 , 臧克和 , 刘志基 . 古汉字与中国文化源 [M]. 贵阳：贵州人民出版社 ,1997.

[52] 李零 . 万变：李零考古艺术史文集 [M]. 北京：生活・读书・新知三联书店 ,2016.

[53] 李土生 . 土生说字精解 [M]. 北京：中央文献出版社 ,2012.

[54] 李伟卿 . 铜鼓及其纹饰 [M]. 昆明：云南科技出版社 ,2000.

[55] 李学勤 . 字源 [M]. 天津：天津古籍出版社 ,2012.

[56] 梁振华 . 桌子山岩画 [M]. 北京：文物出版社 ,1998.

[57] 辽宁省文物考古研究所 . 查海：新石器时代聚落遗址发掘报告（上册）[M].
北京：文物出版社 ,2012.

[58] 刘敦愿 . 美术考古与古代文明 [M]. 北京：人民美术出版社 ,2007.

[59] 刘武军 , 张光明 . 文物考古与齐文化研究 [M]. 济南：山东大学出版社 ,1996

[60] 卢连成 , 胡智生 , 宝鸡市博物馆 . 宝鸡弓鱼国墓地 [M]. 北京：文物出版
社 ,1988.

[61] 陆思贤 , 李迪 . 天文考古通论 [M]. 北京：紫禁城出版社 ,2000.

[62] 陆思贤 . 周易考古解读 [M]. 北京：中央民族大学出版社 ,2009.

[63] 逯钦立 . 汉魏六朝文学论集 [M]. 西安：陕西人民出版社 ,1984.

[64] 栾丰实 . 海岱地区考古研究 [M]. 济南：山东大学出版社 ,1997.

[65] 牟永抗 . 牟永抗考古学文集 [M]. 北京：科学出版社 ,2009.

[66] 南京大学《天文学词典》编写组 . 天文学词典 [M]. 北京：科学出版社 ,1989.

[67] 庞进 . 中国凤文化 [M]. 重庆：重庆出版社 ,2007.

[68] 齐浩然 . 惊异的天空奇观 [M]. 北京：金盾出版社 ,2015.

[69] 乔晓光 . 本土精神：非物质文化遗产与民间美术研究文集 [M]. 南昌：江
西美术出版社 ,2008.

[70] 青海省文物管理处考古队 . 青海柳湾 乐都柳湾原始社会墓地（上）[M].
北京：文物出版社 ,1984.

[71] 青海省文物考古研究所 . 民和阳山 [M]. 北京：文物出版社 ,1990.

[72] 容庚 , 张维持 . 殷周青铜器通论 [M]. 北京：文物出版社 ,1984.

[73] 容庚 . 商周彝器通考 [M]. 上海：上海人民出版社 ,2008.

[74] 山东省文物管理处,济南市博物馆.大汶口新石器时代墓葬发掘报告 [M].北京:文物出版社,1974.

[75] 山东省文物考古研究所.大汶口续集:大汶口遗址第二、三次发掘报告 [M].北京:科学出版社,1997.

[76] 上海博物馆青铜器研究组.商周青铜器文饰 [M].北京:文物出版社,1984.

[77] 沈从文.中国古代服饰研究 [M].上海:上海书店,2002.

[78] 四川省文物考古研究所.三星堆祭祀坑 [M].北京:文物出版社,1999.

[79] 宋耀良.中国史前神格人面岩画 [M].上海:上海人民出版社,2015.

[80] 宋耀良.中国岩画考察 [M].上海:上海人民出版社,2015.

[81] 孙华.四川盆地的青铜时代 [M].北京:科学出版社,2000.

[82] 覃圣敏,覃彩銮,卢敏飞,等.广西左江流域崖壁画考察与研究 [M].南宁:广西民族出版社,1987.

[83] 田自秉,吴淑生,田青.中国纹样史 [M].北京:高等教育出版社,2003.

[84] 田自秉.中国工艺美术史(修订本)[M].上海:东方出版中心,2010.

[85] 童恩正.古代的巴蜀 [M].成都:四川人民出版社,1979.

[86] 汪宁生.云南沧源崖画的发现与研究 [M].北京:文物出版社,1985.

[87] 王仁湘.凡世与神界:中国早期信仰的考古学观察 [M].上海:上海古籍出版社,2018.

[88] 王宪昭.中国神话母题 W 编目 [M].北京:中国社会科学出版社,2013.

[89] [意] 焦万尼·巴蒂斯达·维柯.新科学 [M].北京:人民文学出版社,1987.

[90] 温少峰,袁庭栋.殷墟卜辞研究——科学技术篇 [M].成都:四川社会科学出版社,1983.

[91] 闻人军.考工记译注 [M].上海:上海古籍出版社,2016.

[92] 闻一多 . 闻一多全集：第 2 册 [M]. 北京：三联书店 ,1982.

[93] 吴山 . 中国纹样全集　新石器时代和商·西周·春秋卷 [M]. 济南：山东美术出版社 ,2009.

[94] 襄阳市文物考古研究所 . 余岗楚墓 [M]. 北京：科学出版社 ,2011.

[95] 徐井才 . 宇宙百科 [M]. 北京：北京教育出版社 ,2012.

[96] 徐旭生 . 中国古史的传说时代 [M]. 北京：文物出版社 ,1985.

[97] 许成 , 卫忠 . 贺兰山岩画拓本萃编 [M]. 北京：文物出版社 ,1993.

[98] 叶舒宪 . 千面女神——性别神话的象征史 [M]. 上海：上海社会科学院出版社 ,2004.

[99] 袁柯 . 山海经校注 [M]. 成都：巴蜀书社 ,1993.

[100] 云南省文物考古研究所 . 曲靖八塔台与横大路 [M]. 北京：科学出版社 ,2003.

[101] 张雷 . 走进艺术的殿堂　上海博物馆精品百件鉴赏 [M]. 上海：上海教育出版社 ,1998.

[102] 张朋川 . 中国彩陶图谱 [M]. 北京：文物出版社 ,1990.

[103] 张正明 . 楚文化史 [M]. 武汉：湖北教育出版社 ,2018.

[104] 张正明 . 楚文化志 [M]. 武汉：湖北人民出版社 ,1988.

[105] 赵国华 . 生殖崇拜文化论 [M]. 北京：中国社会科学出版社 ,1990.

[106] 浙江省文物考古研究所编 . 浙江考古精华 [M]. 北京：文物出版社 ,1999.

[107] 中国古代铜鼓研究会 . 中国古代铜鼓 [M]. 北京：文物出版社 ,1988.

[108] 中国科学院考古研究所 . 美帝国主义劫掠的我国殷周铜器集录 [M]. 北京：科学出版社 ,1962.

[109] 中国美术分类全集编委会 . 中国岩画全集·北部岩画 [M]. 沈阳：辽宁

美术出版社,2006.

[110] 中国美术分类全集编委会.中国岩画全集·南部岩画.1[M].沈阳：辽宁美术出版社,2007.

[111] 中国美术分类全集编委会.中国岩画全集·南部岩画.2[M].沈阳：辽宁美术出版社,2007.

[112] 中国社会科学院考古研究所.庙底沟与三里桥：汉英对照[M].北京：文物出版社,2011.

[113] 中国社会科学院考古研究所.中国古代天文文物论集[M].北京：文物出版社,1989.

[114] 中国天文学史整理研究小组.中国天文学史[M].北京:科学出版社,1981.

[115] 周立升,蔡德贵.齐鲁文化通论（上）[M].济南：山东人民出版社,2015.

[116] 朱凤瀚.古代中国青铜器[M].天津：南开大学出版社,1995.

[117] 朱广宇.中国古代陶瓷所体现的造物艺术思想[M].南京：东南大学出版社,2018.

[118] 邹衡.夏商周考古学论文集[M].北京：文物出版社,1980.

三、论文

[1]Robert B.Pleistocene Palaeoart of Asia[J].*Arts*,2013,2（2）.

[2] 安立华.汉画像"金乌负日"图像探源[J].东南文化,1992（Z1）.

[3] 安志敏.长沙新发现的西汉帛画试探[J].考古,1973（01）:43-53.

[4] 白鸟芳郎,青山.从石寨山文化中看到的斯基泰文化的影响——种族、民族的交流及其途径[J].民族译丛,1980（04）.

[5] 北京大学历史系考古专业碳十四实验室.碳十四年代测定报告（续一)[J].文物,1978（05）.

[6] 笔谈《湖北随县曾侯乙墓出土文物展览》[J]. 中国历史博物馆馆刊,1980（00）.

[7] 边成修. 山西长治分水岭 126 号墓发掘简报 [J]. 文物,1972（04）.

[8] 蔡明章. 三十二种福建无尾两栖类繁殖习性的观察 [J]. 福建师范大学学报（自然科学版）,1979（01）.

[9] 蔡英杰. 太阳循环与八角星纹和卐字符号 [J]. 民族艺术研究,2005（05）.

[10] 蔡运章. 屈家岭文化的天体崇拜——兼谈纺轮向玉璧的演变 [J]. 中原文物,1996（02）.

[11] 曹菁菁. 新蔡葛陵楚简所见的祖先系统 [J]. 中国典籍与文化,2009（01）.

[12] 曹一. 古代昏旦问题初探 [C]// 全球视野中的中国科学史国际学术研讨会,青年科学技术史学术研讨会暨上海交通大学科学史与科学哲学系十周年庆祝大会. 上海交通大学科学史与科学哲学系,2009.

[13] 陈才训. 嫦娥·蟾蜍·玉兔——月亮文化摭谈 [J]. 江淮论坛,2002（03）.

[14] 陈德安,陈显丹. 广汉三星堆遗址一号祭祀坑发掘简报 [J]. 文物,1987,（10）.

[15] 陈德安. 古蜀文明与周边各文明的关系 [J]. 中华文化论坛,2007（04）.

[16] 陈洪海,王国顺,梅端智,等. 青海同德县宗日遗址发掘简报 [J]. 考古,1998（05）.

[17] 陈惠,江达煌. 武安赵窑遗址发掘报告 [J]. 考古学报,1992（03）.

[18] 陈久金,张敬国. 含山出土玉片图形试考 [J]. 文物,1989（04）.

[19] 陈立群. 东山县塔屿岩画群的发现与初步研究 [J]. 闽台文化交流,2011（02）.

[20] 陈立信. 郑州大河村仰韶文化的房基遗址 [J]. 考古,1973（06）.

[21] 陈勤建 . 中国鸟信仰的形成、发展与衍化 [J]. 华东师范大学学报（哲学社会科学版）,2003（05）.

[22] 陈树祥 . 黄梅发现新石器时代卵石摆塑巨龙 [N]. 中国文物报 ,1993-08-22.

[23] 陈文华 . 中国原始农业的起源和发展 [J]. 农业考古 ,2005（01）.

[24] 陈文武 . 秭归"太阳人"石刻艺术初探 [J]. 三峡文化研究 ,2004（00）.

[25] 陈五云 , 刘民钢 . 释"昊"[J]. 华夏考古 ,2003（02）.

[26] 崇文 . 湖北崇阳出土一件铜鼓 [J]. 文物 ,1978（04）.

[27] 邓衍明 . 中国最早的"太阳神"：太阳神纹石刻 [N]. 中国档案报 ,2010-06-04（004）.

[28] 丁建发 . 试论蛙类生活习性的多样性 [J]. 宁德师专学报（自然科学版）,2004（04）.

[29] 丁木乃 , 潘正云 . 凉山彝族生命树崇拜的文化阐释 [J]. 楚雄师范学院学报 ,2019,34（05）.

[30] 丁清贤 , 张相梅 .1988 年河南濮阳西水坡遗址发掘简报 [J]. 考古 ,1989（12）.

[31] 杜乃松 . 从湖北崇阳出土的兽面纹铜鼓谈起 [J]. 中原文物 ,1983（02）.

[32] 段渝 . 略论古蜀与商文明的关系 [J]. 史学月刊 ,2008（05）.

[33] 二陈 . 广汉三星堆遗址二号祭祀坑发掘简报 [J]. 文物 ,1989（05）.

[34] 樊海涛 . 试论云南青铜时代与青铜文化 [C]//. 西南地区青铜器研究与保护学术研讨会论文集 .[出版者不详],2019.

[35] 樊温泉 , 宋海超 , 苏明辰 . 河南三门峡庙底沟遗址庙底沟文化 H408 发掘简报 [J]. 华夏考古 ,2021（04）.

[36] 方向明 . 新石器时代最早的玉 "神面" ——凌家滩玉版 [J]. 东南文化 ,2013
（ 02 ）.

[37] 费晓萍 , 周雪松 , 吴中玉 . 楚凤纹与天体星象纹的共生现象 [J]. 山西档
案 ,2018（ 04 ）.

[38] 封彦杰 . 现生无尾目两栖动物的分子系统发育与生物地理学研究 [D]. 中
山大学 ,2017

[39] 冯汉骥 . 云南晋宁出土铜鼓研究 [J]. 文物 ,1974（ 01 ）.

[40] 冯军胜 . 草原岩画中的自然崇拜 [J]. 内蒙古大学艺术学院学报 ,2010,7
（ 01 ）.

[41] 冯时 . 中国早期星象图研究 [J]. 自然科学史研究 ,1990（ 2 ）.

[42] 冯时 . 观象授时与文明的诞生 [J]. 南方文物 ,2016（ 01 ）.

[43] 冯时 . 河南濮阳西水坡 45 号墓的天文学研究 [J]. 文物 ,1990（ 03 ）.

[44] 冯时 . 天文考古学与上古宇宙观 [J]. 濮阳职业技术学院学报 ,2010,23(04).

[45] 冯时 . 殷卜辞四方风研究 [J]. 考古学报 ,1994（ 2 ）.

[46] 付顺 . 古蜀区域环境演变与古蜀文化关系研究 [D]. 成都理工大学 ,2006.

[47] 盖山林 . 连云港将军崖岩画题材刍议 [J]. 徐州师范学院学报 ,1983（ 04 ）.

[48] 盖山林 . 太阳神岩画与太阳神崇拜 [J]. 天津师大学报（ 社会科学版 ）,1988
（ 03 ）.

[49] 高广仁 , 邵望平 . 史前陶鬶初论 [J]. 考古学报 ,1981（ 04 ）.

[50] 高磊 . 唐诗中的日月神话论稿 [D]. 吉林大学 ,2020.

[51] 高伟 . 试论将军崖岩画的原始艺术形式 [J]. 艺术百家 ,2008,24（ S2 ）.

[52] 格桑本 . 青海民和核桃庄马家窑类型第一号墓葬 [J]. 文物 ,1979（ 09 ）.

[53] 耿雪敏 . 先秦兵阴阳家研究 [D]. 南开大学 ,2014.

[54] 古轵.黔阳高庙文化遗址——高庙文化探秘 [J]. 建筑与文化,2013（02）.

[55] 顾方松.战国楚绣艺术 [J]. 新美术,1986（02）.

[56] 管静.中国传统万字纹的符号学解析与现代运用 [J]. 南京艺术学院学报（美术与设计）,2015（06）.

[57] 广东省博物馆,曲江县文化局石峡发掘小组.广东曲江石峡墓葬发掘简报 [J]. 文物,1978（07）.

[58] 郭树群.寻绎 "协时月正日,同律度量衡" 的礼乐文化内涵 [J]. 星海音乐学院学报,2015（02）.

[59] 韩丛耀.图像与语言符号的关系辨析 [J]. 中国出版,2010（6）.

[60] 韩罕,张海滨,柴中庆,等.河南南阳春秋楚彭射墓发掘简报[J]. 文物,2011（03）.

[61] 何惠.嫦娥形象的生成和演变 [D]. 长沙理工大学,2010.

[62] 何介钧,周世荣.湖南安乡县汤家岗新石器时代遗址 [J]. 考古,1982（04）.

[63] 何钦法,罗仁林.钱粮湖坟山堡新石器时代遗址试掘报告 [J]. 湖南考古辑刊,1994（00）.

[64] 何星亮.太阳神及其崇拜仪式 [J]. 民族研究,1992（03）.

[65] 河姆渡遗址考古队.浙江河姆渡遗址第二期发掘的主要收获 [J]. 文物,1980（05）.

[66] 贺刚,陈利文.高庙文化及其对外传播与影响 [J]. 南方文物,2007（02）.

[67] 贺刚,向开旺.湖南黔阳高庙遗址发掘简报 [J]. 文物,2000（04）.

[68] 洪声.广西古代铜鼓研究 [J]. 考古学报,1974（01）.

[69] 胡铁珠.《夏小正》星象年代研究 [J]. 自然科学史研究,2000（03）.

[70] 胡毅,朱克云,李跃春,等.成都平原中西部近 40 年气候特征及其变化

研究 [J]. 成都信息工程学院学报 ,2004（02）.

[71] 湖南省文物考古研究所 . 湖南洪江市高庙新石器时代遗址 [J]. 考古 ,2006（07）.

[72] 黄凤春 , 洪刚 , 刘焰 . 湖北黄州楚墓 [J]. 考古学报 ,2001（02）.

[73] 黄昊德 , 赵宾福 . 宝墩文化的发现及其来源考察 [J]. 中华文化论坛 ,2004,（02）.

[74] 黄剑华 . 古代蜀人的通天神树 [J]. 四川大学学报（哲学社会科学版）,2001（04）.

[75] 黄剑华 . 古蜀青铜文化对滇文化的影响 [J]. 藏羌彝走廊研究 ,2018（02）.

[76] 黄剑华 . 太阳神鸟的绝唱——金沙遗址出土太阳神鸟金箔饰探析 [J]. 社会科学研究 ,2004（01）.

[77] 黄慰文 , 张镇洪 , 傅仁义 , 等 . 海城小孤山的骨制品和装饰品 [J]. 人类学学报 ,1986（03）.

[78] 黄锡全 . "大武辟兵" 浅析 [J]. 江汉考古 ,1983（03）.

[79] 黄莹 . 出土文献与楚族起源研究 [J]. 中原文物 ,2015（04）.

[80] 吉日拉吉·库马尔 , 张嘉馨 , 肖波 . 印度岩画概况及其研究 [J]. 内蒙古大学艺术学院学报 ,2016,13（02）.

[81] 贾雯鹤 . 说文解字 关于太阳循环记载的研究 [J]. 中南民族大学学报（人文社会科学版）,2003（05）.

[82] 江建平 . 中国蛙科系统学研究 [D]. 南京师范大学 ,1999.

[83] 江章华 , 王毅 , 张擎 . 成都平原先秦文化初论 [J]. 考古学报 ,2002（01）.

[84] 蒋炳钊 . 从铜鼓的社会作用探讨铜鼓的起源 [A]//. 古代铜鼓学术讨论会论文集 [C]. 文物出版社 ,1982.

[85] 蒋廷瑜. 铜鼓研究一世纪 [J]. 民族研究,2000(01).

[86] 蒋志龙,周忠全. 器上乾坤：云南石寨山文化青铜扣饰 [J]. 美成在久,2015(06).

[87] 孔德铭,王兴周. 河南安阳市殷墟郭家庄东南五号商代墓葬 [J]. 考古,2008(08).

[88] 赖毅,严火其. 论彝族民间史诗中蕴含的"树"的自然观 [J]. 云南民族大学学报（哲学社会科学版）,2010,27(03).

[89] 雷从云. 关于铜鼓起源的认识 [A]//. 古代铜鼓学术讨论会论文集 [C]. 文物出版社,1982.

[90] 雷雨. 三星堆遗址的发现、发掘与研究 [A]. 王春法. 古蜀华章：四川古代文物精华 [M]. 北京时代华文书局,2019.

[91] 李斌. 史前日晷初探——试释含山出土玉片图形的天文学意义 [J]. 东南文化,1993(01).

[92] 李炳海. 祖宗谱系神话的遗失和疏离——从先楚祖宗谱系看屈原的创作 [J]. 绥化师专学报,2003(03).

[93] 李成,江建平. 无尾两栖类在不同生活史阶段的栖息环境 [J]. 四川动物,2016,35(06).

[94] 李诚,张以品. 古蜀文化与三星堆"神鸟扶桑"新证——兼评《古代巴蜀与南亚的文化互动和融合》[J]. 四川师范大学学报（社会科学版）,2022,49(03).

[95] 李恭笃. 昭乌达盟石棚山考古新发现 [J]. 文物,1982(03).

[96] 李洪甫. 连云港将军崖岩画遗迹调查 [J]. 文物,1981(07).

[97] 李洪甫. 论中国东南地区的岩画 [J]. 东南文化,1994(04).

[98] 李锦山. 史前龙形堆塑反映的远古雩祭及原始天文 [J]. 农业考古,1999(01).

[99] 李瑾.论我国古代"火正"职官之来源及其发展 [J].史学月刊,1989(01).

[100] 李昆声,黄德荣.论万家坝型铜鼓 [J].考古,1990(05).

[101] 李立新.甲骨文贞字新释 [A].考古与文物·2005年古文字论集三 [C].西安:《考古与文物》编辑部,2006.

[102] 李零.曾侯乙墓漆箱文字补证 [J].江汉考古,2019(05).

[103] 李零.湖北荆门"兵避太岁"戈 [J].文物天地,1992(03).

[104] 李少龙.青铜爵的功用、造型及其与商文化的关系 [J].南开学报,1999(01).

[105] 李爽.视觉符号的抽象程度与意义表达 [J].北京理工大学学报(社会科学版),2003(05).

[106] 李维娜.漆艺在首饰中的运用与表现 [D].中国地质大学,2012.

[107] 李先登.北京平谷刘家河商墓发现的重要意义 [J].考古学研究,2006(00).

[108] 李新伟."西阴纹"的解读 [J].文物世界,2021(02)

[109] 李新伟.良渚文化"神人兽面"图像的内涵及演变 [J].文物,2021(06).

[110] 李修松.试论凌家滩玉龙、玉鹰、玉龟、玉版的文化内涵 [J].安徽大学学报,2001(06).

[111] 李学勤."兵避太岁"戈新证 [J].江汉考古,1991(02).

[112] 李学勤.论含山凌家滩玉龟、玉版 [J].中国文化,1992(01).

[113] 李学勤.西水坡"龙虎墓"与四象的起源 [J].中国社会科学院研究生院学报,1988(05).

[114] 李砚祖."开物成务":《周易》的设计思想初探 [J].南京艺术学院学报(美术与设计版),2008(05).

[115] 李占扬.许昌灵井遗址发现中国最早的立体雕刻鸟化石 [J].寻根,2009,

（04）.

[116] 李子贤 . 楚墓中出土的"笭床"[J]. 百科知识 ,2019（27）.

[117] 凉山州博物馆 , 西昌市文管所 , 盐源县文管所 . 盐源近年出土的战国西汉文物 [J]. 四川文物 ,1999（04）.

[118] 梁白泉 . 陶纺轮·八角纹·滕花和花胜 [J]. 江苏地方志 ,2005（02）.

[119] 林向 . 中国西南地区出土的青铜树研究——从三星堆青铜树说起 [A]. 铜鼓和青铜文化研究——中国南方及东南亚地区古代铜鼓和青铜文化第四次国际学术讨论会论文集 [C],1998.

[120] 林钰源 . 视觉艺术的图像方式与图像语言 [J]. 华南师范大学学报（社会科学版）,2009（01）.

[121] 凌立 . 藏族"卍"（雍）符号的象征及其审美特征 [J]. 康定民族师范高等专科学校学报 ,2006（01）.

[122] 刘道超 . 论太岁信仰习俗 [J]. 西南民族大学学报 (人文社科版),2004(09).

[123] 刘道广 . 所谓"柿蒂纹"应为"侯纹"论辩 [J]. 考古与文物 ,2011（03）.

[124] 刘道军 . 先秦时期蜀人为何崇拜象牙 [J]. 中华文化论坛 ,2007（01）.

[125] 刘敦愿 . 神圣的肠道——从台江苗绣谈到大波那铜棺图像 [A]. 马昌仪 , 编 . 中国神话学文论选萃（下编）[M]. 中国广播电视出版社 ,1994.

[126] 刘范弟 , 何惠 . 蛙（蟾蜍）与女娲 [J]. 湖南城市学院学报 ,2010,31（02）.

[127] 刘和海 . 符号学视角下的"图像语言"研究 [D]. 南京师范大学 ,2017.

[128] 刘鸿丰 . 江汉、淮河流域新石器时代墓葬方向研究 [D]. 山东大学 ,2021.

[129] 刘庆柱 . 关于考古发现的"龙"之界定问题——濮阳西水坡遗址出土"龙"意义 [J]. 濮阳职业技术学院学报 ,2012,25（02）.

[130] 刘信芳 , 苏莉 . 曾侯乙墓衣箱上的宇宙图式 [J]. 考古与文物 ,2011（02）.

[131] 刘兴诗 . 成都平原古城群兴废与古气候问题 [J]. 四川文物 ,1998（04）.

[132] 刘咏清 , 谢琪 . 论楚绣几何纹所含天地之数 [J]. 丝绸 ,2018,55（11）.

[133] 刘渊 , 邱紫华 . 维柯 "诗性思维" 的美学启示 [J]. 华中师范大学学报（人文社会科学版）,2002（01）.

[134] 柳春诚 . 浅谈青海古代 "太阳" 崇拜 [J]. 青海民族研究 ,2006（02）.

[135] 陆思贤 . 将军崖岩画里的太阳神象和天文图 [J]. 淮阴师专学报（社会科学版）,1983（03）.

[136] 栾丰实 . 太昊和少昊传说的考古学研究 [J]. 中国史研究 ,2000（02）.

[137] 吕琪昌 . 从青铜爵的来源探讨爵柱的功用 [J]. 华夏考古 ,2005（03）.

[138] 麻国钧 . 说鼓——鼓的神性及其在祭礼演艺中的体现 [J]. 戏剧 ,1999(03).

[139] 马承源 . 关于 "大武戚" 的铭文及图像 [J]. 考古 ,1963（10）.

[140] 马萧林 . 河南地区仰韶文化庙底沟期遗存的发现与研究 [J]. 中原文物 ,2021（05）.

[141] 茂县羌族博物馆 , 阿坝藏族羌族自治州文物管理所 . 四川茂县牟托一号石棺墓及陪葬坑清理简报 [J]. 文物 ,1994（03）.

[142] 蒙文通 . 略论《山海经》的写作时代及其产生地域 [A]. 巴蜀古史论述 [C]. 四川人民出版社 ,1981.

[143] 孟婷 . 商周青铜器上的涡纹研究 [D]. 吉林大学 ,2009.

[144] 倪玉湛 . 夏商周青铜器艺术的发展源流 [D]. 苏州大学 ,2011.

[145] 潘世雄 . 广西铜鼓纹饰的意义 [A]//. 古代铜鼓学术讨论会论文集 [C]. 文物出版社 ,1982.

[146] 庞朴 . 火历钩沉——一个遗失已久的古历之发现 [J]. 中国文化 ,1989(01).

[147] 庞朴 . 日·贝·鲎——将军崖岩画漫笔 [J]. 文物 ,1983（01）.

[148] 裴安平，曹传松.湖南澧县彭头山新石器时代早期遗址发掘简报 [J].文物,1990（08）.

[149] 彭曦.大河村天文图像彩陶试析 [J].中原文物,1984（04）.

[150] 彭元江.对金沙 "太阳神鸟" 的几点蠡测 [J].文史杂志,2008（06）.

[151] 祁庆富，马晓京.黎族织锦蛙纹纹样的人类学阐释 [J].民族艺术,2005（01）.

[152] 钱伯泉.凌家滩新石器时代遗址出土的玉制式盘 [A].安徽省文物考古研究所.《文物研究》第 7 辑 [M].合肥：黄山书社,1991.

[153] 钱志强.半坡人面鱼纹盆上的十字符号与中国古代的宇宙观（节选）[J].西北美术,1995（04）.

[154] 邱登成.三星堆文化太阳神崇拜浅说 [J].四川文物,2001（02）.

[155] 邱宣克，王大道，黄德荣，等.楚雄万家坝古墓群发掘报告 [J].考古学报,1983（03）.

[156] 曲安京.黄道与盖天说的七衡图 [J].自然辩证法通讯,1994（06）.

[157] 屈智宁，李可军.太阳半径测量与研究进展 [J].天文学进展,2013,31（03）.

[158] 让－马克·博奈－比多，弗朗索瓦丝·普热得瑞，魏泓，等.敦煌中国星空：综合研究迄今发现最古老的星图（上）[J].敦煌研究,2010（02）.

[159] 饶崛，程隆棣.中国古代纺轮材质和纹饰的探析 [J].服饰导刊,2018,7（05）.

[160] 饶崛.纺轮的诞生、演进及其与纺纱技术发展的关系研究 [D].东华大学,2019.

[161] 饶宗颐.涓子《琴心》考——由郭店雅琴谈老子门人的琴学 [J].中国学术,2000（1）.

[162] 饶宗颐.曾侯乙墓匫器漆书文字初释 [A].山西省文物局考古研究所.古

文字研究第十辑 [C]. 中华书局 ,1983.

[163] 饶宗颐 . 未有文字以前表示"方位"与"数理关系"的玉版——含山出土玉版小论 [A]. 安徽省文物考古研究所 .《文物研究》第 6 辑 [M]. 合肥：黄山书社 ,1990.

[164] 芮国耀 . 余杭瑶山良渚文化祭坛遗址发掘简报 [J]. 文物 ,1988（01）.

[165] 商彤流 , 孙庆伟 , 李夏廷 , 等 . 天马——曲村遗址北赵晋侯墓地第六次发掘 [J]. 文物 ,2001（08）.

[166] 施韵琦 . 中国史前时期观天经验分析 [J]. 科教文汇（下旬刊）,2016（03）.

[167] 石小力 . 清华简《五纪》中的二十八宿初探 [J]. 文物 ,2021（09）.

[168] 宋红梅 . 太阳原型意象的历史嬗变 [D]. 山东师范大学 ,2005

[169] 苏秉琦 . 关于重建中国史前史的思考 [J]. 考古 ,1991（12）.

[170] 苏和平 . 试论我国南方少数民族的铜鼓艺术 [J]. 西北民族大学学报（哲学社会科学版）,2005（06）.

[171] 苏荣誉 , 董韦 . 盖纽铸铆式分铸的商代青铜器研究 [J]. 中原文物 ,2018,199（1）.

[172] 苏晓威 . 中国早期的"避兵术" [J]. 中国文化 ,2016（02）.

[173] 随县擂鼓墩一号墓考古发掘队 . 湖北随县曾侯乙墓发掘简报 [J]. 文物 ,1979（07）.

[174] 孙德萱 , 丁清贤 , 赵连生 , 等 . 河南濮阳西水坡遗址发掘简报 [J]. 文物 ,1988（03）.

[175] 孙海岩 . 西周柿蒂纹铜尊的修复 [J]. 文物修复与研究 ,2009（00）.

[176] 孙华 , 黎婉欣 . 中国上古太阳鸟神话的起源与发展——从古蜀文化太阳崇拜相关文物说起 [J]. 南方文物 ,2022（01）.

[177] 孙晓勇.作为一种眼睛信仰的岩画——西辽河流域人面岩画探究 [J]. 南京艺术学院学报（美术与设计版）,2012（06）.

[178] 孙作云.长沙马王堆一号汉墓出土画幡考释 [J]. 考古,1973（01）.

[179] 覃义生.广西东兰壮族蚂拐节的调查与研究 [J].广西民族研究,1999(02).

[180] 谭飞.天文地理字溯源 [J]. 重庆师范大学学报（哲学社会科学版）,2015（01）.

[181] 谭萌.作为民俗学方法论的谱系学 [J]. 湖北民族学院学报（哲学社会科学版）,2018,36（02）.

[182] 汤惠生,梅亚文.将军崖史前岩画遗址的断代及相关问题的讨论 [J]. 东南文化,2008（2）.

[183] 汤惠生.凹穴岩画的分期与断代——中国史前艺术研究之一 [J]. 考古与文物,2004（6）.

[184] 汤惠生.将军崖史前岩画的微腐蚀年代 [A]. 中共江苏省委宣传部、江苏省哲学社会科学界联合会.2007 年江苏省哲学社会科学界学术大会论文集（下）[C]. 中共江苏省委宣传部、江苏省哲学社会科学界联合会：江苏省社会科学学术活动组织联络中心,2007.

[185] 汤惠生.河南地区新近发现的岩画、巨石遗迹及其时代 [J]. 考古与文物,2012（06）.

[186] 汤惠生.玦、阙、凹穴以及蹄印岩画 [J]. 民族艺术,2011（03）.

[187] 汤淑君.河南商周青铜器蝉纹及其相关问题 [J]. 中原文物,2004（06）.

[188] 唐兰.论大汶口文化中的陶温器——写在《从陶鬹谈起》一文后 [J]. 故宫博物院院刊,1979（02）.

[189] 唐兰再论大汶口文化的社会性质和大汶口陶器文字 [A] 大汶口文化讨论文集 [C] 济南：齐鲁书社,1981.

[190] 童恩正 . 近年来中国西南民族地区战国秦汉时代的考古发现及其研究 [J]. 考古学报 ,1980（04）.

[191] 童恩正 . 中国古代的巫 [J]. 中国社会科学 ,1995（05）.

[192] 童恩正 . 中国西南地区古代的酋邦制度——云南滇文化中所见的实例 [J]. 中华文化论坛 ,1994（01）.

[193] 童永生 . 中国岩画中的交通工具演变发展考释 [J]. 历史教学（下半月刊）,2013（01）.

[194] 万辅彬 , 樊道智 , 陈凤梅 . 左江花山岩画铜鼓考 [J]. 广西民族研究 ,2020（02）.

[195] 王大道 , 葛季芳 , 黄德荣 . 近年来云南出土铜鼓 [J]. 考古 ,1981（04）.

[196] 王大有 .6500 年前的蚌塑四象二十八宿浑天盖天系统——美学考察引出旷世大发现 [J]. 濮阳教育学院学报 ,2002（02）.

[197] 王贵生 . 从"圭"到"鼋"：女娲信仰与蛙崇拜关系新考 [J]. 中国文化研究 ,2007（02）.

[198] 王晖 . 从曾侯乙墓箱盖漆文的星象释作为农历岁首标志的"农祥晨正"[J]. 考古与文物 ,1994（02）.

[199] 王吉怀 , 赵天文 , 牛瑞红 . 论大汶口文化大口尊 [J]. 中原文物 ,2001（02）.

[200] 王健民 , 梁柱 , 王胜利 . 曾侯乙墓出土的二十八宿青龙白虎图像 [J]. 文物 ,1979（07）.

[201] 王巾 . 马家窑彩陶艺术中生殖崇拜观念的表现 [J]. 美与时代（下半月）,2008（11）.

[202] 王金环 . 商周时期青铜器上火纹的时代特征 [J]. 文物鉴定与鉴赏 ,2013（01）.

[203] 王克林 ."占"图像符号源流考 [J]. 文博 ,1995（03）.

[204] 王明达 . 浙江余杭反山良渚墓地发掘简报 [J]. 文物 ,1988（01）.

[205] 王仁湘 . 飞翔的獠牙：面目狞厉的光明使者 [J]. 南方文物 ,2021（03）.

[206] 王仁湘 . 关于史前中国一个认知体系的猜想——彩陶解读之一 [J]. 华夏考古 ,1999（04）.

[207] 王仁湘 . 庙底沟文化彩陶之鸟纹主题 [J]. 收藏与投资 ,2017（Z1）.

[208] 王守功 . 考古所见中国古代的太阳崇拜 [J]. 中原文物 ,2001（06）.

[209] 王顺中 , 陈大中 . 包拯形象脸谱化成因分析 [J]. 无锡商业职业技术学院学报 ,2013,13（01）.

[210] 王望峰 , 苏明静 . 同纹琐思 [J]. 设计艺术（山东工艺美术学院学报）,2015（03）.

[211] 王宪昭 . 论少数民族神话的研究价值 [J]. 理论学刊 ,2004（09）.

[212] 王小盾 . 火历论衡 [J]. 中国文化 ,1991（02）.

[213] 王小盾 . 论火把节的来源——兼及中国民族学的 "高文化" 问题 [J]. 清华大学学报（哲学社会科学版）,2012,27（02）.

[214] 王予 . 八角星纹与史前织机 [J]. 中国文化 ,1990（01）.

[215] 王玉民 . 古代目视天象记录中的尺度之研究 [J]. 自然科学史研究 ,2003（01）.

[216] 王玉民 . 将军崖岩画古天象图新探——兼论岳阳君山岩画的星象意义 [J]. 自然科学史研究 ,2007（01）.

[217] 王育成 . 曾侯乙漆箱图案与史前宗教文化研究 [J]. 中国历史博物馆馆刊 ,1994（01）.

[218] 王毓彤 . 荆门出土的一件铜戈 [J]. 文物 ,1963（1）.

[219] 王增勇 . 何谓 "女娲之肠" [J]. 民间文化 ,2001（01）.

[220] 王震中 . 邦国、王国与帝国：先秦国家形态的演进 [J]. 河南大学学报（社会科学版）,2003（04）.

[221] 王震中 . 祭祀、战争与国家 [J]. 中国史研究 ,1993（3）.

[222] 王震中 . 炎帝族对于"大火历"的贡献 [A]."炎帝与民族复兴"国际学术研讨会论文集 [C]. 西安：陕西人民出版社 ,2006.

[223] 吴庆洲 . 象天法地意匠与中国古都规划 [J]. 华中建筑 ,1996（02）.

[224] 吴顺东 , 贺刚 . 湖南辰溪县松溪口贝丘遗址发掘简报 [J]. 文物 ,2001（06）.

[225] 吴晓东 . 布洛陀神话范畴与日月神话比较 [J]. 百色学院学报 ,2021,34（02）.

[226] 吴晓东 . 颛顼神及其在《山海经》里的记载 [J]. 贵州民族大学学报（哲学社会科学版）,2020（03）.

[227] 吴晓松 , 洪刚 . 湖北蕲春达城新屋塆西周铜器窖藏 [J]. 文物 ,1997（12）.

[228] 吴秀梅 . 彩陶纹饰中圆涡纹的探索 [J]. 中国陶瓷 ,2006（11）.

[229] 吴沄 , 刘波 , 曾跃明 , 等 . 云南文山市清水沟岩画调查简报 [J]. 四川文物 ,2020（04）.

[230] 仵君魁 , 张建林 . 西藏日土县古代岩画调查简报 [J]. 文物 ,1987（02）.

[231] 武家璧 . 曾侯乙墓漆箱天文图证解 [J]. 考古学研究 ,2003（00）.

[232] 武家璧 . 大河村彩陶"十二太阳纹"研究 [J]. 中原文物 ,2020（05）.

[233] 武家璧 . 古蜀的"神化"与三星堆祭祀坑 [J]. 四川文物 ,2021（01）.

[234] 武仙竹 , 马江波 . 三峡地区太阳崇拜文化的源流与传播 [J]. 四川文物 ,2019（02）.

[235] 西安半坡博物馆 , 临潼县文化馆 .1972 年春临潼姜寨遗址发掘简报 [J]. 考古 ,1973（03）.

[236] 夏鼐 . 中国文明的起源 [J]. 文物 ,1985（8）.

[237] 肖明华 . 论滇文化的青铜贮贝器 [J]. 考古 ,2004（01）.

[238] 肖湾 . 中国史前八角星纹的图像分析与阐释 [D]. 吉林大学 ,2017.

[239] 辛岩 . 查海遗址发掘再获重大成果 [N]. 中国文物报 ,1995–03–19.

[240] 徐广德 , 何毓灵 . 河南安阳市花园庄 54 号商代墓葬 [J]. 考古 ,2004（01）.

[241] 徐赛凤 . 浅谈西南地区的太阳崇拜 [J]. 北方文学 ,2017（11）.

[242] 许丹阳 . 三星堆文化研究四十年 [J]. 中国文化研究 ,2021（02）.

[243] 许英奎 , 朱丹 , 王世杰 , 等 . 月球起源研究进展 [J]. 矿物岩石地球化学通报 ,2012,31（05）.

[244] 许玉林 , 苏小幸 . 大连市郭家村新石器时代遗址 [J]. 考古学报 ,1984（03）.

[245] 严文明 . 甘肃彩陶的源流 [J]. 文物 ,1978（10）.

[246] 严文明 . 论庙底沟仰韶文化的分期 [J]. 考古学报 ,1965（02）.

[247] 杨保愿 . 蜘蛛神话与民俗遗存 [J]. 民族文学研究 ,1988（03）.

[248] 杨甫旺 . "卍"符号与生殖崇拜初探 [J]. 四川文物 ,1998（01）.

[249] 杨欢 . 商周青铜器四瓣目纹研究 [J]. 考古学报 ,2019（01）.

[250] 杨宽 . 丹朱、驩兜与朱明、祝融 [A]. 杨宽古史论文选集 [C]. 上海人民出版社 ,2003.

[251] 杨堃 . 女娲考——论中国古代的母性崇拜图腾 [J]. 民间文学论坛 ,1986（6）.

[252] 杨堃 . 图腾主义新探——试论图腾是女性生殖器的象征 [J]. 世界宗教研究 ,1988（03）.

[253] 杨先艺 . 论中国先秦哲学的造物思想 [J]. 江汉论坛 ,2003（06）.

[254] 杨勇 . 云贵高原出土青铜扣饰研究 [J]. 考古学报 ,2011（03）.

[255] 杨育彬，于晓兴.郑州新发现商代窖藏青铜器 [J].文物,1983（03）.

[256] 姚舜安.中国南方古代早期铜鼓的族属 [J].广西民族学院学报（社会科学版）,1980（02）.

[257] 叶舒宪.物的叙事：中华文明探源的四重证据法 [J].兰州大学学报（社会科学版）,2010,38（06）.

[258] 叶舒宪.玉璧的神话学与符号编码研究 [J].民族艺术,2015（02）.

[259] 尹焕章，张正祥，纪仲庆.江苏邳县四户镇大墩子遗址探掘报告 [J].考古学报,1964（02）.

[260] 尹检顺.汤家岗文化初论 [J].南方文物,2007（02）.

[261] 于省吾.释日 [J].郑州大学学报（哲学社会科学版）,1982（01）.

[262] 余椿生.蟾酥 [J].食品与药品,2008（01）.

[263] 余健.卍及禹步考 [J].东南大学学报（哲学社会科学版）,2002（01）.

[264] 俞伟超，李家浩.论"兵辟太岁"戈 [J].出土文献研究,1985（00）.

[265] 俞伟超."大武"舞戚绩记 [J].考古,1964（01）.

[266] 俞伟超."大武開兵"铜戚与巴人的"大武"舞 [J].考古,1963（03）.

[267] 俞伟超.含山凌家滩玉器和考古学中研究精神领域的问题 [A].安徽省文物考古研究所.《文物研究》第5辑 [M].合肥：黄山书社,1989.

[268] 俞伟超.三星堆蜀文化与三苗文化的关系及其崇拜内容 [J].文物,1997（05）.

[269] 俞伟超.四川地区考古文化问题思考 [J].四川文物,2004（02）.

[270] 詹鄞鑫.释甲骨文灵字及相关的青铜器纹饰 [A].四川联合大学历史系.徐中舒先生百年诞辰纪念文集 [M].成都：巴蜀书社,1998.

[271] 张北霞.原始陶鬶考释 [J].包装学报,2014,6（02）.

[272] 张德二. 我国古代对大气光象的一些认识 [J]. 气象 ,1978（08）.

[273] 张光直. 濮阳三蹻与中国古代美术上的人兽母题 [J]. 文物 ,1988（11）.

[274] 张嘉馨. 连云港将军崖岩画田野调查 [J]. 内蒙古大学艺术学院学报 ,2017,14（04）.

[275] 张嘉馨. 岩画研究中的断代问题——以将军崖岩画的年代研究为例 [J]. 中央民族大学学报（哲学社会科学版）,2018,45（05）.

[276] 张敬国. 安徽含山凌家滩新石器时代墓地发掘简报 [J]. 文物 ,1989（04）.

[277] 张敬国. 安徽含山县凌家滩遗址第三次发掘简报 [J]. 考古 ,1999（11）.

[278] 张明华 , 王惠菊. 太湖地区新石器时代的陶文 [J]. 考古 ,1990（10）.

[279] 张朋川. 马家窑类型舞蹈纹彩陶纹饰另解 [J]. 南京艺术学院学报（美术与设计）,2018（02）.

[280] 张朋川. 宇宙图式中的天穹之花——柿蒂纹辨 [J]. 装饰 ,2002（12）.

[281] 张茜. 由漆衣箱上的后羿射日图引发的关于楚漆器图像的思考 [J]. 美与时代（上）,2013（04）.

[282] 张庆 , 方敏 , 杨朝辉. 楚国丝绸中的菱形纹与北极星研究——一种基于古天文学的阐释 [J]. 丝绸 ,2019,56（07）.

[283] 张庆. 楚国纹样研究 [D]. 苏州大学 ,2015.

[284] 张世铨. 论古代铜鼓的分式 [A]//. 古代铜鼓学术讨论会论文集 [C]. 文物出版社 ,1982.

[285] 张婷 , 刘斌. 浅析商周青铜器上的圆涡纹 [J]. 四川文物 ,2006（05）.

[286] 张婷. 浅析商周青铜器上的圆涡纹 [A]. 成建正. 陕西历史博物馆馆刊第 12 辑 [M]. 西安：三秦出版社 ,2005.

[287] 张唯. 贺兰山下 , 罕见小“太阳神”被唤醒 [N]. 宁夏日报 ,2010-05-10（001）.

[288] 张文娟, 张书惠. 试析商代青铜器上 "十字孔" 的意义 [J]. 三峡论坛（三峡文学·理论版）,2015（03）.

[289] 张闻玉. 曾侯乙墓天文图像 "甲寅三日" 之解释 [J]. 江汉考古,1993（03）.

[290] 张闻玉. 释 "辰" [J]. 贵州大学学报（社会科学版）,1994（02）.

[291] 张武. 荆楚凤文化的思想内涵及传承意义 [J]. 湖北社会科学,2015（10）.

[292] 张晓霞. 论中国古代十字形图纹 [J]. 苏州大学学报（工科版）,2006（05）.

[293] 张晓霞. 战国至两汉 "四瓣纹" 造型及意象考 [J]. 南京艺术学院学报（美术与设计）,2021（06）.

[294] 张亚美. 汉代龙形图像研究 [D]. 青岛大学,2020.

[295] 张玉能. 中国传统美学的特征与传统审美心理 [J]. 江汉论坛,2009,（03）:95–101.

[296] 张远山. 华夏万字符是四季北斗合成符——万字符传播史（上）[J]. 社会科学论坛,2016（11）.

[297] 张越. 彩陶壶 [J]. 管子学刊,2007（02）.

[298] 张增祺, 王大道. 云南江川李家山古墓群发掘报告 [J]. 考古学报,1975（02）.

[299] 赵李娜. 新石器时代 "太阳—鸟" 艺术母题与节气观念发轫之关联 [J]. 民族艺术,2018（6）.

[300] 赵李娜. 新石器时代纺轮纹饰与太阳崇拜 [J]. 民族艺术,2014（03）.

[301] 赵敏. 中国古代农时观初探 [J]. 中国农史,1993（02）.

[302] 赵沛霖. 树木兴象的起源与社树崇拜 [J]. 河北学刊,1984（03）.

[303] 赵艳芳. 月球潜在资源利用对中国能源安全的战略意义 [J]. 资源开发与市场,2010,26（12）.

[304] 赵永恒,李勇.二十八宿的形成与演变[J].中国科技史杂志,2009,30(01).

[305] 浙江省文物管理委员会,浙江省博物馆.河姆渡遗址第一期发掘报告[J].考古学报,1978(1).

[306] 郑建明.史前玉璧源流、功能考[J].华夏考古,2007(01).

[307] 郑笑梅.山东潍坊姚官庄遗址发掘简报[J].考古,1963(07).

[308] 郑州市博物馆发掘组.谈郑州大河村遗址出土的彩陶上的天文图像[J].中原文物,1978(01).

[309] 中国科学院考古研究所二里头工作队.偃师二里头遗址新发现的铜器和玉器[J].考古,1976(04).

[310] 中国社会科学院考古研究所实验室.放射性碳素测定年代报告(五)[J].考古,1978(04).

[311] 钟如雄.释"辰"[J].西南民族大学学报(人文社科版),2003(10).

[312] 钟守华.曾侯乙墓漆箱岁星纹符和年代考[J].考古与文物,2005(06).

[313] 钟守华.考古发现中所见二十八宿名[A].王钱国忠.东西方科学文化之桥:李约瑟研究[C].北京:科学出版社,2003.

[314] 周华斌.中华史前文明的太阳崇拜[J].艺术学界,2015(02).

[315] 周娟.试论沧源崖画与佤文化的传承[J].文化产业,2018(21).

[316] 周雪松,费晓萍.传播学视域下学术期刊封面文化符号图像选择及改进策略[J].成都理工大学学报(社会科学版),2022,30(02).

[317] 周雪松,江润滋.楚漆器中的"天体星象纹"探究[J].荆楚学刊,2018,19(06).

[318] 朱吉英.侗族传统文化中的日崇拜[J].民族论坛,2006(02).

[319] 朱磊.中国古代北斗信仰的考古学研究[D].山东大学,2011.

[320] 朱乃诚 . 仰韶文化庙底沟类型彩陶鸟纹研究 [J]. 南方文物 ,2016（04）.

[321] 朱晓光 . 阴阳合历中年的长度与闰月的安排 [J]. 中医药文化 ,1991（04）.

[322] 朱章义 , 王方 , 张擎 . 成都金沙遗址 I 区 "梅苑" 地点发掘一期简报 [J]. 文物 ,2004（04）.

四、网络文献

[1] CCTV.com. 幻日 [EB/OL].https://www.cctv.com/program/zoujinkexue/20060522/102245.shtml,2006-05-26.

[2] 包头博物馆 . 包头岩画——查干哈达和满都拉岩画（第二十篇）[EB/OL].https://www.sohu.com/a/302567873_99923697,2019-03-20.

[3] 荆州博物馆 . "兵辟太岁" 戈 [EB/OL].http://www.jzmsm.org/yk/cangpin/guobaoxinshang/qingtongqi/2017-08-21/992.html,2009-08-19.

[4] 罗昕 . 远古中国的人面岩画是怎么传到北美去的 ?[EB/OL].https://www.thepaper.cn/newsDetail_forward_1293319,2015-01-11.

[5] 王进锋 . 三星堆祭祀坑：商代祭祀面具文化 [EB/OL].https://www.zdic.net/ts/han/2019/12/861.html,2019-12-01.

[6] 网易新闻 . 福建东山岛惊现史前时期岩画群刻着太阳放射线 [EB/OL].https://www.163.com/news/article/6AGENQKO000146BD_all.html,2010-07-01.

[7] 央视网 . 三星堆新发现 | 七八号坑现神树残件 解码三星堆添新钥匙 [EB/OL].https://news.cctv.com/2021/12/25/ARTI4kSjUIMz38RwpxQxYA9K211225.shtml,2021-12-25.

[8] 央视新闻 . 河南灵井鸟雕入选 "2020 年度世界十大考古新发现" [EB/OL].https://baijiahao.baidu.com/s?id=1685504611743615074&wfr=spider&for=pc,2020-12-08.

[9] 新华社 . 古老祁连山岩画守护人 [EB/OL].https://www.sohu.com/na/45-6915524_267106,2021-03-23.

[10] 新华社.国家文物局正式公布"中国文化遗产标志"[EB/OL].http://www.gov.cn/jrzg/2005-08/17/content_23891.htm,2005-08-17.

[11] 悦游阅兴.纳斯卡地画之谜 [EB/OL].https://new.qq.com/omn/20200326-/20200326A0I57P00.html,2020-03-26.

说明并致谢：

本书全部图片均用电脑图形软件重新绘制，这项工作得到了荆楚理工学院艺术学院费晓萍副教授团队的全程协助，在此真诚致谢！并特别向参加图片摹绘的祝子金、杨姣、乔星星、雷思琪、张茜、张译之、吴逢睿、皮家琳、叶雨婕、高豪鸽、刘胜蓝等艺术学院视觉传达设计专业的同学，以及友情支持画作的周正之小朋友，致以最诚挚的谢意！同时，向所有为本书所引文献付出艰辛劳动的前辈学者和工作人员，致以最崇高的敬意！